公共政策分析概论

An Introduction to Public Policy Analysis

■ 谭开翠 著

WUHAN UNIVERSITY PRESS
武汉大学出版社

图书在版编目(CIP)数据

公共政策分析概论/谭开翠著 . —武汉：武汉大学出版社,2020.11
高等学校公共管理类系列教材
ISBN 978-7-307-21866-6

Ⅰ.公…　Ⅱ.谭…　Ⅲ.公共政策--政策分析—高等学校—教材
Ⅳ.D035-01

中国版本图书馆 CIP 数据核字(2020)第 204674 号

责任编辑:聂勇军　　　责任校对:汪欣怡　　　版式设计:马　佳

出版发行: **武汉大学出版社**　(430072　武昌　珞珈山)
　　　　(电子邮箱: cbs22@ whu.edu.cn　网址: www.wdp.com.cn)
印刷:武汉中科兴业印务有限公司
开本:720×1000　1/16　印张:16.5　字数:294 千字　　插页:2
版次:2020 年 11 月第 1 版　　2020 年 11 月第 1 次印刷
ISBN 978-7-307-21866-6　　定价:40.00 元

作 者 简 介

谭开翠，女，1972年6月生，湖北宜昌人，三峡大学法学与公共管理学院副教授。长期从事行政管理和公共事业管理专业的教学与研究工作，主讲"公共政策学"和"管理逻辑学"等理论课程。先后于各级学术期刊公开发表学术论文20多篇，主持和参与厅（局）级、校级科研项目6项。

目　　录

第一章 绪 论

公共政策(public policy)是现代社会生活中出现频率极高、应用领域极广的一个概念。在当今法治社会，人类社会的方方面面都受制于公共政策的约束，每一个人都生活在政策的包围之中。可以说，没有公共政策的全面渗透，就难以维持稳定的社会生活秩序，更难以促进社会的可持续、健康发展。然而，什么是公共政策？公共政策到底发挥着怎样的作用？每个人在公共政策面前又分别充当着什么样的角色？如何才能使公共政策反映最广大人民的意志、满足最广大人民的根本利益诉求、代表先进生产力和先进文化的发展方向？方方面面的公共政策又是如何有序运行的？人们又该怎样才能不断提高公共政策的运行效率？对诸如此类问题的回答迫使人们不得不深入思考公共政策的基本概念、基本范畴及相关的解释方法。在公共政策学诞生之前，人们对这些问题的思考往往局限于政治学视角。然而，随着公共政策实践活动越来越复杂，传统政治学有关此问题的研究理论已经远远无法满足政策实践的需要，一门新学科的诞生便势在必行了。

一般来说，一门新学科的产生往往源于理论和实践两个方面的原因：一是人类社会发展的实践需要。人类社会发展不断向前，与之相随的是一些新情况、新问题的不断出现。人们为了不断适应这些新情况、解决这些新问题，便要对他们所遇到新情况、新问题进行全面深入的思考，思考的结果自然会导致一些新的概念、理论和方法的产生，这就是新学科的雏形。二是科学理论体系内部的不断丰富与分化。科学理论是人们基于社会实践所形成的知识积累并进行理性思考的结果。由于人们认识问题的视角差异和解决问题的方法或者工具的不同，使得这一理论体系内部本身就隐含着种种矛盾和问题。如果不及时解决这些矛盾和问题，科学本身就不能向前发展甚至会陷入混乱。而矛盾和问题的解决同样伴随着一系列新的概念、理论和方法的产生，这种新的研究范畴在原有的理论体系中则无法得以解决。于是，一门独立的新学科便会在科学理论体系中萌芽。这种理论和实践的结合，客观上会催生一门新学科，而在理论上去力求解决的特有矛盾或问题，就成为新学科的研究对象。

公共政策学正是适应人类社会发展实践和政治科学内部发展的需要而兴起的一门综合性学科。它自诞生以来，一方面基于政策运行实践的变化不断完善自身的理论体系，另一方面又从政策科学理论出发指导公共管理部门和人员进行更加高效的管理实践。因此，了解公共政策学兴起与发展的社会背景和历史进程，科学界定公共政策学的研究对象，准确描述公共政策学的研究现状与发展趋势，对于公共管理实践具有非常重要的意义。

第一节 公共政策学产生和发展的社会背景

公共政策学是第二次世界大战之后在西方国家首先兴起的一门跨学科、综合性的学科。它一经出现，便在当时的政治学、公共行政学乃至整个西方社会科学领域引起了极大反响，一度被认为是二战之后西方社会科学领域里发展最迅速、影响最大、应用领域最广泛、实证性最强的学科之一。那么，这门新兴的学科是在怎样的社会背景下产生，又为什么能取得如此的蓬勃发展呢？

回溯公共政策学诞生前后的人类历史，我们可以看到，它的产生在当时有着深刻的社会根源。

一、公共政策学产生的社会根源

第二次世界大战之后，政策科学首先在美国诞生。日本学者药师泰藏在研究了政策科学诞生的根源后指出，公共政策运动和公共政策学科之所以诞生于美国，是因为美国的确有适合公共政策学生长的土壤。所谓适合公共政策学产生的土壤，主要是指当时美国社会中具有适合公共政策知识产生的特别的社会因素。回顾当时美国的社会状况可以发现，促使公共政策学产生的社会根源主要表现在四个方面：行为主义盛行、社会问题增多、政府管理的实际需要和政策替代文化的出现。

1. 行为主义盛行

由于需要对传统政治学制度化、规范化研究方法局限性的克服，受欧洲大陆实证哲学及经验社会研究方法的影响，20 世纪 20—30 年代的美国政治学界掀起了一场社会科学研究的"革命"，那就是以查尔斯·E. 梅里安（Charles E. Merrian）为首的"芝加哥学派"发动并领导的行为主义研究新潮流。早在1925 年，芝加哥大学政治学系年轻的系主任梅里安教授就在其政治学会会长的任职演说中强调，政治行为将是今后政治学研究的方向。1928 年，一位名叫弗兰克·肯特的美国记者出版了一本书——《政治行为》。在这本书里，肯特对传统的政治学状况进行了猛烈的抨击。他指出，当时多数的政治学家只顾埋头进行规范性研究，总是停留在政府应该怎样进行统治等"应该论"上，而对实际的政治生活中发生的事情却不屑一顾。结果，满腹经纶的政治学家们连一次总统竞选最终有谁胜出事先都预测不出来。在弗兰克·肯特看来，政治学必须抛弃规范式的研究，转向对实际问题的探求。对于这位新闻记者的抨击，美国的政治学家们开始不以为然，而且还觉得是不可能的，倒是瑞典的一位政治学家哈伯·丁伯很在意肯特记者的抨击并作了回应。他专门花工夫对欧洲诸国的选举行为作了个案分析，写出了题为《政治行为——欧洲选举的统计研究》这一著作。该书给美国年轻的政治学家和大学研究生们带来了巨大冲击，特别是对 1930 年代包含有哈罗德·拉斯维尔、爱德华·切斯·托尔曼（Edward Chase Tolman）、诺贝尔经济学奖获得者赫伯特·亚历山大·西蒙（Herbert Alexander Simon）、加布里·阿尔蒙德（Gabriel Almond）等芝加哥年轻的研究生们来说更是如此（这几人后来成为政治学泰斗）。他们在梅里安教授的指导下，着手进行政治行为研究。

在研究过程中，拉斯维尔和阿尔蒙德等人首先就陷入了美国国内关于"政治学是什么"这一理论问题的争论。他们从文化人类学家托尼·贝内特（Tony Bennett）和社会学家唐纳德·麦克雷（Donald Macrae）等人身上看到了亮点。在贝内特看来，文化人类学的重要课题并不在于把文化和人类行为抽象化，而在于研究人类在走向既定目标的过程中对"适应能力"的追求。麦克雷原封不动地把贝内特的主张搬到社会现象问题上来。他认为当时社会科学过于埋头仿效自然科学趋向，以致逐渐脱离了现实中的社会问题，一味地讨论抽象的 D—N（Deductive—Nomological）即"演绎规律"问题。麦克雷主张应把注意力放在人类 P—S（Problem—Solving）即"解决问题"的适应能力上来。阿尔蒙德非常赞同两人的主张，他批判了当时政治学家过分追求纯粹的理论政治学趋向，而大力倡导关注政治行为的应用政治学。

与此同时，另外两股力量也推动了行为主义在美国的发展。一是一批崇尚实证分析的犹太学者从纳粹政权下逃出来，纷纷云集到纽约的哥伦比亚大学。由于当时欧洲社会科学中正时兴法国社会学家 E. 涂尔干的以数据分析为中心的行为主义，因此，欧洲的移民自然而然地就将这种行为主义方法移植到美国。有不少相信行为主义的移民学者接受美国政府的委托进行政治行为分析，比如对复员军人作全面的社会调查，并取得了许多成绩。二是一些财团出资支持对美国的政治行为进行研究。比如，政治社会学家保罗·罗斯菲尔德在美国社会科学研究院和洛克菲勒集团的支持下，以 1940 年美国总统选举为焦点，对俄亥俄州选民的选举动向进行了细致的跟踪调查。这项研究成果后来以《投票：关于总统大选中的决断过程的研究》为书名，在芝加哥大学出版社出版。在上述两股力量的推动下，再加上运用计算机进行选举数据分析，选举的量化研究渐成气候。大量的选举数据资料汇集到由美国社会科学研究院资助的密执安大学的测量中心。自此，对政治行为的研究越来越成为政治学家们关注的焦点问题。

一直到 20 世纪 60 年代以前，美国的政治学家们对行为主义都推崇备至。正因为如此，行为主义便打破了传统政治学规范研究的桎梏，掀起了美国的"新政治科学运动"。而以梅里安教授为首的政治学家们对"新政治科学"的倡导，较大程度上则体现在他们对公共政策的关心上。比如，梅里安教授就指出，之所以要掀起这场政治科学革命，目的就在于促使人们科学运用政治谋略对政府机构的运转过程加以明智的控制，从而消除政治运动中的浪费，减少或消除各种动乱因素。梅里安经常使用"政治谋略"这一术语，后来则被他的学生拉斯维尔发展为"政策科学"这一概念。

2. 社会问题增多

社会问题是任何一个社会客观存在的普遍现象，也是近代以来人类社会中日益复杂的、不可回避的社会事实。由于人类在自身发展和进步的过程中，不断受到各种社会问题的困扰和阻碍，因而政府或社会公共部门始终把解决社会问题作为自己的重要任务，试图通过社会问题的解决来维护社会的稳定，促进社会的发展。学者们也以研究社会问题为己任，从不同的角度，运用科学的方法，不懈地探讨社会问题的解决途径。

然而，在人类社会不断进步的同时，社会矛盾却越来越突出，社会问题越来越多、越来越复杂，主要表现在：工业化、城市化迅速发展，在为人类社会快速带来社会财富的同时，失业、贫穷、犯罪、暴力、环境污染等社会问题也与之相伴，甚至不断蔓延，到 20 世纪中叶，更是出现了两次世界大战，以及经济动荡、种族冲突、人口爆炸、环境污染、能源危机等日益严重的社会问题。

社会问题的日益恶化，特别是全球问题的出现，使人们在寻找解决问题的同时也深深意识到公共政策研究的重要性。美国学者罗伯特·M. 克朗认为，政策科学的出现主要是因为公众对一些特殊的政策问题，诸如战争、贫困、犯罪、种族关系、环境污染、交通等的关切与日俱增；美国的知识界和一般群众越来越一致地认为有很多问题的处理质量不能令人满意；物理学、生物学和空间科学领域中取得了巨大成就，相比之下解决社会问题时的软弱无力状况使人不安；大学里学生对学院式的课程设置不满，对地方、国内和国际问题以及处理这些问题的相应政策措施十分感兴趣；对处理危机的决策能力要求越来越高，等等。面对这样的社会现实，各国政府迫切需要制定正确的公共政策，来有效地应对和处理各种社会问题，因此就需要为政策的制定和执行提供理论、方法和技术等多方面的支持。特别是在美国，存在着大量的社会矛盾和社会冲突，如战争、暴力、犯罪、种族冲突、贫困、女权运动、学生运动、反战运动等，再加上两党执政造成的明争暗斗及其所引起的种种政治危机，更是直接形成了美国社会中复杂的公共政策问题。这也正是公共政策学作为一门独立学科最先出现于美国的重要原因之一。

3. 政府管理的实际需要

政策科学的产生与现代政府管理的实际需要有着密切的关系。19 世纪，以英国为代表的西方国家政府管理崇尚小政府、少干预、低税收的"守夜人政府"模式，主张政府只负责军队、警察、法庭这些公共事务的管理，对其他事务一概不管。然而，在现实社会生活中，人们总是希望政府能够为他们做更多事情。当社会问题出现的时候，人们总是要求政府能够进行处理并且加以解决，因为政府既是公共物品的提供者，同时也是公共问题的处理者。在政治学家托马斯·R. 戴伊看来，任何一个社会问题出现时，它所涉及的群体必然会向政府寻求解决问题的方案——减少个人损失和社会混乱的公共政策。后来，欧美国家逐渐转向从摇篮到坟墓的"保姆式政府"治理模式，政府管理的范围也逐渐拓展到经济、社会等方方面面。

20 世纪 20 年代末 30 年代初，一场波及整个资本主义世界的经济危机引发了西方社会的剧烈动荡。英国经济学家凯恩斯一改古典经济学理论相信市场作用、排斥政府干预的思想，提出了政府要干预经济的政策主张。今天人们普遍认为，凯恩斯的经济理论就是他的经济政策理论，即通过公共政策手段来处理经济问题。美国的一些学者也根据凯恩斯的这种主张为当时的富兰克林·罗斯福总统建言献策。在这种情况下，西方各国政府越来越多地介入经济和社会生活各个领域中，采用各种政策手段和方法直接干预经济和社会的发展。于是，政策的数量不断增多，作用不断增强，对经济和社会的影响不断扩大，政府逐渐成为集中主要权力的"万能政府"。

同时，随着经济和社会的不断发展，新情况、新问题出现的周期越来越短，频率越来越高，其中所蕴含的社会矛盾和社会问题也日趋激烈、日趋复杂化。那些各自独立又相互关联的社会问题和社会矛盾交织在一起，眼前社会矛盾尚未解决而新生社会矛盾又开始尖锐化，给现代政府管理提出了更加严峻的挑战。面对这些复杂的社会问题和社会矛盾，政府仅凭其传统的经验决策和常规的管理方式已经无能为力了。因此，政府必须依赖现代政策科学的知识、方法和智力支持，以不断提高其政策制定和政策执行的能力。于是，各国政府和大财团普遍加强了对政策研究的支持和鼓励，各种专业的政策研究组织如雨后春笋般地建立起来。其通过自己的政策研究和政策分析以及政策方案的设计，为政府政策制定提供智力支持和咨询服务，并影响政府的实际政策制定。后来，美国社会竟然形成了一种"政治求助于学者"的风尚。然而，这一政策研究趋势由于第二次世界大战被打断。二战后，为了进一步稳定社会，适应政府干预经济和管理社会的需要，承担起科学决策的重任，各国政府都深感必须借助公共政策这一工具和手段，以较好地分配公共利益，维护其政治统治。政府管理实践领域对公共政策的这种依赖客观上促进了公共政策学的产生。

4. 政策替代文化的出现

美国有民主党和共和党两大政党，是两党制的典型代表，通行的是政党政治。民主党略倾向于自由，共和党略倾向于保守，两党通过选举轮流在朝或在野。日本学者在考察美国总统竞选中选民的投票倾向时，发现美国人具有从"党派投票倾向"向"问题投票倾向"转变的政治文化。当两党的政策相差不大时，选民一般表现为"党派投票倾向"。选民依据所属的社会联合会以及收入、学历、地区性等因素，依照党派倾向投票，最终也就是按照选择自由政策即民主党的政策倾向或选择按照保守政策即共和党的政策倾向来投票。但是在美国的选举政治中，政治斗争并不是基于不同意识形态的政党的抗争，这就决定了美国选民的投票行为也就不具有政治对抗性。于是，选民开始从自身立场出发，投票时不是早就事先定好了要支持哪个政党，而是在悉心了解候选人的政策纲领之后，才决定如何投票。换句话说，选民这时不是考虑自己是哪个党的支持者，而是考虑是"左"倾政策还是右倾政策的支持者。由此可见，选民的投票倾向开始发生转变，逐渐从认可政党到认可政策，即从"党派投票倾向"转向"问题投票倾向"。在"党派投票倾向"中，党派成为候选人政治活动的中心，而在"问题投票倾向"中，党派的政治中心地位消失了，取而代之的则是政策讨论，这就催生了一种新的政治文化——"政策替代方案"。顺应政策讨论的政治需要，政策科学的产生也就势在必行了。

正是在上述多重因素的综合影响下，公共政策学在 20 世纪中叶便具备了从政策实践上升到学科理论的基础条件。

二、公共政策学发展的社会背景

公共政策学根植于美国土壤，但它自诞生以来，便以极快的发展速度在西方世界科学体系中获得了自己的一席之地。不仅如此，公共政策学也因当代社会政治经济文化和科学技术的发展持续受到理论界和实际管理部门相关人员的重视，进而在全球范围内得到越来越广泛的应用，进一步推动了自身的发展。

首先，越来越多复杂多变的国内和国际问题使公共政策面临越来越大的挑战。历史进入到 20 世纪中后期，全球化和现代化成为世界发展潮流。21 世纪尤其是 2012 年 11 月中共十八大以来，中国政府更是明确提出要倡导"人类命运共同体"意识。这一潮流和理念在带动人类社会快速发展、共同发展的同时，也给各国政府带来许多难以应对的国内问题和国际问题。面对诸如粮食安全、跨国犯罪、资源短缺、气候变化、网络攻击、疾病流行、人口爆炸、环境污染等全球非传统安全问题，单独依靠某个国家或某几个国家的公共政策治理显然已经无法解决，而需要世界各国的政策协调与一致的政策行动才能有效解决。现代信息社会所具有的动态性、变异性和开创性等一系列显著特征，也使得这些国内和国际问题越来越频发，越来越复杂，这就必然加大了现代政府为解决这些问题而不得不承担的公共政策运行数量和难度，从而使得各国政府在面对极其复杂的社会问题时常常感到力不从心。然而，政府的公共政策是在市场、企业和社会失灵或者出现不可调和的矛盾之时必须做出的现实选择或者理性选择，因此，改进现代政府制定和执行公共政策的能力和水平就成为必要且紧迫的任务。由于各国人民的意识形态、价值观等存在着显著差异，再加上各国经济发展水平和自然资源占有率不同，使得各国政府的公共政策面临越来越大的挑战。然而，你中有我、我中有你的人类命运共同体理念逐步成为国际共识，这在客观上为各国政府加快公共政策研究以应对越来越严峻的挑战提出了时代要求。

其次，世界政治经济改革浪潮更加突显了公共政策的功能和作用。20 世纪中期以后，世界政治、经济格局发生了重大变革。第二次世界大战之后，和平与发展成为时代主题。世界各国尤其是发展中国家纷纷抓住这一机遇，不断推出自己的改革计划，并且屡见成效。亚洲"四小龙"的先后崛起和中国经济持续高速发展，在推动世界经济发展的同时，也在一定程度上动摇了原有的世界经济秩序。西方国家的经济运行实践和后来的东亚经济腾飞相继证明，指望市场经济能够实现自动平衡是不可能的，市场失灵是客观存在的事实。而在市场失灵的现实面前，政府在经济发展中所发挥的重要作用则是不可忽略的。在这样一个不平衡和跨越式的经济发展进程中，无论是发达国家，还是发展中国家，都面临着一个共同的发展任务，即如何利用新技术革命的契机，进行公共政策的战略选择，加速经济增长，获得动态的比较优势。因此，第二次世界大战后，政府公共政策干预的做法几乎涉及市场经济的每一个角落。另外，在世界政治舞台上，美苏两极对抗所形成的冷战思维在一定程度上维持了世界政治的暂时平衡。到80年代末90年代初，随着苏联的解体，世界政治领域美苏争霸的两极格局瓦解，而多极化的世界格局尚未形成。这种不确定的国际政治秩序让世界各国面临着极大的挑战，于是，各国政府为应对动荡的国际政治秩序，在谨慎推行国内政治改革的过程中，越来越重视政治谋略的科学化，从实践上推动了政策科学的普及和应用，这也成为政策科学飞速发展的时代背景。

再次，现代科学技术的迅猛发展为公共政策学的发展提供了高效的技术支持。随着人类社会知识和技术的长期积淀，现代科学技术也获得了日新月异的发展。在自然科学和人文社会科学发展的基础上，一大批交叉学科、边缘学科、横断学科和综合性学科纷纷登台。随着工业化、信息化进程的加快，作为多元社会治理主体网络中的主导者的国家，其治理能力主要取决于它对解决或修正某些紧迫的公共政策问题所能直接做出贡献的程度，而投入产出分析、线型规划、对策论、概率模型、计量经济学、微观分析、系统动力学、互联网+、数据分析、模拟仿真、循证检验等现代技术和方法在管理科学中的成功运用，为政府的公共政策制定和执行提供了有效的分析工具。尤其是大型计算机的广泛使用和信息高速公路的建立，压扁了政府结构，使政府瞬时完成自身控制和控制社会成为可能。这些科学技术的兴起与应用，在管理实践中为公共政策分析提供技术支持的同时，也直接推动了公共政策学分析方法和技术在政策科学理论体系中的发展与完善。

最后，思想库的成熟也是促进公共政策学发展的社会因素。思想库又称智囊团、智囊机构、顾问团、外脑等。自古至今，智囊和智囊机构在世界各国都普遍存在，但真正科学意义上的智囊团或思想库是现代社会的产物。我国古代历史上存在过的门客、军师、谋士、参谋、顾问等，在古代军事及其他政治活动中起着十分重要的作用，他们实际扮演着现代社会的智囊角色。然而，现代意义上的思想库则最先产生于19世纪末的西方国家，后来在美国迅速发展起来。第二次世界大战之后，思想库和智囊团如雨后春笋般发展起来，其致力于政策理论、方法尤其是政策实践的研究，为政策科学的飞速发展提供了温床。

中共宜昌市委党校课题组在对中外智库的起源及发展演进进行深度分析后认为，西方现代智库的发展过程经历了四个阶段：19 世纪末至 20 世纪 40 年代中期的早期发展阶段，虽然在美国、英国、德国、法国都出现了一些有名的大型智库，但总体数量较少且发展缓慢；20 世纪 40 年代中后期到 60 年代末的实质性发展阶段，产生了以美国 1948 年成立的兰德公司、英国 1958 年成立的伦敦国际战略研究所为代表的智库且发展迅速；20 世纪 70 年代至 80 年代末的迅猛发展阶段，大量政策性研究智库出现，智库之间的分工越来越细，对公共政策进程的影响越来越大；20 世纪 90 年代以来的深度发展阶段，智库数量呈爆炸式增长，研究视野与范围不断拓宽，对政府各方面的决策影响越来越深。①考察中外思想库的发展可知，思想库往往"以公共政策为研究对象，以影响政府决策为研究目标，以公共利益为研究导向，以社会责任为研究准则"，②对政策研究的意义重大，主要表现在：出台各种政策研究方法，特别是论证性方法，如系统分析及其他政策分析方法；为来自各界的专业政策学者创造一个良好的研究环境；作为中间测试基地，可以把政策研究推广到实际应用中；把政策研究的成果凝聚为一个独立的学科，增强学科的专业性和指导性。因此，作为重要智慧生产机构的现代智库，是政策研究的最纯粹的组织体现，是一个国家思想创新的源泉，它不仅是政治设计的有意义的发明，也是政策研究成长的摇篮。所有政策科学家都应该至少参加一个思想库，将政策科学理论与政策运行实践密切联系起来，用科学理论指导实践，从实践中汲取理论营养。

时至今日，人类社会正面临着政治、经济、文化等全方位的挑战，各国政府为了本国和全人类的发展，不断探索新的发展与合作模式，使得政策科学的研究和应用越发广泛和深入。

第二节　公共政策学的发展历程

公共政策学是一门发端于第二次世界大战之后西方主要工业发达国家参与对公共事务的研究，而后在世界许多国家和地区的各行各业得到迅速发展和应用的新兴学科。这门学科一经诞生便被广泛运用于人类社会各个领域，涉及哲学、政治学、经济学、社会学、法学、管理学等众多学科，具有明显的跨学科

---

① 周兵、杨成珍、高青等：《中外智库的起源及发展演进》，《学习月刊》2015 年第 8 期，第 34~35 页。
② 参见上海社会科学院智库研究中心 2014 年 2 月发布的《2013 年中国智库报告》。

特征。随着政府管理实践的需要，我国也开始关注西方这一新兴的学科并于1980年代中期开始译介、发展、应用这一学科。

一、西方公共政策学的演变过程

"公共政策"这个概念最先是由公共行政学的创始人伍德罗·威尔逊在19世纪末期提出并使用的，其用意是借助公共政策将立法机构的决策权与行政机构(人员)的执行权相分离，把行政从政治中剥离出来，使行政系统成为非政治性的工具。但他并没有对公共政策进行科学系统的学科分析，倒是美国政治学学者哈罗德·拉斯维尔最初把政策与科学直接联系起来，并赋之以现代政策科学的意义。因此，学术界普遍认为，拉斯维尔才是政策科学(公共政策学)的创始人。公共政策学一经问世，便被认为是当代社会科学发展过程中的一次"科学革命"，并且迅速在人类社会科学体系中站稳了脚跟。在政策科学这门学科发展和应用的基础上，甚至产生了一个公共政策时代。公共政策学在近70年的发展过程中，大致经历了创建、形成、反思和拓展四个阶段。

1. 西方公共政策学的创建时期(20世纪50—60年代)

虽然西方公共政策学的诞生有其深刻的社会根源，但直接推动政策科学产生的事件则是一次重要的学术会议的召开，这就是在美国西部斯坦福大学召开的"关于国际关系的革命性、发展性学术讨论会"。这次会议是由纽约卡内基财团赞助的，它是一次美国社会科学界罕见的众多泰斗云集的盛会。与会者有当时闻名世界的一些社会科学界英才，如政治学家哈罗德·拉斯维尔、丹尼尔·勒纳，文化人类学家玛格丽特·米德，心理学家爱德华·华尔兹，社会学家罗伯特·默顿。作为这次会议的主要成果之一，便是哈罗德·拉斯维尔与其同事丹尼尔·勒纳将会议论文合编成书，书名叫《政策科学：近来在范畴与方法上的发展》，并于1951年由斯坦福大学出版社编辑出版。该书是由许多人分头写成的，当时在社会上和学术界都没有产生太大的影响。但不管怎么说，它终究是公共政策学的开山之作，这次学术讨论会也因此而被看成是向公共政策进军的誓师大会。该书首次提出了"政策科学"的概念，并对这一学科的内容进行了系统的介绍和说明。在这次有名的政策科学大会上，斯坦福大学的政治学教授拉斯维尔给公共政策学下了一个定义："公共政策学就是以制定政策规划和政策备选方案为焦点，运用新的方法对未来发展趋势进行分析的学问。"后来，拉斯维尔进一步对政策科学进行了系统分析，他立足于美国政策实践，将政策制定过程划分为七个阶段：信息、建议、法令、援引、实施、评价、终止。据此他认为，政策科学家在决策过程中可做出三种贡献：一是确定一项政策的目标和价值；二是收集和提供有关信息；三是提出几种政策方案及其最佳选择。正因为如此，拉斯维尔被公认为公共政策学创始人或创始人之一。

除此之外，美国政策科学的创建还与两次大的政策争论有关。这两次政策争论，一次是对罗斯福"新政"的政策争论，另一次是由奥本海默引发的关于原子能政策的争论。

美国是一个实行自由市场经济的国家，其传统的政治文化中较为重要的一个内容是限制联邦政府干预民间领域，政府不能简单地干预经济界和产业界的活动。但是，1929 年发生的世界经济危机使各经济领域之间的衔接失调，自由放任的经济行为导致各行业相互"摩擦"，失业严重，经济萧条。当时的总统罗斯福要求议会批准他在特殊时期采取各种措施，以协调经济领域的关系，减少经济混乱无序现象。这种因经济危机而采取的政府消极干预的政策，后来被称为罗斯福"新政"。针对罗斯福新政的消极干预政策，美国经济学家阿尔文·汉森和英国经济学家约翰·凯恩斯则抛出积极干预政策。他们认为，失业是自由经济内部固有的组成部分，只要实行自由经济体制，就会有大量失业，从而导致经济危机。政府的经济政策不能只是为了应付眼前的困难，而必须建立在一个科学的经济体制之上，立足于科学知识，如此才能制定和实施好的公共政策。在当时，人们只顾忙于采取实际措施解决经济危机，而没有意识到这是一次重要的政策争论。直到第二次世界大战结束以后，人们才对这场政策争论进行反思，并由此形成了公共政策研究热潮。

另一次政策争论是由奥本海默事件引发的对原子能政策的争论。约瑟夫·奥本海默是犹太理论物理学家，他不仅有物理学才能，还有经济管理才能。在他担任加利福尼亚大学物理学教授时，被提拔为美国最早的原子弹实验基地——罗斯·阿拉莫斯研究所所长，成为美国原子弹研究的一号人物。二战后，奥本海默自然而然地成为美国核能委员会成员。但后来，由于他反对开发氢弹，并主张和平利用原子能，被美国当成"赤色分子"解除公职并遭到批判。这一事件引发了一场如何正确制定原子能政策的争论，争论中出现了两种针锋相对的政策观点：一些人认为在制定原子能政策时，应首先考虑将其用于国防和军事，从而保障美国的安全；另一些人则主张在制定原子能政策时，要考虑将这一技术优先用于和平，为全人类造福，防止发生核军备竞赛。有关原子弹的政策问题成为严肃的政治问题，也成为与公共政策学研究兴起有关的又一个起因。

这两次政策争论和 20 世纪 50 年代初那次著名学术会议的召开，直接推动公共政策学最终脱离政治学而独立成为一门新的学科。尤其是《政策科学：近来在范畴与方法上的发展》一书的出版，更是成为现代政策科学发端的标志。

这一时期，政策科学家们的研究重点还是局限于对政策制定过程进行分析和研究。关于 20 世纪 50 年代到 60 年代美国公共政策学发展的基本特征，拉斯维尔概括出了六大特征：一是公共政策学是关于民主的学问。公共政策与个人有关，因此，分析政策必须分析个人对政策的反应。但是个人意志反映在民主的政治体制中，因此政策分析必须对政府和政治权力有敏锐的洞察力。二是公共政策学的哲学基础是理论实证主义。拉斯维尔非常赞赏卡尔纳普的理论实证主义，他认为公共政策学就是要追求政策的"合理性"，使用数学公式和实证性数据。因此，公共政策学是一门运用科学方法进行分析的科学。三是公共政策学是一门对时间和空间都非常敏感的科学。他认为，当人们选择某一模型进行分析时，必须在时间上和空间上有明确的记录。四是公共政策学是一门跨学科的学问。拉斯维尔虽然重视公共政策学与政治学的联系，但他并不认为公共政策学就完全等同于政治学，它是融汇了多种社会科学在内的崭新的学科体系。五是公共政策学是一门必须由学者和政府官员共同研究的学科。在这次大会之前，美国官方的决策有时偶尔会邀请学者参与，但政府官员却从未参加过政策科学的学术讨论。从公共政策学的研究对象的特殊性来说，学者们非常需要了解政府官员对政策的认识和所掌握的数据，因此，他们提出在公共政策研究上学者与官员联盟的设想。六是公共政策学是包含"发展概念"的学科。在公共政策研究中，经济学家应研究经济发展模型，政治学家应研究政治发展模型，社会学家和文化人类学家应研究社会文化发展模型。公共政策学是一门以社会变化为研究对象，以动态模型为核心的学科。

在美国公共政策学 50—60 年代的产生与成长过程中，形成了以上述规定性为特征的公共政策学的第一个范式，即第一个发展形态。日本学者药师泰藏将它称为第一个分水岭。拉斯维尔这一代人对公共政策学的理解有许多科学合理的方面，比如对民主主义和理论实证主义的合理性赞赏、公共政策学的跨学科性、充分的时空观念的必要性、发展观念的重要性、政府官员应参与公共政策的学术研究等，这些对公共政策学的健康成长无疑是有帮助的。但是，由于这一时期行为主义事实上在美国的社会科学中已经占据统治地位，各门学科都普遍接受了行为主义，政治学中的行为主义完全取代了规范的、理性的研究传统。在这种背景下，拉斯维尔等人创立的公共政策学完全浸染了行为主义的色彩。他们过分看重自然科学的方法，将这种方法等同于理性。他们唯一感兴趣的是对行为进行量化处理，用数据说话。人们在进行政策分析时，不考虑伦理价值，使公共政策游离于价值判断之外。而且，这一时期的公共政策研究是与经济学相连接的，从而只有枯燥的数字。

2. 西方公共政策学的形成时期(20 世纪 70 年代)

20 世纪 60 年代中期以后，主要是在 70 年代，政策科学在以美国为代表的西方各国以至世界许多国家被普遍接受并得到蓬勃发展。西方公共政策学进入了形成时期，其标志是以色列耶路撒冷希伯来大学教授德洛尔在 1968 年至 1971 年写出的《重新审查公共政策的制定过程》《政策科学探索》和《政策科学构想》，其被称为公共政策学的"三部曲"。

政策科学的研究虽然在 60 年代已经显示出力量，但是，由于行为主义的势头还在，暂时还无法占据主导地位。到了 70 年代，情况就大为改观了。这时，计算机的运用已经在一定的社会层面上得到了推广，政府在更为复杂的经济运行中的干预作用得到了进一步的增强。同时，随着"后工业化社会"的到来，社会公共问题增多。这些变化一方面要求政府制定出更为科学、合理的政策来引导社会发展；另一方面也要求政府将合理、科学的政策有效地付诸实施。显然，原有的公共政策范式已经不能适应这种需要了。

德洛尔批判了行为主义对公共政策学的妨碍。他指出行为主义具有以下几个弱点：没有产生严格区分个别行为的微观理论和宏观理论；片面地接受所谓均衡概念；回避了复杂而生动的社会问题和社会戒规等伦理道德问题；容易陷入完善主义的泥潭。德洛尔指出，行为科学应该分为两大类，一类是纯理论行为科学，另一类是应用行为科学。当时，一种被称为管理科学的学科出现了，管理科学中的运筹学、系统工程学、意志决定理论、信息理论以及图表理论等，给"医疗处方式"的公共政策学以极大的帮助。德洛尔对管理科学中的"系统群研究"成为公共政策学的构架作了肯定的评价，但他否定了管理科学的实用价值，认为管理科学"缺乏制度""缺乏政治""缺乏价值体系"以及"缺乏创造性"而成为"软弱的"科学，因此他主张公共政策学采用包含行为科学和管理科学在内的跨学科研究，"对不能进行跨学科研究的行为科学和管理科学的僵化性进行了批判"。

德洛尔认为公共政策学之所以发展缓慢，是由于缺少一种把种种与公共政策学有关的学科融于一体的特殊模型。该模型既包含管理科学家所强调的方法论式研究，亦包含行为科学家强调的个人意志决定论研究。他用医学上的"治疗"来说明这种模型。医生发现病人"有病"，则采取两种治疗模型：一种是通过外部处理的治疗模型，一种是力求患者自己慢慢恢复功能的治疗模型。当然，德洛尔正确地指出，公共政策模型与医生治疗模型，这两者是有区别的，因为公共政策研究的社会病理，它与价值观念、意识形态有关。

德洛尔要确立的公共政策模型是一种"总体政策"。这种总体政策是力求促进公共政策学发展的学者所必须维护的学术上的政策，即指导方针。"总体政策"包括下列内容：第一，在制定具体政策之前要确定总体目标，即要有制定总目标的政策；第二，要确定政策范围，确定将什么划入政府的政策之中，这是制定政策范围的政策；第三，要设定时间单位，只有有了严格的时间概念，才会有政策的连贯性，这是设定时间单位的政策；第四，要设定风险承受力，必须预测一个政策可能遇到的风险，这是设定风险的政策；第五，要在渐进性和革新性当中进行选择，倘若是以维持社会组织的管理为目的的政策选择渐进主义政策，倘若选择了革新主义政策则风险系数自然会增大，这是选择渐进性或革新性的政策；第六，要在普遍性与特殊性中进行选择，虽然所有政策都具有这两种特性，但对不同的政策来说，总有某一特性明显一点，这是选择普遍性或特殊性的政策；第七，要确定制定的政策是重在协调，还是有所侧重，前者是实现均衡，后者是倾斜，这是选择协调性或侧重性的政策。

60 年代末到 70 年代末，政策科学得到迅猛发展。其中，在美国 60 年代后期和 70 年代的前期出现了公共政策研究中的"超前倾向"，在 70 年代中期则出现了"趋后倾向"。所谓"超前倾向"是指政策研究偏重于在政策制定中加强"政策咨询"的趋势。这一时期美国建立了一批负有盛名的以公共政策咨询研究为主要任务的研究所、研究中心，如兰德公司。由于这些机构广泛地运用统计学、数学、心理学、系统论等方法起草各种政策方案，进行各种政策模拟，提出各种政策建议，作为政府在制定公共政策时的参考，因此人们又称它们是政府决策的"思想库""智囊团"。所谓"趋后倾向"则是指公共政策研究中偏重于政策周期研究的趋势。政策咨询固然可以为政策制定提供必要的信息，但是，公共政策绝不仅仅是信息获取筛选与理论设计的结果，政治与行政方面的公共政策涉及政党、行政机构、利益集团之间的复杂利益关系，一项公共决策往往是各种利益冲突与妥协的结果，因此，要研究科学、合理的公共政策制定就必须考虑政策制定系统的改革与完善。另外，一项好的公共政策仅制定出来是不够的，还需要去说服和组织贯彻落实。因此，公共政策重要一环在于制定出来的政策的推行和实施。这样，对公共政策的研究就转向对整个政策生命周期的探讨。

德洛尔面对崩溃的公共政策学，勇敢地进行了重建工作。他认为应当批判行为主义，对整个政策科学的基础进行重建。他主张对制定政策的系统加以研究，并提出了构建总体政策即制定政策的若干设想。这有力地推动了政策科学的发展。这是公共政策学的第二个范式，即"第二个分水岭"。

虽然德洛尔对公共政策学的发展做出了许多努力，但是，德洛尔的理论本身也存在问题。首先，德洛尔构建的总体政策是一种元政策或"超政策"，这种总体政策因为过于理论化，很难理解而且难以执行。其次，德洛尔为了构建一个总体政策系统，他不但要求将行为主义和管理科学纳入其中，而且还要把更多的其他学科汇集到政策科学之中，从而使公共政策学成为一门包揽许多学科的总科学。

3. 西方公共政策学的反思时期(20世纪80年代)

尽管拉斯维尔、德洛尔等人的研究促进了60年代至70年代政策科学的发展，但他们所提倡的政策科学研究范式由于其自身的局限性而在70年代之后的发展中遇到了一些难题，主要表现为：一是将政策科学当做一种统一的社会科学，造成了在科学共同体中建立共识的困难，包括在划定范围边界、建立学科理论体系和形成特有研究方法等方面的困难。二是政策科学为自己确立的目标过于宏伟，难以在短时间内突破，而且它抽象地大谈改善全人类公共决策系统，端正人类社会发展方向，回避各个国家和地区的价值观念、意识形态和政策制定的差异。三是拉斯维尔和德洛尔所确立的政策科学范式过分注重政策制定的研究，对政策过程的其他环节关注较少。这些问题一直困扰着政策科学的持续发展，到了80年代中期仍然没有得到解决。1986年，德洛尔在其新著《逆境中的政策制定》中，探讨了政策科学在近二三十年来的发展，提出了政策科学需要在14个方面加以突破，包括政策制定和政策科学的哲学与智力理解、进行政策范式批判和探讨宏观政策创新、研究元政策制定与系统设计、考虑政策制定途径和方法的改进、发展多维的方法和技术、加强和提高教育与培训等。

进入80年代以后，政策科学的理论和方法已经成为工业发达国家政府乃至实业团体管理决策的基本方式，并形成了这样的现象：未作政策分析，不作政策决定。它已在国际政治科学中赢得了中心位置。拉斯维尔认为，政策科学应当是一门有着基本的实践方向的科学。但它的目标并不限于科学本身，也不单纯是为了提高决策的效率，应是为了人类自身的尊严提供有关"需要改进的民主实践"的知识和方法。这就是说，政策科学的根本目的，是要通过运用正确的、符合规律的、反映实际的方式方法，来有效地解决人类社会所面临的各种实践问题，并以此来促进人类社会的进步与发展。换言之，政策科学与人类社会的未来紧密相关，改善和提高公共政策的质量直接关系到人类社会的命运。

这一时期，西方公共政策学的研究取得了新的突破，并在此基础上比较多地对学科采取谨慎的批判态度，研究者们在深入反思的基础上将所关注的重点转移到政策效率方面。他们反思的内容包括以下几个方面：

第一，加强对政策价值观或公共政策与伦理关系问题的研究。政策科学可以说是对一般选择理论的研究，而选择则以价值作为基础。因此，价值、伦理问题在政策科学及政策分析中占有突出的重要地位，以至于有的学者如邓恩称公共政策学为应用伦理学。80年代以来美国政策科学中对政策价值观的研究主要采取三种途径：一是从政治哲学的立场探讨政策伦理的最一般方法，如罗尔斯的《正义论》主张用分配的正义取代传统的功利主义伦理学。二是从特定的伦理案例分析政策伦理或价值，如从国家安全、社会福利、堕胎、死刑等一些案例引申出伦理问题，这方面的著作有布坎南的《伦理与公共政策》等。三是从政府机构或职业组织的伦理问题入手分析公共责任与义务，即探讨政策分析的职业伦理规范问题，代表作有高斯罗普的《公共部门的管理、系统与伦理学》等。

第二，加强对政策效率和比较公共政策方面的研究。在政策效率方面，西方学者并不仅仅局限于就政策的效率去考究效率，而是从两个更为深入的角度去研究政策效率问题，一个角度是从公共政策产生与运行及其生态方面去考究效率，尤其是对政策执行与政策评估的研究。哈佛大学肯尼迪政治学院首先发表了一篇《公共政策执行问题的报告》，指出政策执行的政治与行政方面往往为人们所忽视；有些学者如哈格罗夫指出，在政策形成和政策成功之间存在着被忽略或错失了的环节即政策执行，必须加以补充，如此才能使政策生效；加州大学的普瑞斯曼和韦达夫斯基等则对奥克兰实验案例进行详细的追踪研究，写成了经典的《执行》一书，该书令人信服地指出，再好的政策方案，如果没有正确有效的执行，仍将导致无效而失败。另一个角度是从公共政策的比较中研究效率。这种政策的比较，不仅是就一个国家内部各项政策而言，而且还对国家间的政策进行比较分析。按照安德森在《比较政策分析中的系统和策略》一文中的说法，比较公共政策研究到70年代早期还是一个"不存在的研究领域"。从70年代中期开始，伴随比较政治学的发展，该领域的研究开始起步，80年代之后这个领域逐步成熟，成为政策科学研究的一个重要分支，出现了一批颇有影响的著作，如阿尔蒙德的《比较政治学》，海默尔等人的《比较公共政策》等。

第三，开展政策信息多元化方面的研究，强调政策学家与政治家合作。西方学者认识到政策研究在提供分析技术，解决人类社会所面临的问题方面的能力是有限的。政策研究只能促成政策的形成，但不能取代政策的决定。因此，政策科学家不要再自认为是政策方案的设计者，他的主要任务是要从诸如立法机关、联邦机关、州政府、地方政府、政党、宣传团体、法院等与政策制定和执行有关联的政策利害人那里获取政策信息；政策科学家的主要任务也不是协助决策者找出一个解决问题的最佳方法，而是要在许多不同的政策利害人中，取得共识，制定出能够平衡不同观点和意见的满意政策。与此同时，政策科学家认识到过去过分强调科学家和政治家各自拥有一套分离的价值标准与规范，政策科学采取中立的、远离政治的立场是不合理的。相反，政策科学家应当与政治家合作，融入政策制定过程之中，与政策制定者成为知识上的伙伴。

4. 西方公共政策学的拓展时期(20世纪90年代)

80年代中期以后，政策科学致力于政策制定系统改进的研究。德洛尔所从事的"逆境中的政策制定"的研究工作，着眼于大政方针、高层政策治理、元政策制定的探讨，代表了这一时期政策科学研究的热点。同时，另一位学者斯图亚特·内格尔所从事的"超优政策分析"的研究工作，在关注相互冲突和竞争的政策目标时，寻求一种合理分配政策资源、获得优化方案的办法，代表了政策科学方法论研究的主要方向。

20世纪90年代经济全球化所带来的国际政治经济环境的变化对各国国内政策的影响和压力与日俱增。苏联、东欧等国的剧变，世界贸易组织的创立及其新规则的形成，联合国介入地区冲突和重大事件的作用明显增强，欧洲共同体的实质性进展和欧洲统一货币制度的推行，亚洲金融危机引发的经济震荡和全球恐慌，所有这些政治经济事变在不同程度上对各国政府制定政策产生着深刻的影响。从政策制定者到政策分析家和学者开始深切感受到加强宏观政策分析和拓展政策研究新方向对于国家兴衰、政权命运、社会经济可持续发展的重要性，这一时期的研究主要集中在以下几个方面：

第一，重视宏观政策研究，促进政府政策制定的系统性改革。宏观政策研究和分析更加重视国家总体政策制定，重视战略性大政方针和政策范式的改进与创新。欧共体各国在全民公决与《马斯特里赫特条约》出台后重视审视本国政策与欧共体规则的一致性；美国政府于1993年成立"国家绩效评议委员会"，对联邦政府的政策制定框架和政策绩效进行评估，开展了"重塑政府运动"；韩国在民主化改革后又开始"第二次建国运动"，对国家总体发展战略从大政方针到公共文化进行全面革新；日本政府的"新行政审议会"不断推出改革政府政策制定的新思路，促进了《行政程序法》《政府情报公开法》等一系列政策法规的出台，大力推动政府制定体制和程序的改进。这一时期在经济政策研究方面，发展中国家的总体发展战略和发达国家的产业发展战略以及区域经济联盟的发展战略成为宏观政策研究和分析关注的焦点。这一时期关于宏观公共政策研究的主要代表作有：叶海卡·德罗尔的《面向大政方针的宏观政策分析》(1990 年)，海伦·英格拉姆的《为实现民主的公共政策》(1993 年)，《制高点》(1998 年)，马克·莫尔的《创造公共价值——政府中的战略管理》(1995年)。

第二，开辟新的研究领域，开展公共政策调查。公共政策学家将研究的兴趣转向一系列新的社会问题，比如电脑犯罪、网络陷阱、温室效应、试管婴儿、克隆问题等。因为这些新的社会公共问题既是对人类的挑战，也是对公共政策研究的挑战。不少研究者感到单靠以往的纯客观研究方法不能完全解决这些问题，还必须采取以后实证主义为主体的主观研究方法。新研究领域的开辟，增强了公共政策的应用性。另外就是公共政策调查的兴起。以往公共政策学家过于重视以经济与技术理性为主体的政策抉择研究，总是强调如何使"利益最大、损失最小"，强调如何依据政策制定者的偏好，排列方案的优先顺序。这种研究方法在实际生活中已暴露出许多弊端。许多政策学者转向政策调查研究，他们认为不存在一个最佳的即能为社会全体大众都能接受的政策。为此，就必须通过政策调查、政策辩论获得合理性，并由此研究出是否接受某项政策的前提条件。

第三，公共政策学与公共管理学日益融合，促成公共政策新的研究范式。公共政策与公共管理犹如一个硬币的两面，密切相关，难分彼此。公共政策必须靠公共管理来推行，而公共管理主要是对公共政策的管理。梅尔斯诺和贝拉维塔在《政策组织》一书中提出了政策管理、政策沟通、政策组织、政策行为等四者的相互联系理论；林恩在《管理公共政策》一书中提出组织行为、政治政府与公共政策的融合思想，他认为把公共管理与组织行为以及政治与政策形成理论融于一体，才能有效制定公共政策。美国政策科学或政策分析的最权威组织——政策分析与管理学会的成立，目的之一就是希望沟通政策分析研究和管理研究，促进公共政策的融合。这种融合，最终导致新公共管理范式的出现。"新公共管理"运动对传统的政策科学提出了严峻的挑战，这种范式正逐步取代传统的政策科学的范式而成为当代西方公共政策科学研究的主流。

以上是从时间上对公共政策所作的历史考察，表明它已经走过了创建—形成—反思—拓展的道路。从空间上来看，西方公共政策科学的发展走过了一条学科化—组织化—产业化的道路。

公共政策的学科化首先表现在从1970年代起美国各大学纷纷建立了政策科学、政策分析的专业，与政策科学相关的课程相继开出，培养了不同层次的公共政策学人才。在此期间，不仅涌现了大量的有关政策科学的专业性的研究咨询组织和学术刊物，而且政策科学无一例外地成为各工业发达国家主要大学的进修课程。以美国为例，仅在1975年，各主要刊物就发表了有关文章800篇以上；同年，全美计划联合会出版的实用分析研究论文集，则开列了4000份以上的社会计划的分析案例。在整个70年代，政策科学的理论和技术不但在许多国家的各级政府中得到了广泛应用，而且由于其潜力和普遍适用性，同时也在私营部门得到了推广。各大学出现了一大批公共政策、公共事务学院和研究所，如哈佛大学肯尼迪政府学院、加州大学伯克利分校公共政策学院、密歇根大学公共政策研究所等，我国北京大学、南京大学、武汉大学、复旦大学、中山大学等也设有相应的院系机构。一些大学研究机构成立并开设研究生教育，直接推动了政策科学的发展。

公共政策的组织化是学科化发展的必然趋势和组织保证。政策科学的组织化表现在各国出现的官方、半官方和民间的政策研究组织的应运而生。有侧重理论研究的如日本的"日本国策研究会"，有以解决实际政策问题为目的的，如美国的"罗斯福美国政策研究中心"，也有偏重与政府公务员行政管理结合的，如荷兰的"欧洲公共行政管理研究院"等。国际性的政策研究组织也不断出现。1972年，由美国、苏联等12个国家联合发起的国际应用系统分析研究所，其专门从事污染控制、城市规则、公共卫生、人口问题等社会规划的政策分析。

公共政策的产业化是公共政策学科化和组织化的必然结果。它表现在不少发达国家已经建立起一支以政策分析和政策评估为职业的队伍。这支队伍在政府内外、各行各业都发挥着分析、评估、咨询、决策的作用。这支队伍或是以各种组织的名义承接包括政府在内的各种委托人的政策分析项目，或是以政策研究组织与个人身份受聘于政府、公司、国际组织和企业集团。政府本身由于控制与监督职能的需要也设立了官方的政策研究、政策分析、政策评估机构。特别是这些组织已经发展成营利或半营利的机构，它直接促进了政策科学朝着产业化方向发展，"政策分析师"已经成为一种正式的职业，美国联邦、州、地方政府都设立了政策分析的职位，各思想库和各大学都有相应的教研职位。

二、中国公共政策学的发展现状

20世纪70年代末80年代初，随着我国改革开放的稳步推进，西方政策科学传入我国。起初，一些高校学者和相关部门的政策研究者注意到了国外社会科学中的这个新领域，着手进行介绍、引进和初步的研究工作。80年代中期，特别是1986年，万里同志在全国软科学工作座谈会上作了《决策民主化和科学化是政治体制改革的一个重要课题》的报告，明确提出要做"政策研究"这一重大课题，这成为我国公共政策学研究走上正轨的一个契机。进入90年代，我国公共政策学发展的重要性和迫切性被越来越多的人所认识，公共政策学的研究与教学逐步体制化，它作为我国社会科学和管理科学研究的新兴领域开始受到重视。

1. 中国公共政策学发展的成就

经过30多年的发展，政策科学已得到学术界的普遍认可，特别是受到了党和政府的重视和支持，研究工作呈现出蓬勃向上的发展势头，无论是在学术研究及学科建设方面，还是在人才培养和知识应用方面，都取得了显著的成就，这主要体现在以下几个方面：

(1)学术研究取得了积极成果，初步建立起中国公共政策学的理论框架。30多年特别是近10年来，一批公共政策学的国家和省部级课题得以完成，在国外公共政策学理论和方法成果的评价、引进和消化，马克思主义经典作家以及毛泽东、邓小平的政策和策略理论的研究，中国政策系统及其运行，中国政策实践经验的总结以及中国优秀的政策遗产的继承，当代中国及世界现实政策问题的研究等方面，都取得明显的进展。公共政策学的基本概念、理论和方法的探索已初见成效，初步确立了中国公共政策学的基本理论框架。这一理论框架有两种表现形式：一是围绕政策系统及其运行这一核心，既研究公共政策的实质、原因和结果，又研究政策过程，尤其是通过对政策过程的各个基本环节或功能活动的研究，建构公共政策学的知识体系；二是采取板块式的体系，将公共政策学的知识分为基本理论、现实政策和分析方法三大块。30多年来，我国公共政策学的研究取得显著成果，出版或发表了一批论著和译著，发表了大量的学术论文。

(2)学术交流日趋活跃，学科制度化建设粗具规模。从20世纪80年代末开始，中国公共政策学的学术交流逐渐活跃起来，一大批国外著名的公共政策学家来华讲学；一批在国外学习公共政策学的学生和访问学者相继回国服务，他们带回了国外公共政策学发展的大量信息；一些高校、科研机构、行政学院以及政策研究部门与国外大学的公共政策学院建立了正式或非正式的学术交流关系，使中国的公共政策学发展日益与国外接轨，有力地推动了中国公共政策学的国际化与规范化。国内公共政策学界的学术交流也相当活跃，举办了大量的国际性和全国性的公共政策学方面的学术研讨会。与此同时，公共政策学的学科制度化建设也粗具规模(学科制度化建设是指学术团体、基金来源、出版发行渠道、教育培训、职业化、图书馆收藏目录的确立等方面的建设)。例如，在学术团体方面，已成立了两个全国性的研究组织，一个是1992年成立的全国公共政策研究会(挂靠中国行政管理学会)，另一个是1994年成立的中国公共政策学会(挂靠国务院发展研究中心)。有些省市也相应成立了公共政策学的研究会或学会。在基金来源方面，从"七五"开始，国家、各省市和大学、科研机构的科研基金就将公共政策学或政策分析的课题列入资助范围。目前，国家自然科学基金、国家社科基金、教育部的社科规划基金都加大了对公共政策学科的资助力度；各级政府部门则更多地资助实际政策问题的研究。在出版渠道方面，尽管目前全国没有公共政策学或政策分析的正式专门杂志，但各种综合性社会科学期刊都乐意接受这方面的稿件；各家出版社也愿意接受这个领域的书稿，公共政策与公共管理成为出版热点，多家出版社已推出公共政策及公共管理的丛书、系列教材或译丛。

　　(3)公共政策学逐步在高校扎根，人才培养的形势喜人。近10年来，公共政策学的教育培训迅速发展，它在大学、党校和行政学院的教学与研究中逐步扎根，成为本科生、研究生以及干部培训的一个重要的学科领域。目前，在我国高校的公共管理、政治学等学科各专业的本科生教育中，公共政策学已经成为最重要的基础课或专业课，不少高校还开出系列课程。近年来，一些高校陆续开设了公共政策学专业，另一些高校则在政治学或行政管理本科专业中设立了公共政策专业方向。党校和行政学院也相继开设公共政策学方面的单科或系列课程。20世纪末，有的学校，如厦门大学和北京大学在政治学和行政学学科中成立公共政策教研室或研究所；许多大学纷纷成立公共政策研究所或公共政策系。研究生教育方面的情况更是令人乐观。20世纪90年代初及中期，我国的部分大学开展了政策分析的硕士生教育，厦门大学和北京大学分别于1993年、1994年在行政学硕士点中设立政策分析方向，培养中国的公共政策硕士(MPP)，此后不少综合性大学也在政治学、行政学、经济学和社会学学科的硕士点中设立政策分析或公共政策方向。政策分析的博士生教育也开始起步，在国家已设立的第一、二、三行政管理的博士点中大多设有公共政策分析方向，有的大学则在政治学学科专业的博士点中设立公共政策分析方向。特别值得一提的是 2001 年国务院学位委员会批准设立公共管理硕士（MPA）专业学位，在该专业学位中，公共政策及行政管理是其最基本的学科基础，而且大部分 MPA 试点院校都设立公共政策分析研究方向。MPA 专业学位的开办，有力地推动了公共政策学的教学与研究的发展。近期学界要求设置独立的公共政策硕士学位的呼声甚高。

（4）公共政策学知识的应用已经起步，公共政策学产业化的广阔前景开始展现。在知识应用以及产业化方面，公共政策学以及政策分析的成果开始被应用到政策决策以及重大工程项目的研究与论证之中，在推进公共决策的科学化、民主化方面起着越来越重要的作用。作为公共政策学最纯粹的组织体现的思想库或智囊团在我国开始发育并发挥作用。一些官方的或民间的政策研究机构相继建立，特别是不少综合性大学以及社科院，纷纷成立公共政策研究中心或发展研究院。公共政策学或政策分析作为咨询业的学科基础和人才培训基础的作用开始为人们所认识。简言之，公共政策学的产业化前景看好。

2. 中国公共政策学研究存在的问题与挑战

公共政策学由于起步较西方国家要晚得多，研究水平近些年虽有明显进步，但仍有许多问题需要解决，不少薄弱环节亟待加强，主要表现在：

（1）公共政策学的宣传普及工作做得不够，公共政策学的学术价值和实践价值尚未受到应有的重视。作为决策科学化、民主化的主要支撑学科，公共政策学对社会全面、健康、可持续发展的巨大促进作用并未被人们充分认识。与传统的人文社会科学不同，公共政策学不是一门纯基础研究，而是一门实践性很强的学科，对公共政策学的形成和发展以及应用做出最大贡献的，并不是大学的学者，而是思想库的专家，它的发展靠学者、专家和官员的共同努力。政府官员对这个学科重要性的认识，政府部门积极主动地应用公共政策学知识，是公共政策学发展的一个基本条件。而由于公共政策学的宣传普及工作薄弱，至今尚有许多官员和学者不知公共政策学为何物，更谈不上对它的重视和应用了。因此，如果没有政府官员的高度重视，没有官员与实际的政策分析专家的参与，单靠大学学者的力量，要搞好公共政策学的研究，推动公共政策学的突破是不可想象的。

（2）公共政策学专业化基础薄弱，主要表现为：学术研究水平不高，学科基础不牢，研究人员的整体素质不容乐观。学术界对于西方公共政策学的引进、消化和吸收的工作做得不够，缺乏对西方公共政策学理论和方法的系统了解以及对它的最新趋势的跟踪研究，深入的批判消化和吸收工作更无从谈起；许多公共政策学的基本理论问题并未得到深入的探讨，在公共政策学的研究对象、性质、范围和方法，政策科学的学科体系及其构成，政策内容的分析和政策过程的研究，马克思主义经典作家以及毛泽东、邓小平政策策略理论的研究，中国政策系统及其运行，古今中外的政策研究经验以及具有中国特色的政策实践经验的总结与提炼等方面都需进一步加强，特别是在形成有中国特色的政策科学概念、理论和方法上仍需下大工夫。中国公共政策学的学科分化程度较低，公共政策学的分支学科尚未建立起来，公共政策分析方法和技术的探索、开发和引进做得不够；对与公共政策学相关的学科尤其是经济学、政治学、社会学的理论基础的探索未深入展开。所有这些问题使得中国公共政策学的学术研究水平不高，学科基础不牢。因此，尽管国内已有几十本公共政策学的论著问世，但能真正融贯中西、特色鲜明、学术水准上档次的成果并不多见。此外，公共政策学的研究者的整体素质欠佳。尽管目前研究队伍有所扩大，但缺乏公共政策学研究所需要的综合知识结构以及政策分析所需要的方法论素养者为数不少，这将严重制约中国公共政策学的进一步突破与发展。

（3）公共政策学的制度化或学科的组织化建设存在许多困难和问题。迄今为止，国内的大学或社科院系统中，并未形成独立的、成规模的公共政策学院或公共政策研究所，许多建立起来的政策研究中心是虚的，而不是实的；在专业设置上也没有设置本科专业和独立的研究生学位点，仅仅是有些学校在其他一级学科硕士点下设置了公共政策的研究方向而已；公共政策学的基金来源不仅渠道有限，而且资助的课题数量少，资助的力度太小；学术著作的出版遇到了出版资金和发行量不足的问题；目前仍没有全国性的公共政策学或政策分析的专门学术杂志，缺乏学术交流的理论园地。

（4）公共政策学的本土化研究不充分。公共政策学的强大生命力在于它对现实问题的敏锐洞察与及时回应，它来源于现实社会实践又为社会管理提供咨询服务。为实际政策问题的解决提供政策相关知识，为这些问题的解决提供理论指导，是公共政策学的基本目标取向。近些年，中国范式、中国特色的政策实践已经受到全球关注，中国故事越来越具有魅力。但各科学者对各领域现实社会问题的研究相对独立，融合性不够，公共政策学的应用性、实证性也未能得到充分体现，更没有形成完整的中国特色政策理论体系。目前，中国公共政策的理论研究与政策实践指导依然有些脱节，存在的主要问题是：理论研究者与实际部门的管理者之间结合不够紧密，公共政策科学理论知识的生产与实际管理部门对政策科学知识的应用不匹配。搞公共政策理论研究的重学术、轻应用，而从事实际政策运行的管理者则重视经验实践、忽视科学理论指导。因而，在我国公共政策学研究领域，中国特色的政策理论体系系统化有待完善，公共政策的应用性、实证性有待加强。

第三节　公共政策学的研究对象和研究内容

任何一门学科都有其特定的研究对象和研究内容，这是它区别于其他学科的本质特征。公共政策学也不例外，要想在社会科学共同体中拥有一席之地，就必须明确自己的研究范畴和边界。

一、公共政策学的概念

"政策科学""政策分析""公共政策学"和"政策研究"是几个经常用来表示这一学科领域的术语。在西方文献中，这些术语有时被当做同义词而加以交替使用，有时则被有区别地加以界定。一般认为，"政策科学"概念是美国政治学家拉斯维尔首先提出的。早在 1943 年的一个备忘录中，他就提到了"政策科学"的概念，而正式提出这个概念则是 1950 年他与卡普兰合著的《权力和社会：政治研究的框架》一书。1951 年，他与勒纳合编的《政策科学：近来在范畴与方法上的发展》一书中，对政策科学的对象、性质和研究任务等作了较具体的规定。"政策分析"一词则是美国经济学家林德布洛姆首先使用的，他在 1958 年发表了《政策分析》一文，首次提出了该概念。

按照拉斯维尔的界定，政策科学是"以制定政策规划和政策备选方案为焦点，运用新的方法论对未来发展趋势进行分析的学问"。

德洛尔认为，政策科学或政策研究的核心是把政策制定作为研究和改革的对象，包括政策制定的一般过程，以及具体的政策问题和领域；政策研究的性质、范围、内容和任务是理解政策如何演变，在总体上特别是在具体政策上如何改进政策的制定过程。

那格尔说："政策研究可以下的定义为：为解决各种具体社会问题而对不同的公共政策的性质、原因及效果的研究。"

克朗认为，政策科学是通过定性的和定量的方法，探求对人类系统的了解与改进，它的研究焦点之一是政策制定系统。

奎德(Edward S. Quade)认为："政策分析是应用研究的一种形式，用来获得对社会技术问题的更深刻的理解，并提出更好的解决办法。政策分析试图利用现代科学技术去解决社会问题，寻求可行的行动过程，产生信息，排列有利证据，并推导出这些行动过程的可能结果，其目的是帮助决策者选择最优的行动方案。"

邓恩则认为："政策分析是一种应用性的社会科学学科，它使用各种研究和论证方法，产生并转变政策相关信息，以便政治组织解决政策问题。"

我国的政策学学者给政策科学或政策学下过一些定义，可概括为以下四种基本看法：一是认为政策科学主要研究政策制定的理论和方法，是研究如何制定正确政策、避免错误政策的学科领域；二是认为政策科学是关于制定政策方案、规划政策实施、评价政策的结果、预测政策的方向的一门学科；三是认为政策科学是研究政策的属性及特点、政策制定和执行规律的科学；四是从广义和狭义两个方面界定政策科学，认为广义的政策科学是对不同的公共政策的性质、原则和结果进行的研究；狭义的政策研究可以界定为对目标、方案及社会效果之间的相互关系的研究。

由上述这些定义可以看出，国内外学者对政策科学的界定有所不同，但一般都承认政策科学以政策系统及政策过程作为研究对象。这正是政策科学成为一个相对独立学科的关键条件。政策科学以人类社会的政策系统及政策过程作为专门的研究对象，它既要研究政策的本质、原因和结果，注重内容分析，又要研究政策系统及政策过程，注重系统过程分析。因此，公共政策学被定义为这样一门新兴学科："它尽可能地运用科学方法研究公共政策的内容、过程与产出，探索其固有规律，形成系统性知识，并运用这种知识进行政策分析，进而通过公共权力机关将研究成果转化为政策实践。"①公共政策学的研究目的在于不断改进和优化政策系统，提高公共政策的运行效率。

二、公共政策学的研究对象

政策科学以社会政治生活中的政策领域，即现实的政策实践、政策系统及政策过程作为研究对象，它的基本目标是端正人类社会发展方向，改善公共政策系统，提高公共政策运行质量。因此，政策科学有自己相对独立的研究领域，这是作为一门独立学科形成和发展的基本前提。

学术界有一种观点认为，公共政策学的研究对象就是公共政策。这虽算不上错，却近乎同义反复，并未告诉人们任何确切的信息。因为公共政策的外延极其广泛，一门学科的研究领域和内容虽然也可以极为广阔和多样，其研究对象却要尽可能单纯和确切，这才能使该学科的研究和发展有一个核心，有特定

---

① 宁骚主编：《公共政策学》（第二版），高等教育出版社 2011 年版，第 3~4 页。

25

的目的和方向。而把公共政策作为公共政策学的研究对象，既做不到这一点，还很容易使人们误以为公共政策学就是研究每项公共政策具体内容的学科，这无疑会大大降低这门学科存在和发展的价值。

美国斯坦福大学拉斯维尔教授在 20 世纪 50 年代初认为，所谓公共政策，就是"以制定政策规划和政策备选方案为焦点，运用新的方法论对未来发展趋势进行分析的学问"。拉斯维尔教授的观点是从政策规划或政策分析角度提出来的，应该说抓住了公共政策学最关键的问题，但视野过于狭隘。

另一种观点认为，公共政策学"就是研究政策制定和执行的系统过程的一般规律的科学"。这种观点明确提出把政策制定和执行的系统过程的一般规律作为公共政策学的研究对象，可以说抓住了问题的实质，比前两种观点是一大进步，但局限于"政策制定和执行"过程，仍有失狭隘和片面。

还有一种观点认为，公共政策学的研究对象"就是政策与所处环境的关系及其自身的运动规律"，"它不研究每一项政策的具体内容，而是要抽象出每一项现实政策所共有的东西，找到它们的运动规律以及导致是这种形式而不是那种形式运动的更深层次的理论或范畴"。这种观点准确地抓住了政策现象和过程所特有的矛盾，只是其表达尚欠周全，论述也不够准确和充分。

综合前人的观点，我们认为，公共政策学的研究对象就是公共政策的功能机制和运行规律。公共政策的功能机制，就是指公共政策这一人造系统的层次结构、功能特性，它与社会环境的双向作用及其方式与条件等。公共政策的运行规律有共时(微观)和历时(宏观)两层含义。从共时的角度说，是指特定的公共政策在其起因、规划采纳、执行、接受、终结的过程及与此紧密相关的评估与监督环节等所呈现出来的特点和规律；从历时的角度说，则是指公共政策总体上作为一种管理社会的手段，在人类历史长河中所留下的发展轨迹，所积淀下来的经验和教训。根据马克思关于外因是变化的条件、内因是变化的依据及现代系统论的结构—功能原理，公共政策的宏观发展规律是由微观运行规律所决定的，而微观运行规律又是由公共政策的层次结构和功能机制所决定的。这就是说，公共政策的运行规律，实际上是功能机制的外化和具体化，二者实际上是一致的，其内在联系是非常密切的。

把公共政策的功能机制和运行规律确定为公共政策学的研究对象，也是为了更好地体现和突出该学科的应用性。因为任何一门学科的研究任务和内容，都是研究对象的具体化。而且，研究对象还通过研究任务、内容或范围的设定，体现出该学科的研究目的，制约着该学科的发展方向。由于公共政策的功能机制和运行规律直接与人类的政策实践密切相关，尤其是与处在特定时空下的特定社会现实中的政策实践密切相关。因而，把公共政策的功能机制和运行规律作为公共政策学的研究对象，就迫使公共政策学研究必须始终关注人类的政策实践，尤其是特定社会现实的政策实践，必须既广泛借鉴和运用现代科学理论和技术方法来分析、透视和把握研究对象，又不陷入纯思辨的理论王国。同时，通过对公共政策功能机制和运行规律的透视、分析、总结和把握，使公共政策学研究能够对人类政策实践发挥应有的、切实可行的现实指导作用，能使研究成果直接产生社会政治效益和经济效益。

把公共政策的功能机制和运行规律作为公共政策学的研究对象，还有助于表明，公共政策学虽然离不开对公共政策的具体内容或政策条文的研究，但其主要任务和核心内容并不在于此，而要比具体政策内容重要得多、深入得多、广泛得多。

三、公共政策学的研究内容

一门学科的研究内容，乃是该学科研究对象的具体化。公共政策学涉及的范围十分广泛，目前尚难划出准确的边界。那么，作为以公共政策功能机制和运行规律为研究对象的公共政策学，其研究内容主要体现在哪些方面呢？对此，国内外尚无完全统一认识。

对政策科学的形成和发展做出巨大贡献的以色列著名学者德洛尔认为，政策科学的核心部分是认识和端正社会发展方面，把不同层次（跨国的、全国的、地区的）政策制定系统的改进作为追求的目标，同时也作为自己研究成果的手段。他在 1971 年出版的《政策科学构想》一书中，曾初步认定政策科学的主要内容有：基本政策、元政策、政策分析、实现战略等。他在 20 世纪 80 年代又把改善政策制定系统及政策制定研究与统治方式、政府中决策系统研究结合起来，特别是在探索逆境中的政策制定、高层政策治理、超优政策分析方面取得了新的进展，这丰富了宏观政策理论的研究，拓展了政策科学的研究领域。美国学者克朗根据德洛尔的构架，认为政策科学将以下 5 个范畴作为其方法论重点：①政策战略；②政策分析；③政策制定系统的改进；④政策评估；⑤政策科学的进展。这一观点在国内影响很大。林德金、陈洪、刘珠江编著的《政策研究方法论》（1989 年）和张金马主编的《政策科学导论》（1992 年）等都直接认同这一观点。

孙光在其《政策科学》（1988 年）一书中则把政策制定的模式、政策规划、政策执行、政策评估、政策变化、政策控制、政策咨询、比较政策研究等视为政策科学的主要研究内容。

与上述主张不同，郑新立主编的《现代政策研究全书》以一种更为宏阔的视野，将现代政策学的研究内容划分为 3 大部分，即：①基本概念研究；②基本理论研究；③基本过程研究。其中每一部分又包括多方面的内容。

对公共政策学研究内容持有种种不同的看法，这是很正常的，它体现了所有处在形成和发展中的新兴学科的共同经历，也标志着人们对公共政策学研究的逐步深化。我们在综合上述种种观点的基础上，结合公共政策实践，对公共政策学的研究内容作一概略的介绍。

1. 公共政策基础研究

它主要从静态角度，探讨公共政策的基本概念、能动性及其他相关知识。具体包括：

第一，公共政策的定义。这是科学地认识公共政策，提高人们执行政策、接受政策的自觉性和主动性，减少盲目性和被动性的前提，也是公共政策学的研究起点。

第二，公共政策的本质。这是公共政策最基本、最重要的内在属性，是任何社会制度下的公共政策形态所共有的，是产生公共政策学基本理论、研究公共政策运动变化规律的直接基础。

第三，公共政策的地位和特征。这是公共政策本质的外在表现。研究该问题的目的在于探寻什么样的政策才能有效地指导实践并经受实践检验，弄清一项正确、有效的政策应具备哪些条件。

第四，公共政策的构成要素。即探讨单项政策是由哪些最基本、最重要的因素构成的。它和政策系统连在一起，构成公共政策学的两块基石，是政策研究的基本思路。

第五，公共政策的系统结构。即探讨政策系统的概念和构成，揭示政策系统内部各子系统、各要素之间的内在联系，以及政策系统的特性和功能。

第六，公共政策的外部环境。公共政策与其外部环境之间是一种双向互动的关系。如果说对公共政策的功能研究侧重于考察公共政策对外部环境的影响方式和程度，那么，对外部环境的研究则旨在探讨外部环境诸因素对公共政策的推动与制约。

2. 公共政策过程研究

公共政策的运行过程，就其实质而言，不外乎是利益表达、利益综合、利益分配、利益实现和利益维护的过程。对政策过程的研究，旨在揭示和把握各主要阶段的实质性内容、特点、规律或方法。政策过程主要有以下几个阶段：

第一，政策议程。其主要内容有：利益表达、要求、政策战略、政策问题的认定等。

第二，政策规划与政策采纳。其实质是在充分的利益表达和利益综合的基础上，进行权威性的利益分配。其主要内容有政策规划原则、政策规划模式、政策规划要素、政策文本的交换以及政策采纳的实质与形式、政策公布等。

第三，政策执行。人们常将政策执行等同于政策实施。其实，政策实施乃是政策执行、政策接受、政策监督、政策调控这4个层面的对立统一过程，其实质是利益实现与利益维护。就政策执行研究而言，主要是探讨政策执行的特点、原则、程序(或环节)，以及政策执行系统的改进等。

第四，政策接受。迄今为止，政策接受问题基本上是政策研究中的一个空白地带。事实上，公众(不特定的社会组织和个人)对公共政策的认同程度和行为反应，一直在制约着政策效力的发挥和效益的实现。随着社会民主化进程的深入，政策受众主体意识的日益强化，对政策接受的研究也变得日益重要和紧迫。其主要内容有：政策接受的意义和特点、政策接受主体、政策接受的动因、政策接受的一般规律等。

第五，政策控制与政策监督。狭义地讲，这不是政策过程的一个环节，而是对整个政策过程的一种宏观把握。但在狭义上，它主要体现在政策实施过程中。这方面的研究内容主要有：政策效力与政策效应、政策控制与追踪决策、政策失真与政策监督等。

第六，政策评估与政策终结。简单地说，政策评估就是根据一定的标准去分析判定一项政策的社会效用度。它实际上是对既定政策的监控和价值判断过程。政策评估所涉及的活动有三，即说明所欲评估的目标、确立量度政策成效指标、检讨政策的得失。政策评估是与政策设计要求和政策执行与接受情况相联系的。作为政策过程的最后一个环节，政策终结是建立在科学、准确的政策评估基础之上的。其主要内容有政策终结的对象与作用、方式和特点、障碍和对策等。

3. 公共政策分析方法和政策案例研究

这部分包括政策分析的过程框架与程序、政策分析过程中常用的方法、公共政策的经济学分析、公共政策的伦理学分析和政策分析中创造性思维方法等，涉及公共政策分析的过程及步骤，政策分析的各种模式、方法和技术。

公共政策学既需要广泛的构想研究，也需要具体的案例研究。政策案例研究主要体现在两个方面：

第一，政策案例的积累。即注意收集国内外在政策制定、政策执行和政策接受等政策运行过程中那些具有代表件和启发与指导意义的具体事例。这既是国内政策案例分析的前提，也为比较政策研究所必需。

第二，政策案例的分析。即从一个个具体的、现实的案例入手，通过比较、分析，找到成功和失败的原因，并提出提高成功率、减少失败的政策方案及其实施策略；或从中提炼出新的公共政策学概念、原理和方法。

4. 公共政策比较研究

公共政策比较研究主要是指对不同国家的公共政策战略、政策措施及其运行模式、特点与规律进行跨文化的比较、分析。这有助于扩大政策视野，加强不同政策文化间的相互理解、交流与借鉴。其主要内容有：

第一，确立政策比较的原理和方法。任何领域的比较研究都需要有一整套的概念工具和基本原理作为基础，需要有一系列的方法作为指导。比较政策研究也不例外。这方面，比较文学和比较法学有许多东西可资借鉴。

第二，建构政策比较模型。探寻和建构一个或多个能适用于跨文化或多文化研究的政策比较模型，这是具体的比较政策研究的起点。这方面，美国学者阿尔蒙德和鲍威尔合著的《比较政治学》等率先作了尝试。

第三，比较政策研究的类型。从政策比较的范围看，有政策战略比较、政策系统比较、部门政策和专题政策比较；从政策运行的过程看，则有政策决策比较、政策执行比较、政策接受比较和政策效益比较等。

综上所述，公共政策学研究的内容是极为广泛的，并将随着公共政策学的发展和公共政策实践的进步而日益广泛和深入。

第四节　公共政策学的现状与发展趋势

公共政策学作为一门独立的学科经过近 70 年的发展，已取得了长足的进展。20 世纪 90 年代以来，西方公共政策学的发展进入了一个全面反思与拓展的阶段，学者们致力于整合分裂的公共政策研究局面，研究重点向动态层面转移。现有的主流规范研究主要关注公共政策发展的一般理论和包括政策制定、执行、评估在内的完整过程，以及在跨学科特性指导下的方法论探讨。在现今各国的发展实践中，包括政府在内的公共机构的权威性作用和公众参与对公共利益的促进作用受到越来越多的重视，这些都构成了公共政策发展研究的重要内容。

本节将描述当代社会公共政策学理论研究所呈现出来的理论流派，在阐释公共政策发展特征的基础上，分析其发展的困境和挑战，从而展望公共政策在当代的发展趋势。

一、公共政策学发展的主导理论

公共政策学是一门跨学科、综合性的研究学科，人们从不同的立场和角度出发，必然会在有关公共政策的理论上形成不同的观点和学派。西方公共政策学的学者分别从政治学、经济学、管理学等不同的研究途径出发，对公共政策的性质、原因和结果以及公共决策系统及其运行做出不同的描述和解释，从而形成不同的公共政策学理论。这些理论主要包括功能过程理论、政治制度理论、政治系统理论、公共选择理论、交易成本理论、管理主义理论等。

1. 功能过程理论

功能过程理论是由公共政策学的创始人拉斯维尔提出来的。这种理论的要点是将公共政策看做一种政治行为或政治行动，通过政治与政策的关系对政策的政治行为进行阶段性或程序化的研究。

拉斯维尔认为，在整个公共政策的过程中，需要完成七项重要环节或功能：(1)情报。它包括与政策有关的问题是怎样引起决策者注意的？决策者是怎样收集和处理该方面的信息的？(2)建议。处理某一特定的政策问题的建议或那些解决政策问题的可供选择的政策方案是怎样形成和提出的？(3)规定。是谁制定和颁布了那些对社会具有普遍约束力的规则？他们是怎样制定和颁布这些规则的？(4)援引。谁拥有合法的权威，可以决定特定的行为是否违法，并要求人们遵守相关的规则和法则？(5)实施。规则和法则在实际社会生活中是怎样运用和实施的？(6)评估。怎样去评估政策的实施情况？怎样去评估政策的成功与失败？(7)终止。最初的规则和法则是怎样被终止的？或者这些规则和法则怎样以被改变了的形式继续存在？①

功能过程理论按照公共政策的动态过程，确定了政策的参与者在这个过程中的基本功能，概括了公共政策过程的基本问题。尽管一项实际政策的过程并

---

① ［美］詹姆斯·安德森：《公共决策》，唐亮译，华夏出版社1990年版，第27页。

非一定要把每一个环节或每一种功能包含无遗，但这一理论对公共政策过程中各种行为的把握，有利于对公共政策进行动态分析，为研究实际的公共政策过程提供了较好的概念框架。这是行为主义政治学观点在公共政策研究上的反映。一些政治学家力图通过各种政治活动与政策的关系对公共政策加以界定，于是政策过程被视为由一系列的政治活动所构成。然而，应注意这一理论蕴含着这样一个假定，即政策制定过程的变化必定引起政策内容的变化。实际的情况并非如此。政治的、社会的或技术的约束对政策内容影响非常大，以至于有时政策过程对政策内容显得微不足道。因而不能片面夸大过程因素，而必须考虑其他的因素对政策的影响。

2. 政治制度理论

政治制度理论是将政策看做政府机构或体制的产出。这种理论认为，不论在什么样的国家中，政府都是公共政策的主要决定者和实施者，一项公共政策若不被政府所采纳和执行，就不能成为政策。

制度或体制是个人或组织的结构化行为方式，或者说，一个制度是一整套长期存在的人类行为的规范化模式。政府机构赋予政策合法性、普遍性和强制性，这是公共政策区别于其他社会团体或组织的规章制度或个人决策的根本点。那些规定了政府行为模式的各种政府制度如政府机构的性质和组织形式，不同政府部门拥有的合法权力，政府机构的活动程序等，都影响着政府机构决策的方式，影响着政策的内容，影响着政府实施政策的活动。规则和制度安排所产生的影响往往并不是中立的，相反，它们经常对一部分团体有利，对另一部分团体不利；对一部分人有利，而对另一部分人不利；对某些政策结果有利，而对另一些结果不利。总之，我们可以研究制度安排及机构设置和政策内容之间的关系，并将这些关系放到可以比较的系统的规范中加以调查研究。

政治制度是政治学传统阶段研究的内容，政策科学研究中的政治制度理论也可以看成对国家政治制度研究的延伸。在一般情况下，政治制度的性质、特点和形式能够从总体上规定政策的基本过程。不同性质和不同形式的政治制度在政策过程中势必存在着不同的特点，因而公共政策体现出了国际化与本土化的双重特点。反过来，不同性质和特点的政策也在一定程度上反映了不同政治制度的性质、特点和形式，反映出不同的意识形态、价值观念和伦理取向。

政治制度理论突出制度安排及机构设置与公共政策之间的关系，要求人们重视制度或体制对公共政策可能产生的影响，这显然是公共政策研究的一个不可忽视的方面。但是，这种理论却往往导致只分析制度结构，而忽视政策的政治过程；只注重静态研究，而忽视动态研究；片面强调制度的作用，忽视其他社会、经济因素对政策的影响。

3. 政治系统理论

政治系统理论是美国政治学家戴维·伊斯顿在政治学研究中运用系统分析方法提出的一种理论。这一理论认为，公共政策是政治系统的产出，是对周围环境所提出的要求做出的回应。以动力学的术语进行分析，他把政治过程阐释为持续不断且相互关联的一连串政治行为，形成系统的连续流，并建构动力反应模式。① 据此，伊斯顿描绘出了政治系统模型简化图（图 1-1）：

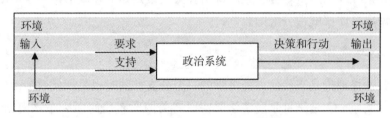

图 1-1　政治系统模型简化图②

从图 1-1 可以看出，政治系统是一个开放的、循环往复的系统，它容易受到周围环境的影响。环境是由社会大系统中除政治系统之外的各种状况和条件所构成的其他子系统组成，包括社会内部环境（生态系统、生物系统、个人系统、社会系统）和社会外部环境（国际政治系统、国际生态系统、国际社会系统）。环境对政治系统的影响叫输入，主要指环境的干扰或压力、要求或支持。干扰用来特指一个系统总体环境作用于该系统，在做出刺激之后，改变该系统本身，有些干扰是有效的，有些干扰可能造成压力；要求是指个人或团体为了满足自己的需要和利益向政治系统提出的采取行动的主张；支持是指个人或团体接受选举结果、遵守法则、纳税并赞同政府采取的干预行动。要求过多或支持过少都会给政治系统造成压力。政治系统为了维持自己的自下而上的发展，必须对压力做出反应。要求和支持输入政治系统后，经过转换过程成为政治系统的输出，从而对社会做出权威性的价值分配，即公共政策。随着政治系统的

---

① ［美］戴维·伊斯顿：《政治生活的系统分析》，华夏出版社 1999 年版，第 35 页。
② ［美］戴维·伊斯顿：《政治生活的系统分析》，华夏出版社 1999 年版，第 37 页。

输出和政策的实施，政治系统又反馈于环境。反馈这一概念则意味着公共政策（输出）可能改变环境，改变环境提出的要求，以及改变政治系统的自身特点。政策输出可能会产生新的要求，而这种新的要求将进一步导致政治系统的政策输出。在政治系统循环往复不断变化的运动过程中，公共政策源源不断地产生。

政治系统理论对政策科学的影响很大。这不仅是因为伊斯顿本人对公共政策科学进行了大力倡导，也由于系统分析方法本身就是一种科学的决策分析方法，是现代管理和政策研究中的一种比较通行的方法。政治系统理论告诉我们，公共政策过程就是一种输入—转换—输出的系统过程，这有助于我们探求公共政策的形成，提醒我们注意公共政策与环境的相互作用，政治系统如何影响公共政策的内容等方面的问题。但这一理论忽视了政治系统本身所拥有的价值观念和系统理念的重要性，难以说明公共政策是如何在政治系统这一暗箱中操作并做出具体权威性分配的。

4. 公共选择理论

公共选择理论是当代西方经济学的一个分支，同时也是现代政治学的一个重要研究领域。它是诺贝尔经济学奖获得者美国学者詹姆斯·布坎南创建的。它运用现代经济学的逻辑和方法，分析现实生活中政治个体的行为特点和政府的行为特点；研究非市场决策的集体决策，并以人的自利作为出发点，分析个人在政治市场上对不同的决策规则和集体制度的反应（即公共选择问题），以期阐明并构造一种真正能把个人的自利行为导向公共利益的政治秩序。①

公共选择理论将政治市场上的集体决策作为主要研究内容，核心问题是要阐明将个人偏好转化为社会决策的机制或程序的选择。该理论认为，公共物品的选择包括公共政策的产生多在"政治市场"中完成。与一般经济市场不同，政治市场具有三个特点，即选择结果有间断性、政治选择是一次性和不完全的、政治消费者不完全清楚自己选择的最终结果。集体决策也不同于市场决策，它包含三层涵义，即集体性、规则性和非市场性。在政治领域，重要的命题并不是政府、党派、社会团体自己的选择行为和选择过程，而是这些集团之间与组成集体的个体之间，出于自利动机而进行的一系列交易的过程。有效率的政策结果并不是出于某个政治领袖的头脑，而是产生于集团或组织集团的个体之间的相互讨价还价、妥协与调整的政治过程。

---

① ［英］丹尼斯·C. 缪勒：《公共选择理论》，韩旭等译，中国社会科学出版社 1999年版，第 3 页。

政治市场也是由供求双方组成的。需求者是选民和纳税人，供给者是政治家和政府官员。政治家和政府官员负责向社会提供一定数量的公共物品，选民和纳税人获得公共物品并支付一定的税收款项，至于具体的公共物品的种类、数量、税收额等内容的确定，则是通过选举过程"讨价还价"完成的。每一个政治市场的参与者，无论是选民还是政治家，在进行选择时，都如同"经济人"一样，先要对个人的成本与收益进行计算，如果一项集体决策给他带来的收益大于他投赞成票时所承担的实际成本，那么，他就会支持这项决策；否则，就不支持甚至反对。但政治市场也存在不完全性，即信息的不完全性、公共物品组合的不完全性、选民权力的不平衡性，投票人是理性的、短视的或者无知的，这种选择机制预先造就了政府的优先地位。政府行为缺乏内在刺激与约束机制，依据自身利益偏好行事，以"预算最大化"为工作目标，导致机构膨胀，"寻租"泛滥，政策失败，最终"政府失效"。

公共选择理论明确提出，在一个体制下产生了不好的政策或不好的结果，原因要么是现存的政治体制所对应的规则产生了错误的领导人，要么是在政治决策与执行过程中缺乏有效率的制约机制。因此，唯一的决策因素是规则——产生领导人与约束领导人的规则。其中产生领导人的规则，就是人们常说的投票规则，具体有：一致同意规则、多数票规则、加权投票规则、否决投票规则等。

公共选择理论分析和研究了公共政策产生的缘由、规则、运行及其结果，采用经济学的假设理论和方法研究非市场的决策，详尽地告诉我们政策系统的"暗箱"运作过程，公共政策实质上是公共选择的过程。瑞典皇家科学院在为詹姆斯·布坎南颁发诺贝尔奖的公告中指出，公共选择理论弥补了传统经济理论缺乏独立的政治决策分析的缺陷，有助于解释政府预算赤字为何难以消除的原因。同样，它在政策科学上产生了相当大的影响，从而推动公共政策学的不断发展。但是现实政治生活中也并非人人都是理性的自利者，并非人人都是"经济人"，而且集体决策也并非全都公正，多数人决策有可能造成集体行动的困境以及"多数人暴政"的后果。此外改变不好的公共政策，也并非仅仅改变产生领导人和约束领导人的规则所能做到的，它还包含许多自然的、社会的复杂因素。

5. 交易成本理论

交易成本理论是用制度比较分析方法研究经济组织制度的理论，它是英国经济学家科斯在其重要论文《论企业的性质》中提出来的。它的基本思路是：

围绕交易费用节约这一中心，把交易作为分析单位，找出区分不同交易的特征因素，然后分析什么样的交易应该用什么样的体制组织来协调。

科斯认为，交易成本是获得准确市场信息所需要的费用，以及谈判和经常性契约的费用。也就是说，交易成本由信息搜寻成本、谈判成本、缔约成本、监督履约情况的成本、可能发生的处理违约行为的成本所构成。[①] 他的结论是，通过建立一种无限期的、半永久性的层级性关系，或者说通过将资源结合起来形成像企业那样的组织，可以减少在市场中转包某些投入的成本。一种具有持久性的组织关系，如一个雇员与企业的关系，对企业来说，能节省每天去市场上招聘雇员的成本；对于雇员来说，能减少每天去市场应聘的成本和失业风险成本。这种"持久性的组织关系"就是制度，包括契约，也包括政策等。因此，依靠体制组织、契约以及其制定的政策等制度，采纳和利用标准化的度量衡，能大大降低交易成本。

交易成本理论中的制度在经济分析中的重要性，使许多经济学者重构了制度经济学，并把它同 19 世纪末 20 世纪初德国"历史学派"和美国制度主义理论家的那种注重对制度作描述性分析的研究区分开来，冠之以"新制度经济学"，但我们仍然习惯地称之为制度经济学或制度分析学派。制度经济学研究经济生活与制度之间的双向关系，关心的是分析各种具有协调功能的规则和规则集等。制度经济学也普遍关注公共政策与制度之间的互动关系。公共政策意味着通过政治的和集体的手段系统地追求某些目标。公共政策不仅由政府主体（议会、政治家、行政官员）来实施，它还由某些组织集团如工会、行业协会、消费者和福利方面的代表者来实施。这些集团的代表左右着集体行动。集体行动涉及两个以上伙伴之间的协议，并往往涉及隐含于一个共同体内千百万人当中的协议。这种"协议"就是规则，而制度被定义为由人制定的规则，那么"这种协议"就是制度。它抑制着人际交往中可能出现的任意行为和机会主义行为。由此可知，公共政策也是一种制度。制度变革既可以通过明确的直接方式来实现，也可以表现为政策行动的一种负效应。

交易成本理论对公共政策学的发展产生了重大的影响。它告诉我们，政策或制度的产生源于交易成本的降低，它能够协调组织行为，走向公正、秩序和安全，使我们从另一个角度去了解公共政策的特殊性及其必要性。在此基础上形成的制度分析学派，对于公共政策的研究和分析发挥着越来越重要的作用。

---

① 柯武刚、史漫飞：《制度经济学：社会秩序与公共政策》，商务印书馆 2001 年版，第 239 页。

但由于过分强调"成本"或"制度"概念，往往也使公共政策的合理性和价值性遭到怀疑。

6. 管理主义理论

管理主义理论又称为新公共管理理论。"以市场为基础的公共行政""后官僚制度典范""企业型政府"等都是对管理主义或新公共管理的众多称呼。它是一种国际性思潮，起源于英国，并迅速扩展到其他西方国家。管理主义运动的兴起意味着公共部门管理尤其是政府管理研究领域范式的转变。

管理主义的兴起，是由于政府规模的扩大与政府角色的膨胀以及社会对政府的不满、经济与财政压力、社会问题与政府不可治理性增加等因素导致的。它所要解决的问题是使政府走出财政危机、管理危机和信任危机的困境。英国学者胡德在就任伦敦经济学院院长的就职演说中将"管理主义"的过程，也就是他所说的"新公共管理"概括为七个要点：①公共政策领域中的专业化管理；②绩效的明确标准和测量；③格外重视产出控制；④公共部门内由聚合走向分化；⑤公共部门向更具竞争性的方向发展；⑥对私营部门管理方式的重视；⑦资源利用要具有更大的强制性和节约性。① 胡德认为，这些要点是政府走出危机的对策性措施。这些措施在实际运用中蕴含着政府公共政策化和公共管理社会化的趋势。

政府公共政策化取决于公共政策职能与管理职能的分化。根据管理主义的理论设计，政府虽然还是专门的公共管理机构，但却不是唯一的机构，在政府之外，也应当有一些准自治、半自治和自治的机构去承担公共管理的职能。政府可以甚至完全可以从日常公共管理中解脱出来，专心致力于公共政策的制定和监督执行。管理主义理论认为，公共组织有政策组织、规制组织、服务提供组织和服从型组织，而政策组织应当完全属于政府意义上的组织。政府严守公共政策制定的职能，运用公共政策的引导来保证政府外公共组织有效承担公共管理职能。由于政府公共管理部分职能"外移"，政府自然达到消肿减肥的目的，自身可以彻底告别官僚主义，并以旁观者身份审视公共政策与公共管理实施的质量和效果。政府公共政策化本身就包含着公共管理社会化的内容，因为政府成为专门的公共政策制定和监督执行的角色是以公共管理转移给政府以外的社会性公共管理组织为前提的。公共管理的社会化意味着政府行政模式的变

---

① [澳]欧文·E. 休斯：《公共管理导论》，张成福等译，中国人民大学出版社 2001年版，第 72~73 页。

革，是政府职能定位的根本性转变。

管理主义理论或新公共管理运动是一种正在成长着的新理论范式及实践模式，为公共政策和公共管理研究奠定了更为广泛的理论基础，建立了一个更加全面、综合的知识框架，它被人们称为"以经济学为基础的新公共管理理论"或"市场导向的公共行政学"。管理主义理论或新公共管理运动对传统的政策科学提出了严峻的挑战，它大大改变了政策管理学科的研究范围、主题、研究方法、学科结构以及实践模式，是公共管理学科和公共政策学科的又一次范式转变。然而，正因为"管理主义"并非一种成熟的范式，它也遭到各方面对它的理论基础、意识形态倾向、管理原则、管理方法与技术以及实践模式的批评。批评者认为它的规定不明确、责任减少、过于"政治化"，是一种"新泰勒主义"和保守的意识形态。但无论如何，这种范式正逐步取代传统的政策科学范式而成为当代西方公共政策科学研究的主流。

功能过程理论、政治制度理论、政治系统理论、公共选择理论、交易成本理论和管理主义理论等，在不同时期影响着公共政策学的发展。在 20 世纪 70 年代以前，公共政策学发展主要受到来自政治学方面的功能过程理论、政治制度理论、政治系统理论以及集团理论、精英理论的影响；70 年代以后，经济学逐渐居于主导地位，公共政策学发展明显受到公共选择理论、交易成本理论、委托—代理理论、新古典经济学理论等影响；90 年代以来，融合各门学科的管理学渐渐引领公共政策学的发展，如治理理论、新公共管理理论等。此外，在同一时期，公共政策学的发展也同时受到几种理论的影响，当代公共政策学的发展实践就是如此。

二、发展中的公共政策学的特征

公共政策理论和方法的产生和发展最初只是为了应对日益复杂的公共政策问题。随着人类社会的发展，全球化、信息化成为最重要的时代特征，再加上人们对民主、公平等价值的诉求越来越自觉和强烈，公共管理理论也经历了范式的转变。在新公共管理理论指引和实践支撑下，公共政策学出现了一些新的特征。

1. 以"公共性"为轴心的政策运行体系

传统的公共政策是基于公共利益而非私人利益的，并且是面向社会公众的，其价值基点则是维护社会公众的公共利益，突出强调其"公共性"特征。因此，非执政党、企业基于自身利益而制定的政党内部政策、企业政策等都不在公共政策范畴之内。20世纪末，随着新公共管理运动的兴起和新公共服务的倡导，全球掀起了改革政府的浪潮，同时也促使公民广泛参与公共管理活动，公民通过诉求表达、对话、协商、传媒等渠道广泛进入公共政策的运行过程，充分体现了公共政策的公共性。公共性这一特征决定了公共政策运行体系应以发展的眼光找准公众需要并力求使其获得最大满足，改变公共政策疲于应对已经出现的公共问题所造成的滞后局面。

（1）逻辑起点：公共问题抑或公众需要

公共政策的传统范式是以问题作为政策制定导向的。1951年由勒纳和拉斯维尔主编的《政策科学：近来在范筹与方法上的发展》指出公共政策科学有三个独有的特征：跨学科、解决问题和显规范性。由此看来，随着文明的出现尤其是阶级和国家的产生，就需要处理公共的或社会的问题，就必须有政策研究活动，用相应的研究程序和方法，产生相关政策知识。政策科学兴起之后以问题为导向显得更为突出，这表明人们对重大决策问题兴趣的增加。克朗认为，政策科学兴起的主要原因是：公众对一些特殊的政策问题如战争、种族冲突、环境污染、交通等的关切日益增长，以及不满政府对这些问题的处理；公众对自然科学处理社会问题的无能为力的状况日益不满等。邓恩等人认为，政策科学的发展主要是当代社会问题的复杂化以及为处理这些问题的政府组织扩展的结果。同时，从国外学者对公共政策的定义也可以清晰地看到传统公共政策范式的特点。

伴随着公共管理的兴起，公共问题的概念被广泛强调，问题要转化为政策，需要经历一个由问题到公共问题再到政策问题的过程。问题是社会期望与现状之间的差距，公共问题是关乎社会大多数人利益的问题，如果仅是极少数人，从自身的需要、利益、价值等因素出发，感到期望与现实之间存在差距，这并不能构成社会公共问题。同时，公共问题只有通过个体与群体的行动向政府等有关部门提出，并且政府等有关公共机构试图采取干预手段去解决时，才会把它们列入议程考虑，此时的公共问题就成为公共政策问题。因此，学者们采用以问题为导向的传统范式探讨公共政策时，主要关注公共问题的产生和形成。我国学者陈庆云认为公共问题是指那些社会成员在公共生活中共同受其广泛影响，具有不可分性、与公共利益密切相关的公共性社会问题，其是公共政策的逻辑起点。

公共政策的制定者和政策的目标群体均是以人为中心的，这包含个体、群体和组织三个层面，我们需要关注个体的人、群体中的人和组织中的人，对人的关注就不得不探讨人的需要问题，因为问题是要达到的状态与观察到的状态之间的距离，那么从人的角度来说也就是人的需要没有得到应有的满足。利益是构成人的需要的重要组成部分，基于个体利益或群体利益的考虑就会产生分歧和冲突，从而问题也就产生了。从这一意义上说，问题是以人们的需要存在为前提的，公共政策要解决的是一系列的公共问题，但政策制定的起点却不能仅仅定位在问题上，而应从问题背后的原因入手，从政策过程一开始就将整个政策系统定位在一个正确的方向上。

公众需要也应作为公共政策的逻辑起点，或者说公共政策的逻辑起点正在从公共问题向公众需要转化，这将从公共政策的不断发展中得到进一步的论证，我们需要关注的是，以公众需要作为逻辑起点对公共权威政策制定者的影响。若社会公共权威仅将目光停留在日趋复杂的公共问题上，那么政策只能是一种滞后的解决问题的工具，某问题常常是已对社会造成不同程度的危害才引起政策主体的注意，以致形成政策主体对解决政策问题的片面性，仅考虑危害程度较大的公共问题，而在应对日益产生的新问题时显得手忙脚乱，这自然有违公共政策管理的初衷。

(2)逻辑核心：公共利益

公共利益是公共政策运行体系中不可或缺的核心概念。众所周知，现代社会是一个高度组织化的社会，利益的分配和调节是由国家控制的。国家的政治制度、经济制度、法律制度为社会整体利益的分配提供了一个基本的规范和框架，规定了一个基本的走向，但大量的、经常性的利益分配和调节却主要是通过政策杠杆进行的。因此，在国家制度相对稳定的情况下，人们为了实现自己的利益追求，便不约而同地把眼光投向国家政策。时至今日，即使是居住在偏远地区的山野百姓，也能感受到政策调整对他们的利益牵动。政策具有十分重要的利益调控功能，不仅可以表达各种利益主体的诉求，而且还能够对不同利益主体之间的利益矛盾和冲突进行协调和平衡。此外，一个社会利益格局的调整或重新安排也往往是通过政策得以实现的。政策本质上是政府或社会公共权威对人与人之间利益关系的一种制度安排，不仅政策质量的高低直接取决于利益分配得合理与否，而且政策执行效果的好坏更受制于政策对人们之间利益关系安排的恰当与可行程度，亦即政策内容是否最大限度地反映了政策执行相关主体，特别是政策目标群体的利益需求。在政策执行过程中，有不少政策之所以发生执行阻滞，其主要原因就在于这些政策因未能充分地体现广大政策执行相关主体特别是政策目标群体的利益需要而难以为他们所认同和接受。因此，现代社会公共管理维系社会稳定和促进社会发展两大基本目标的实现，有赖于以公共利益为逻辑核心的公共政策的运行。

2. 以"服务性"为中心的理念支撑体系

"服务性"是当前公共机构改革的重要理念，这带来公共机构在政策制定方面的变化，政府不再是主要处于控制地位的掌舵者，而只是非常重要的参与者，更多的利益集团直接参与到政策的制定和实施之中，同时，对公众利益的维护和对公民参与的尊重成为服务性理念的直接体现。

（1）政策主体的有效约束

公共机构作为公共政策主体常被看做代表和维护公共利益的，这种看法受到了公共选择理论的挑战。公共选择党派认为，政府也是有自身利益的，包括个体利益和集团利益，因而并不见得能够代表公共利益。公共机构的利益表现为三个层次：工作人员的个人利益、部门利益及公共机构共同体利益。其一，工作人员的个人利益。公共机构由若干成员组成，每个成员的利益及他们的总体利益是借公共机构来实现的。越来越多的学者在研究中发现，政策的制定和执行难以分离，工作人员既是政策的制定者，又是政策的执行和操作者，理论上他必须从公众利益出发，客观而公正地对待政策问题，同时他作为一个理性人，具有个体的利益和价值取向，但职业性质限制了他对自身利益的追求，为满足自身超级利益，一些人借职业的便利性侵害公众利益，比如贪污受贿、挪用和占用公款等。其二，部门利益。由于计划经济体制下形成的条块分割、地区隔绝式的利益格局，使政策的制定和执行以体现本部门的利益为基本原则。为维护本部门利益设置人为障碍，与其他部门形成非合作状态，必然会影响甚至损害到公共利益。其三，公共机构共同体利益。公共机构共同体利益不局限于某个或某些特定成员，它是绝大多数成员或者是所有成员共同的利益诉求。公共机构是社会公共利益的代表者，不应该具有自利性。事实上，公共机构作为一个共同体同样拥有特殊利益，人们越来越清楚地认识到，在市场经济下，公共机构作为多元主体之一，也要追求自身的最大利益。如政府规模扩大、部门支出的增长等都是政府追求自身利益的表现行为。在我国，这些行为造成政府机构臃肿，行政费用开支比例长期居高不下，且难以遏制。这导致了政府的人浮于事，而且使政策制定和执行的效率下降，无法有效地实现公共利益。

公共政策主体对自身利益的追求在当代社会将受到越来越多的限制和约束。在社会日益民主化、大众传媒日益多元化的趋势下，公众自身利益维护的意识不断增强，公共政策主体将处于更为明确的监督环境之中。

（2）公众参与的有效提升

尽管公众理所当然享有参与公共政策的权利，但是存在多种影响公众参与有效性的因素，形成"公众不参与"或"公众参与冷漠"的情形。公众不参与，它是指公众个人或组织不愿意或不能通过直接或间接的方式影响公共政策的制定与实施效果的行为。这里的不参与包括两种情况：一是公众不能参与，就是说现实中缺乏参与的机会和渠道；二是指公众不愿意参与，就是社会提供了现实机会却不愿意参与。在现实生活中，公众个人也许有参与公共政策的愿望，因为公共政策与自己的利益息息相关，但影响个体选择不参与的因素往往很多，比如体制障碍引起的个人力量有限性和个人参与无效感，个体参与热情缺乏，公众参与渠道单一、封闭，布坎南将此称之为"理性忽视"。

公共利益是公共政策的逻辑核心，新公共管理理论对顾客取向和结果取向的强调表明政策主体在确认政策问题时，将更多地考虑公众利益最大化的实现。尽管这对传统政策主体制定政策的自我偏好倾向、重管制过程而轻效果的观点进行了批判，但依然是基于公共政策主体的选择与考虑。随着公众参与公共政策的深度不断增加，公众集中或有组织地表达利益需求的机会和渠道增多，公众表达对结果不满的手段和途径日益丰富化，新公共服务理论强调了政策主体的"服务性"取向，与现实中形成的"公众参与冷漠"形成了鲜明对比。

三、公共政策学的发展困境

现代公共政策学在经历了近70年的发展历程之后，由于其自身存在某些固有的缺陷或弱点，如果不能及时加以有效的改进，公共政策学就有可能在两个方面陷入无法自拔的困境，进而失去相对独立的学科地位。

1. 理论与方法的发展困境

迄今为止，公共政策学的发展一直缺乏比较系统和明晰的主体理论。德洛尔曾经说过，政策科学一直缺乏完善的概念体系和有影响的理论假设。这并不是说政策科学没有相应的学科构架，而是由于学科内容过于丰富使得政策科学的研究在一定程度上处于分散难以整合的状态。公共政策学的创始人拉斯维尔也曾指出，跨学科是政策科学的独特性之一。跨学科要求政策科学将不得不吸收来自社会学、经济学、法学和政治学等多学科的研究成果。在公共政策学的发展中，各种理论流派和思想层出不穷，已有的政策理论和政策方法也为数不少，但大多具有浓厚的学术意味，造成理论与实践在一定程度上处于分离状态。

按照德洛尔的观点，20世纪80年代末，世界发生了一系列的变化，相应产生了一系列新的公共政策问题，这些问题亟待人们加以研究和认识，他并提出有效解决问题的对策。

(1)许多前所未有的政策问题的出现和尖锐化，使政策问题的实质特征发生了剧变，并导致人们对传统政策理念、政策规范、政策原则、政策假设、政策习惯、政策方法的怀疑，进而导致公众对政府公共政策的不满。

(2)政府的公信力下降，表现为公众对政府履行政策宣言进而提供利益的诚意和能力表示怀疑。同时，由于广泛推行"公开性""透明度"等民主政治的理念，公众实际参与政策制定过程的可能性大大增加，由此剥去了政府公共政策的神圣、神秘外衣。政府及其官员正在变得不那么受人尊重。

(3)政治资源分裂，表现为政治分歧越来越多、政治浪漫主义和政治神学的色彩得到加强、参与政治的民众大量减少等。这一切导致了对政府政治支持的减少和政府公共权威的降低，而政府的公共权威和公众对政府的政治支持，对于公共政策的有效性是绝对不可少的。

(4)缺乏正确的政策指南。对上述问题以及其他许多重大公共政策问题，例如，经济发展中的滞胀问题，政治发展中的政治参与问题，社会发展中的公平问题，人们事实上并没有提出可以用以指导政策实践，并在政策实践中充分显示其有效性的系统理论。通常，人们称这种系统理论为主流学派。在以往人类发展的不同历史阶段上，都曾经出现过这样的主流学派。也许，随着多元化发展的日益强盛，已经很难再形成主流学派。

(5)社会的价值标准在实际的政策过程中出现明显的分歧。正如欧文·休斯所提出的，由于关注点和强调点不同，参与公共政策有两种途径：一种是政策分析，一种是政治分析。政策分析学派关注的是公共政策技术属性，且强调方法。公共政策的政策分析途径认为，政策研究是深化对社会技术问题的认识并提出更好方案的一种应用研究。政策研究的功能是通过提供与决策相关的精确的、有用的信息，来推动公共政策过程。公共政策的政治途径认为，公共政策是一个复杂的过程，它不能简单地用方法论来解释。理性分析的理论基础在于"理性经济人"假设，这对于公共政策领域的适用性是值得怀疑的。个人的思想和行为是有限理性的，相当一部分是含糊不清而充满矛盾的，是无法用理性人来加以概括的。从政治的公共政策途径来看，公共政策可视为一种变幻莫测的政策过程的输出，公共政策是在政治的相互作用中产生的。在公共政策过程中，各种组织和个人在既定的政治制度和社会文化的约束和影响下互相作用，互相影响。长期以来，学者们虽然承认公共政策的实施和价值不能分离，然而传统的政策科学一直比较注重统计的、数学的方法。特别是在行为主义盛行的时代背景下，问题的解决常常是来自科学方法的适当运用，数学技术在公共部门得到了普遍的应用。人们相信价值中立，认为可以得到普适性的理论。后实证主义的观点认为，现实是多重的，不可分割的；认识是受时间、环境和价值限制的。公共政策领域也掀起一场对政策分析和数量化的批评运动，批评者认为政策制定的关键在于价值而不在于方式。后实证主义者更强调公共政策的政治内涵与价值冲突。

2. 政策过程的困境

公共政策分析在不断解决公共问题的同时也面临着日益复杂的公共问题，我们常常苦于实际政策效果不尽如人意，由此，我们不得不反思：为什么学者们提出了如此众多的政策理论和方法，政府及其公共机构仍然在公共政策问题上手忙脚乱？我们不得不考虑当代公共政策过程中所面临的问题。

（1）政策制定和政策执行无能

政策制定与政策执行无能的中心命题可以表述为："目前已知的政策制定的核心机构，包括各个组织与过程以及它们之间的互动，其最大工作能力有限，具有犯错误的倾向，必然会导致无能。因此，只有极大地改变有关组织、过程以及要素的主要特征，才能提高主要工作能力的最大值，克服犯错误的倾向以及无能。"德洛尔从"政策无能"的角度对公共政策过程进行了分析。他提出，政策无能是由于特定的政策制定与政策执行而导致特定的政策失效，或者指不能导致良好政策效果的政策制定与政策执行。政策无能包括两种情形：其一，不能满足政策制定与政策执行的要求；其二，政策质量低下。造成政策无能的原因很多，主要表现为：在认识论上依靠过去的认知范式和教条来理解不断变化的现实，从而蕴涵着固有的认知无能；集体决策和集体行动的局限，这种局限经常来自集体中相关各方面相互充分理解、充分信任和通力合作的困难；组织的价值倾向和行为倾向存在自我满足、安于现状、渐进发展的特征；公众的价值和行为倾向存在感情或情绪化的特征，并因为容易受到象征行为而不是实质行为的影响；与政策制定与政策执行直接相关的结构和过程存在内部紧张关系，以致削弱了组织的行动能力；与上述过程和特征相联系的人类思维和感情过程的保守的、不稳定的特征。由于这些原因基本上属于不可克服的"痼疾"，因此德洛尔称之为"固有的无能"。

（2）政策意志薄弱与政策效果不佳

政策意志是一种难能可贵的政策资源。一般而言，政策意志主要指公共政策的决策主体决心达到某种目的而产生的心理状态。这种心理状态以可以直接观察的决策主体的态度为外在表现形式。通常，人们使用"坚强""薄弱"这一类的概念来表现政策意志的程度。经验证明，政策意志与公共政策的效果存在着高度的相关性，在某些条件下，甚至可能构成决定公共政策成败的决定性因素。换言之，公共政策意志薄弱，是导致公共政策低效、失效、无效的经常性因素，反之亦然，尤其在应对重大突发事件、严重公共危机、激烈社会对抗及其交织的高风险类型的公共政策问题上，政策意志肯定是影响公共政策效果的决定性因素之一。

就实际的公共政策而言，政策意志是一个主观与客观相统一的过程：在主观上，政策意志的强弱，与决策主体的价值取向、价值偏好、聪明程度、性格特征、教育背景、人生经历、工作习惯、身体状况等多种因素直接相关，并因此直接影响主体对事实的判断，尤其影响主体的价值判断及其最终的价值选择。在客观上，政策意志的强弱与政策主体的名义享有和实际占有的资源直接相关，包括国家的制度规范、公共权力的结构、政治传统的约束力、法定授权的性质、裁量权的伸缩、公众自我意识的状态、社会"潜规则"的作用力，以及政策主体的历史业绩、社会评价、受尊敬和信任的程度、社会成员能力等。

值得强调的一点是，政策意志过于强盛，也可能形成"强人政治"，而"强人政治"的后果，就经验分析而言，虽然不乏正面的例证，但最终造成政策灾难的比重是比较大的。

(3) 两难抉择与悲剧性抉择

两难抉择是指政策主体在同时面对两种同等重要的价值需要，只能或必须从中选择一种从而出现困境的状态。由此，导致价值标准排序以及相应的利益取舍的困惑是不可避免的。政策过程中的两难抉择困境，降低了公共政策从制定到执行的各环节的有效性。就发展中国家目前的状况而言，在关系改革方向等重大问题上，由于涉及的价值标准和利益关系错综复杂且充满矛盾，选择不当会带来严重的后果。

悲剧性抉择是指"必须在不可选择的对象中做出抉择"，即在对本身具有绝对重要意义的价值观和政策目标中排列出先后次序和相对重要性。如果说两难抉择只是涉及两种价值观和行为取向的抉择的话，悲剧性抉择则是涉及多种价值观和行为取向的抉择，是一种更为复杂和艰难的选择。悲剧性抉择源自当代社会严重的价值矛盾和利益对抗。由于社会缺乏占主导地位的、公众普遍认同和遵从的价值观、共同目标和行为准则，公共政策事实上经常陷入抉择的沼泽；由于矛盾和对抗的公开化、尖锐化，以致即使只是面对少数派的积极抗争，政府亦在抉择时表现得犹豫不决，或者虽然做出决定，但却不愿意认真地加以执行。悲剧性抉择差不多把政府的公共选择逼入了死胡同：一方面，为了社会的发展进步，政府必须确定一定的优先价值标准；另一方面，为了维系社会的和谐，使政治系统能够继续存在并有效地运转，政府又必须尽可能地避免和减缓冲突，为此不惜进行伪装，然而民主价值观和政治道德又要求一切必须公开地进行，政府因此深深陷入了悲剧性抉择之中。

两难抉择和悲剧性抉择造成了许多的政策无能，导致公共政策或者保持形式上的过程而始终不能产生政策决定，或者虽然产生了政策决定却是不能彻底执行的决定。这些现象都直接导致公共政策质量低下。

四、公共政策学的发展趋势

随着全球化、信息化的加快，公共政策学无论是在理论上还是实践上都在不断发展以适应越来越具有变动性、不稳定性和发展性的政策环境。

1. 理论重构：非线性动态研究

20 世纪 90 年代以来，西方公共政策学的发展进入了一个全面反思和拓展的阶段，政策科学已经形成一个庞杂而界限模糊的体系，但公共机构面对复杂和多变的动态政策环境却常常表现得无所适从，理论仍然滞后于实践的发展。由此，学者们致力于整合分裂的公共政策理论研究局面，力图走出静态研究带来的困境，政策研究重点向动态层面转移。

（1）混沌理论

社会科学研究的发展与自然科学的发展密切相关。长期以来，与自然科学长期受牛顿力学的影响一样，公共政策的理论研究在长期处于非整合状态下，也受着强调秩序和可预测性理论的影响，其认为世界是一个按照决定论的方式或者说可预测的方式运行的有序的机体。

在最近几十年，自然科学本身发生了变化，一个新的集中研究不确定性、不稳定性、不可预测性和复杂性的领域开始出现，其中一个重要代表就是混沌理论，它是研究非线性动态系统如何随着时间的推移而发展变化的。混沌理论的关键词就是复杂性、非线性和动态，它显示非线性系统可以完全改变自身，使之成为全新的更加复杂的形式。混沌理论不仅开创了自然科学研究的新范式，而且将其影响范围延伸到社会科学领域，比如说混沌理论在公共行政学领域的应用。

在公共行政学领域，道格拉斯·基尔在将混沌理论应用于公共行政学研究方面，做出了一系列具有独创性的贡献。基尔研究的主题是，"要想通过政府组织将服务措施维持在稳定的水平上，就有赖于系统的不稳定性，这样它们就能够根据新环境而改变"。因此，他提出，公共行政管理是不稳定世界的一支稳定力量。林德布洛姆和贝恩似乎都将公共行政管理所面临的挑战看成混合的非线性动态，并认为政策制定者们在这种非线性的力学情况下最好是"胡乱对付"或者摸着石头过河，也就是说，渐进的模式是最理想的模式。但基尔的看法相反，他认为，渐进主义只代表一个方面的变动。当政策制定者需要总体上的转变或质的改变时，渐进主义不可能对组织纯净产生质的改进。另外，渐进主义不可能使管理者完全理解组织的所有动态。尽管基尔对渐进主义的批评值得商讨，但他确实已经提出了一个重要问题，并为考察这一问题提供了一个新的非线性力学理论的角度，非线性动态研究为公共政策理论的发展提供了一个全新的角度。

（2）政策网络

政策网络是 20 世纪 70 年代末以来西方政治科学研究中的重要流行术语。在早期，公共政策过程的网络分析主要是作为一种解释多元利益相关者在公共政策过程中的复合博弈和交互作用的分析框架中出现的，也是试图调和宏观国家—社会分析与微观理性制度主义之间张力的理论探索。政策网络被视为利害关系者与国家机关各部门之间建立例行化的互动模式，对关心的议题进行沟通与协商，使得参与者的政策偏好被满足或是政策诉求获得重视，以增进彼此间的政策利益。通常政策网络内的行动者包括行政人员、国会议员、学者专家、利益团体等与该政策有利害关系的个人或团体，这些个别行动者或团体因为法定权威、资金、信息、专业技术与知识等资源的相互依赖，而结合成行动联盟或是利益共同体。理解政策网络的关键在于其资源依赖的属性。政策网络就是各个个体或者组织形态的行为者，以共同利益或共同信仰为链条，同其他个体或组织结成的相互依赖关系。各个政策网络之间的不同之处，主要就在于这种资源依赖关系的不同。英国学者罗得斯认为，政府各部门之间以及政府与社会组织之间的相互作用形成了政策网络，这有助于规划政策和形成政策。

政策网络最重要的特征在于其利益导向的本质。政策网络的参与者之所以加入网络，是为了实现自身的物质利益。从 20 世纪 90 年代早期，学者们就开始区分政策网络和政策共同体的概念。威尔克斯和莱特提出，虽然在一些文献中，共同体与网络的意思相似，但为了更好地分析公共政策，应该区分共同体与网络的概念。在他们看来，共同体的涵盖面更广一些，包括所有与政策规划有关的行动者，而网络指的只是共同体中常规交互行动的一部分行动者，它的指向一般是较为核心的参与者。政策共同体的联结纽带往往是专业知识，政策共同体的构成人员，经常是专门研究、理解、协调和解释某个问题的专家，而政策网络则是以物质利益为黏合剂。政策网络和政策共同体适用于不同的政策问题，在一些政策问题上，更有可能形成政策共同体；在其他的政策问题上，则更有可能形成政策网络。

2. 实践进展：循证实践、多源流理论和电子政务

面对不尽如人意的公共政策效率，政策学家们从政策过程面临的困境出发，不断借鉴其他学科的实践经验，积极推动了政策科学的实践进展。

（1）循证实践

循证理念源于 20 世纪末的循证医学。20 世纪 70 年代末 80 年代初，David Sackett 教授首次提出了关于循证实践的准确定义："慎重、准确和明智地应用当前所能获得的最好研究依据，结合临床医生的个人专业技能和多年临床经验，考虑患者的价值和愿望，将三者完美地结合，制定出治疗措施。"①由此可见，循证医学的本意是指医生的临床决策不应该过分强调直觉、临床经验和病理生理，而应将他所能获得的最佳证据与自身的专业技能及患者的价值和愿望三者整合起来采取治疗行动，其核心思想是基于科学证据进行临床决策。循证理念自诞生以后，便迅速突破了医学领域，在社会学、管理学等学科的实践领域蔓延开来。

循证理念在公共管理领域中的体现便是循证政策，其逻辑核心即是"遵循最佳证据进行科学决策"。面对管理者在决策实践中常用的经验积累和经验迁移这两类依据可能造成错误决策的问题，姚清晨、张颖等人基于循证理念的四个基本要素(科学证据、专业人员、特定用户以及具体情境)，构建了一个循证公共政策制定体系(图 1-2)。

（2）多源流理论

1995 年，美国政治学家约翰·W. 金登在詹姆斯·马奇、科恩、奥尔森等人 1972 年提出的"垃圾桶模型"基础上提出了多源流分析框架。它是用来解释如何制定政策的一种方法，也是一种比较有创见性、解释力和发展潜力的理论模型。多源流理论主要包括问题源流、政策源流、政治源流，当三大源流耦合

---

① David Sacket, William Rosenberg, Muir Gary, et al. *Evidence Based Medicine：What it is and what it isn't*[J]. British Medical Journal, 1996(312)：71-72.

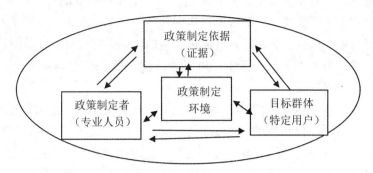

图 1-2 循证公共政策制定体系结构图①

时，就能打开政策之窗。

多源流理论能够揭示偶然的社会事件或政治事件开启政治之窗的可能性，为我们提供了一种研究政策过程的新视角。

(3)电子政务

随着信息技术的飞速发展，尤其是近几年互联网技术的广泛应用，公共行政领域也在进行着管理改革和制度创新。网络技术在行政领域的应用和推广，必将改变公共政策的条件和状况，进而影响到公共政策的整个过程。

政府决策核心价值之一就是从根本上改善政府的公共服务，让政府更好地满足对社会的服务要求，打造真正的服务型政府，通过技术手段来全面实现政府部门为人民服务的基本职能，并提高自身工作效率。政府决策的长远目标，就是要推动政府加强、改善公众服务，实现由管制型政府向服务型政府的转变。从目前各地建设的政务中心、政务公开网、一站式政务服务可以看出，把原来各部门各处室的政府工作都放在网上来办，可大大节约公众的时间。在传统社会里，由于时空不统一、信息不对称，政府要想做到提供可靠的、稳定的、高质量的服务是很难的。电子政务所独具的交互式、开放性和直接性等特点，它所提供的新型管理平台和新的公众需求，改变着现实政府公共政策运行体系，成为政府与公众的媒介和桥梁，使政府与公众间的联系变得更为紧密。互联网世界最显著的特征是信息的共享，政府和公众都是信息的占有者和受益者。一方面，政府可以通过自身、媒介及各种组织的专门数据收集大量的信

---

① 姚清晨、张颖：《基于循证理念的公共政策制定研究》，《四川行政学院学报》2018年第 4 期，第 29 页。

息，从而支持政府制定科学的公共政策，对公众实行有效的管理；另一方面，公众通过网络了解政府在公共政策过程中各环节的工作内容，一些原来只有政府才可以提供的信息，公众同样可通过其他的信息渠道获得，从而使政府在制定政策、做出重大决策的过程中，可以通过网络让公众参与，让公众发表意见，让公众提出建议。

电子政务是指利用信息和通信技术，有效地实现行政、服务及内部管理等功能，在政府、社会和公众之间建立一个跨越时间、地点、部门的全天候的政府服务体系。电子政务的效益来自政府服务，电子政务的应用主要也是服务。服务是电子政务的第一要务，也是建设电子政务的主要目的。经济全球化的发展，对政府公共决策方式提出了新要求。加强电子政务建设，有利于建立服务型和开放透明的政府，更有效率和服务能力的政府，从而更好地发挥政府在公共政策过程中的职能。电子政务是信息技术发展在公共服务领域的体现，电子政务建设已成为提升一个国家或区域综合竞争力的重要因素。

近些年，新媒体技术在社会生活中的普及和应用，使得信息流通方式有了新变化。在大数据背景下，新媒体传播方式也广泛应用到了政府公共政策运行过程中。作为政策信息传播的辅助方式，政府逐渐加强与新媒体的合作，双向推动公共政策的传播，在一定程度上提升了政策的执行力。

◎ 复习思考题

1. 剖析公共政策学诞生的历史根源和发展的社会背景。
2. 西方公共政策学发展演变经历了哪些阶段？各阶段的发展状况如何？
3. 简要阐述中国公共政策学的发展现状。
4. 公共政策学的研究对象是什么？
5. 发展中的公共政策学呈现出了哪些新特征？面临着什么样的发展困境？

第二章　公共政策的实质与功能

公共政策的实质与功能是公共政策的一个基本主题，也是公共政策学研究公共政策的性质、原因、过程和结果的基石。对公共政策实质与功能的分析主要包含对公共政策的内涵、特征与类型的界定和对公共政策基本功能的概括两个方面。

第一节　公共政策的实质

"政策"是现代社会生活中使用非常广泛的概念之一。但无论是在日常生活，还是在学术领域中，人们对它的含义并没有一致的界定，歧义颇多。因此，我们在综合国内外学者对其进行界定的基础上，结合公共政策实践活动，进一步认识"政策"的本质与特征。

一、公共政策的内涵

"政策"一词，原为英文"policy"。日本学者在翻译英文"policy"时，从早已传入日本的汉字中挑选了"政"和"策"二字组合在一起，译为"政策"一词。在中国古汉语中没有"政策"这个词，但是"政"和"策"这两个字却是到处可见的。"政"，古汉语的词意为政权、政事、正直。如孔子《论语》里讲："不在其位，不谋其政。"说的是一个人不在执政地位上，就不去思考国家政权的运作。孔子又讲："政者，事也。"是说政治本身是国家管理公共事务的事业。孔子还讲："政者，正也。"是说政治事业是正义的事业，是引导人们走正路的事业。"策"，古汉语的词意为对策、计策、策划、策略。如我国古代的《战国策》，讲的就是战国时代各国发生政治事件时采取的各种对策。又如《三十六计》，讲的就是三十六种计策。再如，《三国演义》上讲，诸葛亮"眉头一皱，计上心来"，是说诸葛亮运用智谋构思计策、谋划策略。从古汉语的词义来看，"政策"一词的本义是指政治策略的意思。当政策科学发展成为一门独立的学科之后，中外学者从不同的侧面对其进行了界定。美国著名政治学家弗雷德里奇提出了一个含义很宽泛的政策定义：“在某一特定的环境下，个人、团体或政府有计划的活动过程。提出政策的用意就是利用时机、克服障碍，以实现某个既定的目标，或达到某一既定的目的。”①中国人民大学张金马认为：“简单地说，政策就是个人、团体或国家政府在具体情境下的行动指南或准则。”这个定义实际上是美国学者弗雷德里奇政策定义的简要译介。我国学者王福生在《政策学研究》一书中认为：“政策是人们为实现某一目标而确定的行为准则和谋略。”可见，这是广义的“政策”概念。这个定义确定政策为行为准则和谋略，说明了政策的重要特征。可见，他们都将政策看做一个过程，一个朝着某一既定的目标前进的有计划的活动过程，而且，综合他们的观点可以得出，政策的主体不只是国家和政府，还包括个人与团体等。

除此之外，也有人从狭义的角度对“政策”进行定义。如，孙光的《政策科学》将其定义为：“政策是国家和政党为了实现一定的总目标而确定的行动准则，它表现为对人们的利益进行分配和调节的政策措施和复杂过程。”陈振明教授也持这种观点，他说：“政策是国家(政府)、执政党及其他政治团体在特定时期为实现一定的社会政治、经济、文化目标而采取的政治行动或规定的行为准则，它是一系列谋略、法令、措施、办法、方针、条例等的总称。”②《辞海》里将“政策”定义为：“党和国家为实现一定历史时期的路线而制定的行动规则。”显然，我国学者有关政策的定义均体现了国家的管理行为。事实上，从狭义的角度来界定的“政策”，也就是人们常说的“公共政策”。公共政策是现代社会政治生活中使用得非常广泛的概念之一，但迄今为止，中外学者也没有给公共政策下一个标准的定义。

行政学的鼻祖，美国学者伍德罗·威尔逊先生认为，公共政策是由政治家即具有立法权者制定的并由行政人员(国家公务员)执行的法律和法规。③ 这一定义主要是从政策制定和政策执行的角度对公共政策进行界定，对理解公共政策具有一定的启发性作用，但它很不全面。首先，制定政策的人不仅限于政治家，直接或间接参与政策制定的还有公众、社会不同阶层和各种利益团体的代表，以及政府机构的一些公务人员；其次，执行政策的人也不仅限于国家公务人员，还应包括一些政治家、司法人员和有关群众；最后，公共政策的表现

---

① Carl Friedrich. *Man and His Government* [M]. New York：McGraw-Hill, 1963：79.

② 陈振明：《公共政策学：政策分析的理论、方法和技术》，中国人民大学出版社2004年版，第4页。

③ 转引自伍启元：《公共政策》，(香港)商务印书馆1989年版，第4页。

形式多种多样，其范围远比法律法规更为宽泛，如政府的大型计划、政治首脑的讲话和指示、政府会议通过的决议等。

政策科学创始人哈罗德·拉斯维尔和亚伯拉罕·卡普兰定义公共政策为"一种含有目标价值和策略的大型计划"。① 这个定义揭示了政策最重要的构成要素，即目标价值取向和策略计划手段，具有一定的道理，因为理性的政策制定通常会有科学的论证和合理的程序，但是，行动计划和方案难以涵盖所有的公共政策，而且，把目标要素作为公共政策的必要条件也欠妥当，因为公共政策的目标有时并不十分明确。

美籍加拿大学者戴维·伊斯顿认为，"公共政策是对全社会的价值作权威性分配"。② 这种定义是从传统政治学原理的角度理解公共政策，侧重的是公共政策的价值分配功能。其中所涉及的"价值"应从广义去理解，它是指所有有价值的东西，不仅包括实物、资金和知识，还包括权力、声誉和服务。这种理解隐含了一个最基本的政治学假设，即利益及利益关系是人类社会活动的基础，而政府的基本职能就是对利益进行社会性的分配。公共政策就是由政府进行社会性利益分配的主要形式，即决定什么人取得什么和取得多少，但这种理解至少忽视了公共政策除分配之外的其他功能。公共政策的内容远非分配二字可以囊括，它不仅涉及分配以前的事情，而且涉及分配以后的事情，即处理生产与消费领域的问题或若干其他不属分配领域的问题。

美国学者托马斯认为："公共政策是一个政府选择要做的任何事，或者它选择不去做的任何事。"③这一界定侧重了政府的作为和无为，突出了公共政策的行为特征，说明公共政策不仅涉及政府所采取的行动，而且还涉及政府决定停止的行动和根本没有做的行动。从这一点来看，它具有重要的启发意义。但是，我们必须知道，政府决定要做的事情实际上和它真正所做的事情是有一定距离的，政治家或决策者往往喜欢在公众面前说大话，以赢得欢呼和喝彩，而实际上他们对政策的贯彻与执行并不十分在意。戴伊的定义看起来忽视了二者之间存在的这种不一致性。政府决定做或不做的事情不一定就会成为政策，它们只是某些决定或某些做法而已；政府正在做着的事情也不一定就能够代表其

---

① H D Lasswell, A Kaplan. *Power and Society*[M]. New Haven, Yale University Press, 1970：71.

② D Easton. *The Political System*[M]. New York：Kropf, 1953：129.

③ Thomas. *Understanding Public Policy* [M]. Upper Saddle River , N. J. Prentice Hall 1998：2-4.

政策，无意或偶然的行为在政府活动中是经常出现的，更何况政府活动还包括许多事务性工作，如人事任命和发放执照一类的事情，它们是很难与公共政策挂钩的。

美国学者罗伯特·艾斯顿在其著作《公共政策的思路：对政策领导的研究》一书中指出："从广义上说，公共政策就是政府机构和它周围环境之间的关系。"①公共政策从根本上讲，确实是要解决政府所面对公共环境发生的问题，从这个意义上讲，这个定义无疑有合理之处。但是，这个定义外延太宽泛了，使得人们很难确定它的内涵。

美国政策学家詹姆斯·安德森则分别对"政策"和"公共政策"做出了界定，他说："政策是一个有目的的活动过程，而这些活动是一个或一批行为者，为处理某一问题或有关事务而采取的"，"公共政策是由政府机关或政府官员制定的政策"。②

台湾学者伍启元先生在《公共政策》(1985 年版)一书中提出："公共政策是政府所采取对公、私行动的指引；公共政策是将来取向的；公共政策是目标取向的；公共政策是与价值有密切关联而受社会价值所影响的；公共政策是由政府或有决策权者所采取或选择的；公共政策是具有拘束性而受大多数人接受的行动指引。"

综上所述，"公共政策"与"政策"是两个不同的概念，政策的外延比较宽泛，公共政策是政策的一种典型形式。参考国内外学者的看法，我们可以将公共政策界定为：国家(政府)、执政党及其他政治团体在特定时期为实现一定的社会政治、经济和文化目标所采取的政治行动或所规定的行为准则，它是一系列谋略、法令、措施、办法、方法、条例的总称。③

二、公共政策的分类

在现代社会，公共政策作为政府对团体和个人行动的有效干预手段，存在于社会生活的各个领域，其数量繁多、形式多样，有时令人难以辨别。同时，由于公共政策所要解决的问题是多种多样的，公共政策所采取的方法、步骤、

---

① R Eyestone. *The Threads of Public Policy：A Study in Policy Leadership* [M]. Indianapolis Bobbs-Merril co，1971：18.

② [美]詹姆斯·安德森：《公共决策》，唐亮译，华夏出版社 1990 年版，第 4 页。

③ 陈振明：《公共政策学：政策分析的理论、方法和技术》，中国人民大学出版社 2004 年版，第 4 页。

程序也不尽相同。因此，公共政策的类型也很多，了解公共政策的类型对公共政策的理论和实践有一定的意义。首先，通过对一个社会不同类型政策的考察与综合，可以了解该社会公共管理部门政策职能的发挥和应用是否齐全；其次，通过对一个社会不同层次政策的考察与综合，可以了解该社会在不同时期不同的政策权限；最后，通过对一个社会不同效能的政策的考察与综合，可以了解该社会在不同的社会发展态势下公共政策的总体特征。①

公共政策的分类并无定式，根据不同的标准，可以作不同的分类。一般来说，我们可以从纵向和横向两个维度对公共政策进行划分。

1. 纵向分类法

纵向分类法是公共政策的一般分类方法，即按照公共政策的发生和发展的逻辑顺序以及重要性来对公共政策进行区分和归纳，可将公共政策分为四类，即元政策、总政策、基本政策和具体政策。

（1）元政策

元政策是指用以指导和规范政府政策行为的一套理念和方法的总称。元政策的基本功用在于如何正确地制定公共政策和有效地执行、评估、分析公共政策。因此，它是关于政策的政策。元政策关注的是整个政策系统及其改进，涉及的主要问题有：公共政策的指导思想、价值标准、行为准则、程序步骤、方式方法等。

在西方公共政策的发展演变中，最初的元政策集中研究公共政策的制定系统。由于受行为主义研究方法以及价值观等因素的影响，政策制定者只是在传统的或习惯了的元政策框架内制定公共政策，很少考虑制定其他新的元政策，或者很少采用新的决策方法，包括决策程序、决策原则、决策方式等。后来随着形势的急剧变化，才考虑新的元政策或采用新的决策方法，对公共政策制定系统作了改进和优化。之后，随着现代公共政策的发展，元政策的研究内容扩展到公共政策执行模型、方法的改进和优化以及公共政策评估模式等方面。因此，公共政策的元政策也从原先的"制定政策的政策"，发展为整个公共政策系统与过程的改进和优化，但元政策的主要侧重点还是对公共政策制定系统的指导和规范。有效的元政策有助于建立科学合理的政策制定系统，并帮助制定系统随着时空的变化而加以改进。

公共政策的元政策是整个公共政策系统的基础和前提，它是各项政策的理

① 胡宁生：《现代公共政策研究》，中国社会科学出版社 2000 年版，第 56~57 页。

论、思维和知识的整合，也涉及政策运行的各种方法、手段和工具的配置和选择，还涉及政策运行各种模型、模式的构造和应用。因此，元政策是一个与哲学概念和观点密切相关的问题，是一种政策理念、政策价值观、政策风格，或称政策哲学。元政策的知识系统也成为不证自明、人人遵守的政策范式。因而，公共政策元政策的改变或取消是极度困难的、相当缓慢的，一旦公共政策研究在元政策层面上取得突破，将会引起新的政策科学革命。

（2）总政策

总政策是公共权力机构制定的指导政党和国家在一定历史时期内全局性活动的总的原则。总政策是公共政策体系中处于核心地位的、起着统帅作用的、对一个国家的革命和建设事业产生全局性影响的政策。它是国家实行的全部政策中处于最高层的政策，是指导政党和国家在较长历史时期内全部行为活动的根本政策、重大政策，其他一切政策皆以它为依据并共同为之服务的政策。因此，总政策有时被称为"总路线""总方针""基本路线""根本路线""战略决策"等。

一个国家的总政策是国家在一定阶段一定时期内努力实现的社会政治、经济、文化发展战略任务和根本目标。总政策是具有指导性与原则性的政策，是其他各项政策的出发点和落脚点，是制定其他政策的依据。从政策实践来看，总政策的合法表现形式有以下几种：一是宪法；二是执政党的党纲；三是执政党领袖、国家元首、政府首脑的正式报告；四是执政党、政府的形式文件。由于总政策居于政策体系的最高层，贯穿一定历史时期的始终，因而具有较强的概括性和稳定性。总政策的正确与否，直接关系到一个国家的兴衰成败。

总政策可以分为两大类，即制度性政策和方针性政策。制度性政策通常对社会生活各个领域的关系、结构、运行程序加以规定，稳定性较强；方针性政策通常是对社会生活各个领域中基本矛盾和问题加以协调，带有变动性的特征。一项特定的政策往往是既包括制度性因素，也包括方针性因素。

一项政策是否构成总政策，可以从四个方面加以判断：①在层次上，制定和发布政策机关的规格或级别是高还是低。通常，总政策在层次上是比较高的，一般由中央政府或其授权机关制定和发布。在我国，总政策主要是指构成既定国策和基本方针的那些政策。例如，"一个中心、两个基本点"政策等。②在范围上，政策的适用面是否广泛。在多数情况下，总政策在范围上要覆盖全国，适用于几乎所有的地域、行业、公民及公民团体。③在时间长度上，政策是否具有相当的稳定性。除非出现非常重大的变化，比如说，政府更迭、权力转移、政治意识形态改变、社会动荡等，否则总政策在相当长一段时期内是不会发生根本性变化的。④在权威性上，总政策是否构成相关政策的依据。只要是总政策，都会被基本政策和具体政策所援引，都会成为许多具体政策的政策依据。也就是说，总政策通常具有相当大的权威性。

(3)基本政策

基本政策是指公共权力机构为指导国家某一方面、某一领域工作而制定实施的行动准则。它所解决的是重大的、宏观的、战略性的问题，原则性强，时效性也较强，是总政策的内容在某一方面、某一领域工作的体现和具体化，又是具体政策领域或部门政策的主导性政策。因此，基本政策是连接总政策与具体政策或部门政策的中间环节，一方面，基本政策从属于总政策，服务于总政策，不与总政策的大政方针相抵触；另一方面，基本政策又统帅具体政策或部门政策，是具体政策或部门政策制定与实施的指导原则。

(4)具体政策

具体政策也称方面政策或部门政策，主要指针对特定而具体的公共政策问题做出的政策规定。它是中下层公共管理部门在特定时期、特定范围，为解决特定的问题所规定的行动目标、任务和准则。具体政策是在总政策和基本政策的指导下制定出来的，它是基本政策的具体化；具体政策是将基本政策所规定的目标与任务付诸实施的手段和工具；具体政策是同具体时间和空间中的政策问题联系在一起的，因而是解决实际问题的依据。

2. 横向分类法

横向分类法主要是从公共政策的外延维度对公共政策的存在形式进行分类的一种方法。在这种方法的指引下，我们还可以从不同的角度对公共政策进行类别的划分，以更好地掌握公共政策这一概念。

按照政策生成情况，公共政策可分为原生型政策和派生型政策。原生型政策是指为解决某种或某类原始政策问题而制定的针对性与目的性都很明确的定向、定位的最初的政策。派生型政策相对于原生型政策而言亦称再生政策、子政策，是原生政策内涵的拓展和外延的延伸。

按照政策作用程度，公共政策可分为积极引导型政策和消极抑制型政策。积极引导型政策是一种包含激励因素和手段的公共政策，目的在于引导公众朝着一定方向努力，也称激励型公共政策，消极抑制型政策是一种压缩公众选择与活动范围，从而控制某些行为少发生的公共政策，也称限制型公共政策。

按照政策数量构成，公共政策可分为单项政策和复合政策。单项政策又称单一政策、单向政策、单质政策，是为解决某一类型、某一性质、某一层次政策问题而制定实施的具体、个别的定向、定位政策。复合政策相对单项政策而言又称混合政策或综合政策，一般情况下是指由两个或两个以上的单项政策结合而成的合成政策。

按照政策主体性质，公共政策可分为国家政策、政党政策和社团政策。国家政策是指政府及所属机关根据路线和目标，结合国内情况和国际形势，为建设和管理整个国家内外事务而确定的方针、原则、制度、对策及规范的总称。政党政策是指政党及其领导机关根据模式和规范调控党内外行为关系以实现管理本党和建设国家的施政准则与过程。社团政策是指各种社会群体依据自身的目标任务，通过一定权威性行为模式和社会规范来调控团体成员行为与关系的准则、依据和过程。

按照政策主体层次，公共政策可分为中央政策、地方政策和基层政策。中央政策是指以国家、中央为主体制定实施的政策。地方政策是指以地方机关（以省、市、县三级为限）为主体制定实施的政策。基层政策是指以基层组织（乡镇）为主体制定实施的具体政策。

按照政策所属领域，公共政策可分为经济政策、政治政策、文化政策和社会政策。经济政策是调整经济关系和经济活动的规范与准则，包括经济发展战略、产业政策、区域发展政策、投资政策、财政政策、金融政策、价格政策、土地政策、对外贸易和经济技术合作政策等9类一般政策。政治政策是调控和处理人们政治生活和政治关系的规范和准则，包括干部政策、知识分子政策、统战政策、宗教政策、侨务政策、民族政策、国防政策、外交政策、国家安全政策等12类一般政策。文化政策是指导人们思想、意识、观念等精神活动的准则，包括精神文明建设方针、教育政策、科技政策、文化政策等4类一般政策。社会政策是指导人们从事公共社会活动、调节人们社会关系的准则和依据，包括人口政策、劳动政策、消费政策、卫生政策、体育政策、保障政策、生态政策、分配政策等8类一般政策。

按照政策作用时间，公共政策可分为长期政策、中期政策和短期政策。长期政策是指在相当长的历史时期内起着作用的根本政策、重大政策、宏观政策或战略性政策。中期政策是指长期政策分割成若干阶段性的基本政策和中观政策。短期政策是指中期政策分割成若干阶段性的一般政策、微观政策和策略性政策。

按照政策空间跨度，公共政策可分为国别政策和国际政策。国别政策是一个国家的一切政策、不同国家的不同政策，是单个国家或某个国家对内对外政策的总和，亦称国家政策。国际政策是指国际组织、地区组织或联合国制定实施的调控国际间关系的宏观政策。①

三、公共政策的特征

公共政策的实质、地位揭示了公共政策与政治系统、公共管理和社会公众三者间的关系。从公共政策与政治系统的关联来分析，公共政策具有阶级性、强制性、合法性的特性；从公共政策与公共管理的关联来分析，公共政策具有公共性、稳定性、效率性的特征；从公共政策与社会公众的关联来分析，公共政策具有公平性、变动的特征。而这三方面所要求的特征并不总是一致的，它们是对立统一的关系。

从公共政策的历史与现实的关联来分析，公共政策中的普遍性即共性既是稳定的，也是变动的。在公共政策的实质、地位未变的情况下，其普遍性不会改变，这些普遍性表现在：政治性与公共性、稳定性与变动性、公平性与效率性、强制性与合法性。

1. 公共政策的政治性与公共性

作为政治系统运行重要环节的公共政策，必然服从于和服务于政治系统中公共权力所规定的意志、利益、任务和目标，这就是公共政策的政治性特征。政治系统是掌握社会公共权力的组织与机构，政府制定、执行公共政策的权力是由政治系统通过合法的途径授予的。因此，政府部门和社会公共机构制定与实施的任何政策都必须维护和巩固现行的政治统治。

公共政策的政治性在阶级社会里有时又表现为阶级性。当政治系统中占统治地位的阶级与其他处于被统治地位的阶级的矛盾具有对抗性质时，政治性就表现为强烈的阶级性；而当两者的矛盾属于非对抗性时，政治性中的阶级性就不太强烈。在社会主义社会中，还存在阶级，但不是任何时候、任何政治现象都带有阶级斗争的内容。因此，作为政治系统运行主要内容的公共政策也不全是具有阶级性的。

与公共政策政治性相对应的特性是其公共性。日本公共政策学者药师泰藏说过，"公共政策"的意思与其字面意思相同，即为"公共"而制定的"政策"。公共政策是政治系统、政府等公共部门进行社会公共管理，维护社会公正，协调公众利益，确保社会稳定发展的措施与手段。因此，公共政策必须立足于整个社会发展，从全社会绝大多数人的公共利益出发制定和实施各种行为规范。

---

① 陈潭：《公共政策学》，湖南师范大学出版社 2003 年版，第 14~16 页。

离开了公共性，公共政策就有可能变为某些个人、团体、阶层谋取私利的工具。

公共政策的政治性与公共性既有一致的一面，也有相互矛盾的一面。当政治系统中占据统治地位的阶级、政党，以及贯彻统治阶级意志的政府所具有的特殊利益与它们所代表的社会公众的利益一致时，政策的政治性与公共性就能很好地结合在一起；但是，当政治上、经济上占统治地位的阶级，取得执政地位的政党，以及由它们推选的代表组成的政府，所具有的利益与社会绝大部分公众的利益不相一致，甚至发生冲突时，政策的政治性与公共性就会相互矛盾。

2. 公共政策的稳定性与变动性

对于任何一个政治系统及其政府来说，追求社会政治、经济、文化的稳定是其基本目标。公共政策作为政治系统运行的中心、政府履行自身职能的手段和进行公共管理的途径，就必须服从于保持社会政治、经济稳定的基本目标。政治系统和政府要想通过制定、执行公共政策来达到社会稳定，首先就要求社会的总政策、基本政策是稳定的。

公共政策稳定性的特征要求制定和实施的政策必须是正确的。政策的正确性是政策稳定性的前提，只有政策对头了，政策才能稳定。公共政策稳定性的特征还要求制定和实施政策的相关因素是稳定的。比如政策的社会环境，制定和实施政策的相应组织机构，政策制定、执行和评估的程序等都是稳定的。另外，公共政策稳定性的特征还要求政策的内容具有连续性和政策的贯彻具有严肃性。"政策不但要对头，而且要稳定，要有连续性。"政策只有保持前后一致、新旧衔接、连贯不断，方能稳定；在执行政策时，只有坚持原则，严肃纪律，规范程序，严禁曲解，才能保持政策的稳定。

公共政策既具有稳定性的一面，也有变动性的一面。公共机构制定和实施公共政策的目的是为了协调和平衡公众的利益。这种协调和平衡又都是具体的、有目的、有方向的。但是公众的利益处在变动之中，旧的差距和不平衡得到调整后，又会出现新的矛盾、冲突，又需要有新的政策来做出新的协调。同时，任何公共政策的制定、执行和评估，都是依据政策环境、政策资源、政策效力的变化而变化的，当原有的政策环境、政策资源改变了，或旧的政策效力严重衰减乃至丧失了，政策就必须调整，代之以具有新的目的、新的方向的新政策。

公共政策的变动性与其不确定性是相互关联的。这种不确定性表现在政策

的预期效果与实际结果之间的关系是变动的，公共政策不是机械钟的报时而是
气象站的预报，报时钟是准确无误的，预报的天气与实际天气是有差异的。人
们"容易被报时钟和决定论的咒语束缚，这一点是公共政策的陷阱。公共政策
往往采用理工学式的思维方法，即认为人们像报时钟一样，只要进行政策干
预，人们就会像机器一样准确无误地做出某种反应"。公共政策的不确定性还
表现在政策的目标、范围及实施的资源和手段在政策实施过程中必须及时地依
据实际情况做出调整和改变。

公共政策的稳定性与变动性是一对矛盾。要解决这对矛盾，就不能将两者
僵硬地对立起来。公共政策的稳定不是僵化不动的绝对稳定，而是一种灵活的
相对稳定，是包含合理变动的稳定，是稳中有变；公共政策的变动绝不是随心
所欲地变来变去，而是有依据、有程序的相对变动，政策的变动必须遵循规
律，保持前后的连续性，做到变中有稳。

3. 公共政策的公平性与效率性

公共政策是政府等公共机构进行公共管理的途径与手段。政府的公共管理
不同于企业的管理，后者主要以较少的投入获取较大的产出，争取更高的效率
为根本目标；前者则不同，它的根本目标是实现社会的公正、公平。因此，评
价一项政府政策的好坏，首要的标准是看它在实施以后，有没有使社会利益的
分配更加公平、合理。这种公平不仅体现在个人收入的层面上，而且还体现在
地区发展的层面上；不仅要求公众在物质享受方面是公平的，而且要求在精
神、文化的享受方面也是公平的；不仅要求在机会上是均等的，而且要求在最
终的结果上是包含着可接受差别的平等。

但是，政府的公共管理又必须讲究效率，即尽量做到"少花钱，多办事"。
公共机构进行公共政策制定、执行、评估需要有一定的政策资源作为支撑。由
于受到公共政策环境系统总体状况的影响、政府从社会提取资源的能力的影响
以及政府对已经提取到的资源合理配置能力的影响，政府在一定时期能够提取
和支配的政策资源，尤其是经费与物质设施方面的资源是有限的，并且在一定
的时期中，政府将提取到的资源配置起来所能达到的有效性也是有限的，因
此，政府运用政策解决社会问题的实际能力是有限的。

但是，随着现代社会的发展，新的社会问题也变得越来越多，这就要求政
府在规定的时间内更有效地解决更多的社会政策问题。在这种状况下，公共政
策的运行就必须是高效率的。这种政策的高效率要求政府必须考虑：在资源耗
费总量相同的情况下，必须解决更多的社会政策问题；在要解决的社会政策问

题是既定的情况下，尽量少耗费。前者是用定量的钱多办事，后者是花少量的钱办好事。

公共政策的公平性与效率性是一对矛盾。最坏的情况就是将两者对立起来，要一方，不要另一方，以一方去损害另一方。人们需要努力达到的是两者的协调、统一，即找到某种结合点，使政策的公平性与效率性实现兼容。政策的公平性在公共管理中应当放在首要位置上，因为公共政策就是要协调公众的利益，使之趋于公正、公平。但这种公平性绝不是绝对平均，而是将差别控制在公众可接受的范围内，公平是包含一定差别的公平，这种差别恰恰是由竞争、创新带来的，只有允许这种差别存在，才能体现政策的效率性。公共政策的效率应当服务于公平，效率应当是公平基础上的效率，也正是一定的效率提供了公正、公平的物质保证。

4. 公共政策的强制性与合法性

公共政策是政府等公共机构制定、实施的约束人们行为的规范与准则。由于政策的最终决定者是掌握公共权力的机构及其代表者，其执行者和评估者也主要是政府部门或政府授权的非公共部门。因此，公共政策的制定、执行更多地表现为自上而下的运动，作为这种运动的基础与支撑的是政府后面强大的国家力量。另外，公共政策都包含着奖惩机制，人们只要遵循政策去行动，就会获得好处；相反，人们违反规定的准则去行动，就会受到惩罚。因此，任何公共政策都带有明显的强制性。有很多人感觉不到这种强制性，不是强制性不存在，而是它已经转化为内在的适应性了。

公共政策的强制性主要源于公众利益的差异性与多层次性。公众的利益要求是不同的，满足了一部分人的利益要求，就有可能满足不了甚至还会损害另外一部分人的利益；满足了绝大部分人的利益要求，还是少不了损害一小部分人的利益；满足了人们眼前的、近期的利益要求，就有可能损害人们长远的、根本的利益。公共政策在协调、平衡公众利益时，不可能将这些利益上的差异性、层次性完全消除掉，那些利益要求得不到满足甚至既得利益受到损害的人，就会很明显地感受到公共政策某种程度的强制性。

公共政策还具有合法性。任何公共政策必须从内容到形式、从政策主体到制定与执行程序都是合法的。所谓内容的合法性，是指政策所规定的行为准则、所施行的计划措施能使公众的利益得到协调、平衡，符合多数人的、长远的利益要求，受到人民的认可。所谓形式的合法性，是制定出来的政策在其书面行文上、在向社会公众颁布的方式上都必须是规范的、合适的。所谓政策主体的合法性，是指政策的规划、制定和最终决定者必须是合法的机构、组织。所谓程序的合法性，是指公共政策在制定、执行、评估过程中，每一环节都必须遵循规定的程序和步骤来进行。公共政策只有在内容与形式上都具有合法性，才能发挥出应有的效力与效益。

公共政策的合法性是对政治系统和政府等公共部门行为的约束。首先，政策的合法性要求政治系统、政府是合法的。其次，政策的合法性要求政治系统、政府的行为是合法的。在政治系统中活动的国家组织、政党和领导者，都必须服从宪法和各项法律，做到依法治国；政府的公共管理也必须服从宪法和各项法律，做到依法行政。

公共政策的强制性与合法性必须统一起来。一方面，缺乏合法性的公共政策，其权威性与强制性就会受到损害。一项政策如果得不到多数公众的认可、接受，也不是由法定主体按照法定程序制定、公布和执行的，虽然政府部门可以借助手中掌握的资源，强制推行，但最终必定会妨碍社会稳定，损害公众利益，逐渐失去公众的支持和信任，从而也就失去了权威性与强制性，严重的还会导致社会动乱。政策只有具备了合法性，其权威性与强制性才有了坚实的基础。从另一方面看，也不等于政策有了合法性，就能自然而然得到贯彻、实施。只有在合法性的基础上，依照特定的程序，依靠国家的强制力，对拒不执行政策，或歪曲政策的行为人做出处罚，政策才有原则性和严肃性，也才能真正得到贯彻和落实。

第二节　公共政策的功能

作为一种普遍存在的政治现象，公共政策在人类社会发展进程中发挥着越来越重要的作用。所谓公共政策功能，就是指公共政策在运行过程中所发挥的效力或所起的作用。公共政策是公共管理尤其是政府管理的基本依据，从某种意义上讲，政府管理的行为过程就是公共政策功能发挥的过程。由此可见，公共政策的功能具有明显的利益倾向和鲜明的目标取向。这也说明，公共政策在特定社会所承担的基本功能不是笼统的、抽象的，而是明确的、具体的，这是由公共政策的本质所决定的。

一、公共政策的本质

公共政策的制定和执行都是为了解决某一特定的社会问题，借以调整社会利益关系。从社会大系统来看，解决社会问题离不开公共权力、社会权力和公民维护等方面的相互配合，这就表明公共政策具有多重规定性。这些规定性直接决定了公共政策的本质集中表现在三个方面：政策集中反映或体现统治阶级的意志和愿望，是执政党、国家或政府进行政治控制或阶级统治的工具或手段；政策作为执政党、国家或政府的公共管理的工具或手段，服务于社会经济的发展和文化的进步；政策作为分配或调整各种利益关系的工具或手段，是各种利益关系的调节器。

1. 公共政策是政治统治的基本工具

公共政策的本质，首先表现在它的政治性上，即集中体现和表达社会上占统治地位阶级的意志和利益。在阶级社会中，不同性质的国家政权和代表不同阶级、阶层利益的政党及其他政治组织，面临着错综复杂又千变万化的社会问题，为了解决这些社会问题，它们就必须制定自己的政策；而任何政策的制定和执行都是以维护本阶级的政治、经济利益为宗旨的。不同历史阶段的不同统治阶级，其政策的本质有明显的区别，但都是为着巩固其统治、进行政治管理的基本工具。

公共政策在一定程度上体现着阶级力量的对比和变化。由于政策是阶级利益的集中体现，所以任何阶级、国家在制定自己的政策时，首先考虑的是如何维护自己的经济利益、如何巩固自己的政治地位、如何削弱敌对阶级的力量从而剥夺敌对阶级的政治经济权益，这是制定和执行政策的根本出发点。但是，任何阶级在制定和维护政策时，又不能不考虑到现实的阶级关系、现实政治力量的对比。一定的阶级为了本阶级长远的、整体的利益，往往会在眼前的、局部的利益方面向敌对阶级做出某种让步和妥协。公共政策在一定程度上便成了各阶级政治力量对比变化的晴雨表。

2. 公共政策是社会经济发展的牵引器

公共政策的这种本质，还表现在服务于社会经济的发展上，这是由国家职能的两重性所决定的。国家作为阶级统治的工具，除了维护其统治的政治职能外，还有维护其统治的社会经济职能，作为其意志与利益直接体现的政策及法律当然也带有这样的特性。国家负有管理社会事务方面的职能，作为阶级统治的工具，国家总是力图把阶级矛盾控制在秩序的范围内，努力造成相对稳定的政治局面。这样，国家往往根据统治阶级的需要，组织社会经济活动，发展科技文化事业，管理某些社会公共事务，从而使国家履行管理社会事务方面的职能。这种职能必然通过国家政策体现出来，使政策在执行过程中，通过对各种社会资源的利用，对各种社会潜能的挖掘，在总体上实现政策目标的同时，推动社会经济文化的发展。例如，在 20 世纪 30 年代的大萧条时期，美国"新政"既要缓解经济危机，维护统治，又要促进社会平衡协调发展，大量公共工程的建设，减少了失业人口，刺激了消费，使美国经济逐渐回升，走出低谷，从而促成了美国经济的再次繁荣。我国"西部大开发"战略决策的提出，其目的正是缩小地区差距，促进整体协调发展，保证社会的稳定和发展。

3. 公共政策是各种利益关系的调节器

政策的核心就是要解决社会利益的分配问题，所有政策最终都表现为对社会利益关系的处理。首先，政策的本质表现在它是一定社会阶级意志和利益的集中体现，政策所要调控的各种社会利益关系实际上是阶级关系的表现形式。其次，政策对社会利益关系的分配又是一种反映全体社会成员利益的综合性分配。最后，"公共政策对利益的分配，是一个动态的过程。这种过程大致经历了四个环节：利益选择、利益综合、利益分配与利益落实"。①

二、公共政策的基本功能

任何公共政策的出台都是为了解决某一时期的特定社会问题，从而实现公共权力机关的职能目标。也就是说，公共权力机关在制定公共政策时，就已经预先设定了其功效和作用——公共政策功能。公共政策总是建立在特定社会制度基础之上的，而社会的制度基础客观上存在着差异性。即使在同一种社会制度之中，社会经济发展水平也会有很大的差异，再加上每一项具体政策的具体目标任务都是明确具体的，所以，每一项具体政策的具体功能也就是完全不同的。但无论具体政策的具体功能是什么，一项公共政策的基本功能却呈现出一致性，主要表现在导向功能、规范功能、调控功能和分配功能四个方面。

1. 导向功能

公共政策的导向功能，是指公共政策为政党和国家的执政规定发展目的、为社会的发展规定目标、为人们的活动规定方向等方面所起的作用。公共政策作为规范公众行为的社会准则，其对公众行为具有重要的引导作用，它告诉人们应以什么为标准，应该做哪些事和不该做哪些事。这种行为的引导必然对人的观念带来影响，这种影响在社会变革时期表现得尤为明显，这是因为人的观

---

① 陈庆云：《公共政策分析》，中国经济出版社 1996 年版，第 9 页。

念变化在这一阶段有着强烈的动机需求。如十一届三中全会以后党和国家制定了允许一部分人、一部分地区通过诚实劳动或合法经营先富起来的政策，在这一政策的指引下，成千上万的工人、农民和其他劳动者，利用自己的特长或优势，走上了勤劳致富的发家之路，并逐步发展成今天"三分天下有其一"的私营经济，为我国经济的进一步发展注入了新的活力。

公共政策的导向功能，既是一种行为的导向，也是一种观念的引导。2007年由美国次贷危机引发的全球金融危机，对我国的经济产生了不小的影响，外贸减少，大量涉外中小企业或破产倒闭，或缩小生产规模，进而导致大批农民工失业返乡。为保证经济增长，弥补由于金融危机带来的损失，我国政府制定了"扩大内需"的政策。在保持人民币不贬值的前提下，国家出台了一系列积极的财政政策和适度宽松的货币政策，引导人们扩大消费。诸如家电下乡政策、汽车以旧换新政策等。同时，为了保证经济的可持续发展，国家还出台了一系列宏观调控政策，比如对房地产的调控政策。在这一政策的指引下，不仅推动了诸如家电、轿车等市场的发展，而且保证了整个国民经济的发展与稳定。与此同时，人们的消费观念也发生了巨大变化，信用消费越来越深入人心，投资越来越趋于理性化。

公共政策的导向功能从形式上看，有直接的导向，也有间接的导向。我国党和政府的政策大多属于直接导向。无论是"文化大革命"时期的"以阶级斗争为纲"，还是改革开放时期的"以经济建设为中心"，作为一定历史时期的政策，由于都是自上而下的号召和指示，直接影响了国家的政治、经济生活和人们的道德、价值观念。但政策的导向功能有时也是间接的。如"一对夫妇只生一个孩子"的人口和计划生育政策，已为我国少增加 3 亿多人口，减轻了人口问题给国家经济和社会发展带来的巨大压力，这是该政策直接导向的结果。由于人口数量减少了，一对夫妇只生一个孩子，家庭的经济状况得到改善，人们就有可能也有能力提高自己的生活质量，增加对孩子的智力投资，这便是计划生育政策间接导向的结果。

公共政策的导向功能从结果来看，既有正面导向功能，也有负面导向功能。正面导向功能是政策对事物发展方向的正确引导，体现了人们对事物发展规律的正确认识。如我国近年来推出的关于出国留学生"来去自由"的政策，其正面导向就是为留学回国人员创造一个宽松的环境，允许留学归国人员在需要时可以不受限制地到国外去学习、工作和生活，想回来的时候再回来。因此，尽管有许多留学生在国外定居了，但仍然有许多留学生将他们所学到的知识和技术带回国内，为我国的建设和发展服务。这就是公共政策正面导向功能的结果。至于公共政策的负面导向功能,并不是指那些不正确的,甚至错误的政策的负面导向功能,因为那是显而易见的,而是指一项正确的或者基本正确的公共政策有时也会产生负面导向功能。这是因为任何一项政策都不可能完全符合所有人的利益,政策保护了大多数人的利益,势必会损害少数人的利益;一项再好的政策也不可能百分之百地实现其目标,许多情况是政策制定者所始料不及的。如美国的福利政策采取了对有未成年子女家庭进行补助的经济措施,这本来是一件好事,但由此却产生了私生子增加的不良后果。再如,美国佐治亚州和得克萨斯州为了改善社会治安状况,两个州政府联合做出决定,将失业保险范围扩大到出狱后尚未找到工作的刑满释放人员。该政策的正面导向是:刑满释放人员只要弃恶从善,社会是不会抛弃他们的。但这项政策实施一年后的结果是,不但社会治安状况并没有得到预期的改善,因恶习不改继续作案而"二进宫"的案犯反而有增无减,原因是该项政策产生了负面导向作用:进监狱并不可怕,出来后照样有饭吃。由此可见,政策的导向功能是客观存在的,无论是正面导向功能还是负面导向功能,都是不以人的意志为转移的。政策制定者的任务之一,就是政策尽可能多地发挥其正面导向功能,减少并防止政策可能产生的负面导向作用。

2. 规范功能

公共政策的规范功能,是指公共政策在社会实际生活中为保证社会正常运转所起的规范作用。从这个意义上,规范也可以理解为社会控制,即通过制定一定的公共政策,使人们遵守社会规范,维护社会秩序。

公共政策的规范功能首先体现在它的监督作用上。一般来说,政策都具有监督作用。因为只有进行监督,社会生活才会秩序化;只有进行监督,社会行为才会正常化;只有进行监督,社会生产才会高效化。在对社会生活的规范过程中,监督是一个必不可少的环节。其根本任务,在于发现并纠正社会生活中的非常规、不安定因素,保障并加强社会的正常秩序,促进社会进步和经济发展。比如,在改革开放条件下,党和政府强调在加强社会主义物质文明建设的同时,加强社会主义精神文明建设。作为一项政策,加强社会主义精神文明建设,就是规范人们的言行,规范人们的道德和价值观念,规范人们的日常生活。在这一政策规范下,整个社会都要接受监督,包括政治方面的监督、经济方面的监督、思想文化方面的监督、组织监督,等等。凡是违背党和国家政策规定的,都要受到批评并纠正;凡是符合党和国家政策规定的,都要受到保护和鼓励。

公共政策的规范作用还体现在它的惩罚作用上。政策都具有强制性，因为在社会规范中，任何政策都代表一定阶级的政治和经济利益。违反政策，就等于触动了统治阶级的利益，就不能不受到处罚。在实际生活中，凡是执行了正确的政策，往往都会取得成功；凡是执行了错误的政策，迟早总是要失败的，失败也是一种惩罚。

公共政策的规范作用也体现在它的教育作用上。一般情况下，在一个正常社会里，大多数人都是能够遵纪守法，并遵守社会公德的，违法乱纪、破坏社会规范的人总是少数。社会规范固然要对违法乱纪、破坏公共秩序的人加以制裁和批评，但这只是它的一个方面，而且是消极方面。社会规范还有积极方面，那就是政策所具有的教育作用。政策规范通过各种方式对社会成员进行教育，使社会成员通过批评和自我批评进行自我约束，从而保证整个社会生活正常进行。因而，规范不仅是监督和惩罚，而且是教育，政策的教育作用是社会规范的一项重要内容。事实上，一项好的政策确实能起到教育人、改造人和"治病救人"的作用。例如，我国现行的对犯罪分子"给出路"的政策，就教育并挽救了一大批人，使他们认识到自己的所作所为给社会带来了危害，违反了政策或触犯了法律，只要洗心革面，弃旧图新，就能重新做人。

3. 调控功能

公共政策的调控功能，主要指政府运用政策手段对社会生活中出现的利益冲突进行调节与控制。公共政策的调控作用，很大程度上体现在调控社会的各种利益关系方面，尤其是物质利益关系方面。在社会生活中人们有着不同的利益需求，而且表现出阶段性的特征，利益的差别使冲突不可避免。为了平衡这种矛盾，保持社会的稳定和经济的发展，作为政府重要管理手段的公共政策需要承担起调控社会利益关系的重任。

公众的利益矛盾经常会涉及以下几方面的问题：第一，人民的利益增长得快一点、激进一点，还是慢一点、稳定一点之间的矛盾。第二，社会中一部分人与另一部分人的冲突。他们同属人民范畴，但处于不同阶层，利益矛盾此起彼伏。如工人与农民之间、国家职工与个体工商户之间、城里人与外来流动人员之间等。第三，人民这方面的利益与那方面的利益之间的矛盾。

公共政策的调控功能，常常表现出一定的倾斜性，反映政府或公共权威机构特定的政策目标和工作侧重点。比如，改革开放以来，我国在经济领域已经陆续推行了五次宏观调控政策，前四次都是针对经济全面过热或总量过热，为抑制严重的通货膨胀而进行的被动调控，而从 2004 年 4 月开始的第五次宏观调控，针对的已经不再是经济的全面过热或总量过热，而主要是出现投资过热的部分行业，如钢铁、汽车、电解铝、占用土地设立开发区、房地产等。这一次宏观调控旨在抑制部分行业的经济过热，而对整个经济运行全局来说，则是一种未雨绸缪式的主动调控，防止经济在"大起"之后因行业泡沫的破灭而陷入"大落"的局面。

公共政策的调控功能，也有积极与消极之分。很多公共政策实施的后果，既有正面的，也有负面的。如我国在财政体制上实行的"基数法"税收分享与税收返还政策，虽然具有调动地方积极性的积极作用，但是也导致了地方为提高税收收入而引发的重复建设、地区封锁、恶性竞争等消极后果。

4. 分配功能

公共政策的分配功能是指政策在一定时期内新创造出来的价值或体现这部分价值的利益在社会生活中进行分配的能力与作用。公共政策作为一种社会规范，它的一项基本功能就是调控各种社会关系及对整个社会成员进行合理的利益分配。

对社会公共利益进行分配是公共政策的本质特征。每一项具体政策都会涉及"把利益分配给谁"这样一个问题，换句话说，就是都要面临一个"政策使谁受益"的问题。人的利益需求是不同的，而社会资源却是有限的，因此，政策对利益的分配不可能同时满足所有人的需求，往往是一部分人从中获得了较多的利益，另一部分人却不能从中获取利益或损失了原有的利益。政策的这种利益分配功能对社会的良性运行和稳定发展有着非常直接的影响。近年来，虽然我们一再强调社会公正原则，但社会的利益矛盾仍然突出表现在分配不公的问题上，而物质利益的分配不公，更是公众瞩目的焦点。那些不合理的分配政策如果得不到及时纠正，就可能激化社会的利益冲突，进而使物质利益上的矛盾转化为政治上的矛盾。因此，公正分配的问题既是重要的理论问题，又是紧迫的现实问题。在现代民主与法治社会里，这一问题的解决离不开公共政策分配功能的有效发挥。

由于整个社会是一个相互联系的有机系统，政策所指引的行动会牵涉社会的方方面面，因而其功能往往不是单一的，这些功能中既有政府和社会期望的正功能，也有不希望看到的负功能；既有易于发现的显功能，也有难以察觉的潜功能；既有意料之中的，也有始料未及的。这就要求政策制定者和执行者考虑问题要全面，既要看到政策的正功能，也要注意其负功能，并及时察觉政策的潜功能。在有些情况下，即使不得不采取一些负功能的政策，也要附加相应的措施，尽量将其负功能控制在可控范围之内，这就要求政策的制定者和执行者对问题的把握要细致、全面。

在现代法治社会里，对于社会公共问题的解决这一目标任务而言，公共政策的功能是不言而喻的。但我们也应该明白，公共政策不是毫无限制的万能钥匙，它的功能存在一定的限度。公共政策的功能限度，从一定意义上讲，就是公共权力机构通过公共政策发挥作用的内容范围或边界。这一限度主要表现在宏观和微观两个层面：从微观层面来看，一项具体的公共政策能够最大程度地发挥效果的区域是有界限的，其下限是公共问题所表现出来的矛盾或冲突现状，上限是所涉公共利益的完美调节；从宏观层面来看，一个社会整个政策系统发挥效用的区域也是有界限的，其下限是市场失灵，而上限是政府失灵。

◎ 复习思考题

1. 什么是公共政策？请用纵向分类法对公共政策进行类别的划分。

2. 公共政策有哪些基本特征？

3. 简述公共政策的基本功能。

第三章　公共政策系统

公共政策是政策系统输出的产品。政策系统不仅是政策运行的载体，也是政策过程展开的基础，因而构成公共政策学研究的一项重要内容。政策系统是一个由若干个相互区别又有机联系的政策子系统(要素)构成的政治大系统，它与政策环境持续不断地进行着物质、信息和能量的交换，从而使政策系统成为一个动态的、开放的系统。从系统论的观点出发，我们可以把政策系统界定为一个由政策主体系统、政策客体系统、政策媒介系统和政策环境系统构成的有机整体。

第一节　公共政策主体与客体

"主体"与"客体"是一对哲学范畴，是一组相对概念。任何公共政策都是主体与客体的统一。公共政策主体是相对于公共政策客体而言的，它是指在整个公共政策运行周期中，在政策制定、政策执行、政策评估与监控等阶段对政策问题、政策过程、政策目标群体主动施加影响的人员。这些人员既包括个人，也包括群体和组织。同样，公共政策客体也是相对于公共政策主体而言的，它是指公共政策发挥作用时所指向的对象。换句话说，当我们研究政策系统及政策过程时，首先想到的问题是：政策由谁制定并加以执行，还有谁对政策过程有影响？政策的对象是什么？影响的范围有多大？这就是政策的主体和客体问题。

一、公共政策的主体系统

对于公共政策主体的构成，不同的政策学家有不同的看法。西方的公共政策研究者常常以官方与非官方或以政府内与政府外为标准来加以划分，比如区分为官方的公共政策主体与非官方的公共政策主体两大类；或政府内部的政策主体与政府外部的政策主体。比如，安德森认为，政府立法机关、行政机关、行政管理机构、法院以及利益团体、政党、作为个人的公民都是公共决策过程的参与者，前四个是"官方的政策制定者"，后三个是"非官方的参与者"。①
又如，查尔斯·琼斯和马瑟斯在《政策形成》一文中则根据政府提案的来源，
将公共政策主体划分为政府内部和政府外部两大类，前者包括行政长官（总
统、州长、市长等）、官僚、咨询者、研究机构、议员及其助手；后者包括利
益团体和协会、委托人团体、公民团体、政治党派和传播媒介。② 国内的政策
研究者根据各自的研究视角和标准，对公共政策主体也进行了不同的划分。有
的学者将公共政策主体分为三大类，即国家公共法权主体、社会政治法权主体
以及社会非法权主体。③ 有些学者从三个不同的视角分析了公共政策主体：从
个体与群体的角度区分出个体主体与群体主体，从政治体制内外的关系区分出
公共政策的主导者、介入者与参与者，从政策运行的不同阶段区分出政策规划
主体、政策制定主体、政策执行主体和政策评估主体。④

1. 公共政策主体的构成类型

事实上，尽管世界各国的政策环境不尽相同，但公共政策主体在构成上并
无根本性区别，差异主要在于这些主体在政策系统中所处的地位、发挥作用的
方式以及影响的程度等方面。在此，我们在深入考察了上述几个方面的差异性
特征及公共政策职能变化的基础上，将公共政策主体的构成区分为以下五大
类：国家公共法权主体、社会政治法权主体、社会非法权主体、国际组织和自
治组织。

（1）国家公共法权主体

这类政策主体指的是拥有法律规定的法权地位，获得法律授权，享有公共
权威以制定、执行和评估公共政策的机构与职位。在西方三权分立的国家中，
国家公共法权主体分立为三大系统：立法即各级议员系统，司法即大法官与各
级法官系统，行政即总统及各级行政长官系统。但在西方也有两类主体应当考
虑为公共法权主体：一类是政党，一类是高级助理人员。在中国，立法机构、
行政机构、司法机构及其代表或负责人都是公共法权主体。由于中国宪法规定
共产党在国家政治经济生活中处于领导地位，因此，它是正式的国家公共法权

---

① ［美］詹姆斯·安德森：《公共决策》，唐亮译，华夏出版社 1990 年版，第 44～58
页。
② ［美］S. S. 那格尔主编：《政策研究百科全书》，林明等译，科学技术文献出版社
1990 年版，第 6 页。
③ 张国庆：《现代公共政策导论》，北京大学出版社 1997 年版，第 34～39 页。
④ 严强、王强：《公共政策学》，南京大学出版社 2002 年版，第 101～107 页。

主体。同样，一些立法、行政、司法机关，包括中国共产党机关中的高级助手与秘书，在实际工作中都被视为正式的国家公共法权主体。上述这些主体都属于体制内的政策行为主体。

立法机关

立法机关在西方指国会、议会、代表会议等国家权力机构，在我国则是指全国及地方各级人民代表大会及其常务委员会。立法机关是政策主体的最重要的构成因素之一，它的主要任务是立法，即履行制定法律和政策这一政治系统中的主要职责。在西方尤其是美国，立法机关通常能够在独立决策的基础上行使立法权，例如，国会的各种常设委员会对提交上来的法案常常拥有生杀予夺大权，它们甚至可以不顾所在议会的大多数成员的反对而行事。通常，关于税收、人权、福利和劳动关系等方面的政策在很大程度上是由国会加以制定的（似乎可以说，在内政政策方面，国会的权力比总统要大）。在我国，人民代表大会是权力机关和立法机关，它是我国的政策制定及立法的主要机关，也是政策执行的监控机构。就其法律地位来说，人民代表大会的地位是至高无上的，它决定着我国社会发展的基本方向。全国人民代表大会作为国家最高的权力机关和决策机关，有两个重要职能：一是把执政党即中国共产党对国家和社会的政治领导及其政治路线、政治纲领、政治意志以国家法律的形式体现出来，使其成为国家的意志——国家权力的灵魂；二是建立政府权力体系——国家行政机关、司法机关等。此外，它还担负着审议批准政府机关所提出的重要政策方案或法案的职责，尤其是审查和批准国家的预算和预算执行情况方面的职责，并监控政府行政机关的政策执行。

行政机关

行政机关(政府)及其官员是政策主体的另一个关键因素。尤其是在当代，行政权力扩张，出现了"行政国家"或"以行政为中心"的时代，政府全面干预社会经济生活，在政策实施过程中的地位和作用显得特别突出。在西方尤其是美国，无论是政策的制定，还是政策的执行，政府的效能从根本上取决于行政领导尤其是总统。现在，总统在进行立法和政策领导方面的权威已大大加强了，国会的立法往往将重大的决策权授予总统，特别是在决策权难以分散的国防政策和外交政策领域更是如此。行政机关在政策实施过程中的作用巨大，这不仅在于它是政策执行的主导机构，而且在于它在当代日益参与政策制定的事务，行政部门可以制定某些法规和政策，还可以使别的国家机关制定的法律或政策不起作用。此外，英美等西方国家的行政部门还是立法或政策建议的重要来源，它不仅积极提交法案，而且主动进行游说，向立法机关施压，让其采纳有关的建议。在我国，中央人民政府(国务院)作为行政管理机关，它统一领导全国的内政、外交事务。主要内容有：编制并执行国民经济和社会发展计划及国家预算，领导和管理经济工作和城市建设，领导和管理教育、科学、文化、卫生、体育和计划生育工作，领导和管理国防与外交事务等。国务院以及各级人民政府不仅是政策执行的主要机构，而且它有权根据总方针和总政策制定出具体的政策法规(尤其是行政法规)，将党和国家权力机关的政策具体化，或对党和国家权力机关所没有涉及的领域，制定出补充性的政策规定。

司法机关

司法部门在一定类型的政治体制中属于公共政策的直接主体。在实行"三权分立"的美国，法院在政策施行过程中具有举足轻重的地位，它不仅参与公共政策的制定，而且在其中扮演重要角色，不仅规定政府不能做什么，而且规定政府应该采取何种行动才是符合宪法和法律的规定。美国的法院常常通过司法审查权和法令解释权对公共政策的性质和内容施加影响。所谓"司法审查权"，就是法院有权决定立法机关、行政机关的活动是否违宪，并有权宣布其与宪法相冲突的活动无效。公共政策的制定深受这种权力的影响，因为政策主体在采取政策行动时需要考虑其行为是否可能被法院判为违宪。所谓"法令解释权"，就是美国法院有权解释国会通过的那些抽象而又容易引起歧义的法规。当法院接受这一种而不是另一种解释时，它在无形中就介入到政策领域之中。美国法院还可以通过判例对经济政策以及社会政策产生重要影响。在加拿大、澳大利亚、德国等西方国家，法院虽然也拥有一定的司法审查权，但它们对公共政策的影响远远不如美国法院。而在另外一些国家里，特别是在实行一党领导或"行政专制"的某些发展中国家，司法部门不具备政治决策的功能，司法行为对公共政策的影响微乎其微。

执政党

在西方国家政治体制的架构中，国家公共权力主体大体上是按照三权分立的原则构建组合的，立法、司法、行政各自自成系统、各司其职，依靠宪法赋予的权力制定不同种类的公共政策，又彼此制衡，并通过政党制度实现政党对国家公共权力主体的"以一治三"，实现国家利益的最大化。从这个意义上说，政党是一种准国家公共权力主体。此外，直接为上述决策主体提供帮助的、可以称之为决策辅助人员的一部分人员，譬如助理、高级秘书等，虽然没有获得法律的授权，但因他们的特殊地位和作用，他们的意见事实上经常通过许多方式影响首长的决定，加之他们具有正式的官方职位，所以，他们可以归入国家公共法权主体的附属部分。

（2）社会政治法权主体

社会政治法权主体参与制定公共政策，是指那些虽然在一定程度上通过多种方式参与了公共政策的制定过程，并且法律对他们的合法参与提供保护，但由于地位的限制，"不管他们在各种场合多么重要或处于何种主导地位，他们自己并不拥有合法的权力去做具有强制力的政策决定"，对于这部分社会行为主体，通常称他们为非官方的政策参与者。但在地位上，他们通常经过合法的程序，获准享有社会法人的资格并受法律的保护。

社会政治法权主体主要有三类，一类是在野党、参政党；一类是见诸公众的利益集团；还有一类是作为个体的公民。在西方国家，常常实行两党制或多党制。在两党制国家，一个政党上台执政，另一个政党则为在野党，它的任务就是批评执政党的政策，并且执行自己的政策，以便在下一次选举中获胜掌权。在多党制国家中，有时可能是几个政党联合起来执政，其余的政党则成为在野党，它们也要在政策上与执政党作斗争。一般来说，在西方，民主党、社会党、工党，其政策倾向是限制垄断资产阶级，而照顾社会中下层民众的利益；而共和党、自由党、保守党，通常主张政府放松控制，更多照顾大资产阶级利益。在社会主义国家，在实行多党合作制的地方，只存在执政党与参政党，参政党是社会政治法权主体。

利益集团是重要的社会政治法权主体。利益集团在不同程度上代表着一定社会群体或团体成员的利益。利益集团通过参与政策的运行，来表达其所代表的群体的要求。在不同的政治系统中，利益集团的表现方式和发挥的功能是不一样的，比如在美国，利益集团通常是以"院外集团""压力集团"的面目出现的，在政府政策制定中，其一般利用抗议、游说等合法的或非法的途径影响决策过程。

即使在西方，也不是所有的利益集团都一心追求自身的经济利益。1970年代末，美国曾出现过"公共利益集团"，其目的不仅仅是为了追求该集团成员的个人利益，而且超出集团自身以外，维护公共利益。1970年，由前任健康教育暨福利部长约翰·加得纳（John Gardner）领导成立了"共同目的社"（common cause），到1974年这一公共利益集团的社员发展到32万人，到1978年，社员还有23万人。该集团的目标是促进诸如议会的信息制度，议会和行政部门的会议公开制度、听证制度，竞选中公费使用的制度，游说法令的制度等加以改革。为了实现公众参与政策过程的宗旨，该集团在内部设立了保护消费者、环境、健康、科学、法规改革、能源等15个亚团体。

在中国，传统的利益集团主要代表年轻人、妇女、工人、科学研究人员的利益，比如有"妇女联合会""青年团""工会""自然科学工作者协会""社会科学工作者联合会"等。它们是带有半官方性质的群众团体。

在民主化社会中，公民的政治参与权受宪法的保护。公民参与政策过程是为了直接表达自己的利益与要求。在西方国家中，公民参与政策过程的方式是多种多样的，主要包括示威、罢工、游行以及投票选举、全民公决等。在社会主义国家中，公民是国家的主人，国家宣布主权在民。公民参与政策过程的途径是多种多样的，包括经过有关部门批准的游行示威、来信来访、选举等。

（3）社会非法权主体

社会非法权主体是指那些目的不在于参加公共政策的运行，但在需要的时候能够对政策的运行施加强有力影响的团体。一般认为，社会非法权主体主要包括三类：一类是处于幕后的、不见诸公众的利益团体；另一类是大众传媒机构；还有一类是思想库。

第一类社会非法权主体是不见诸公众的利益团体，也就是人们常说的地下组织或黑社会组织。它们多半是以秘密的方式组织起来的，带有非正式性、不合法性的特征。社会非法权主体虽以追逐更多的经济利益为根本目的，但它们一般不在公开场合参加政策制定与实施，而是采用种种手段来影响、收买和俘获制定和实施公共政策的官员，再借助于被俘获或被收买的政策官员来积聚巨额财富。这类社会非法权主体影响公共政策的行为大多具有间接性、隐蔽性的特点。

第二类社会非法权主体是大众传媒机构。在现代民主国家里，作为信息载体的大众媒介工具具有重要功能，以至于西方人常将新闻机构如报纸、广播、电视、网络合起来称为"第四种权力"。大众传媒机构对公共政策的影响作用不是像隐蔽的利益集团那样通过收买官员来实现，而是借助于"舆论控制"与"舆论导向"，从而对公共政策的运行造成压力来实现的。

第三类社会非法权主体是思想库。思想库又称智库、智囊团，是一种具有独特作用的政策研究和咨询机构。

（4）国际组织

在经济全球化或一体化背景下，政治学领域出现了"主权让渡论"，国际组织在公共政策中的地位和作用日益增强，这也迫使公共政策职能向国际组织让渡。主权让渡论以经济全球化为理论依据，论证国家的发展是相互依存的，主权的让渡是必然的、合理的，是对国家有利的。奥梅在《民族国家的末日》一书中宣称："在现今无国界的全球化经济寰宇内，民族国家作为有意义的参与单位的作用已不复存在。"其认为全球化的规则正在成为国际法、国家主权平等原则和不干涉内政原则，正在向干涉权、国际监护、有限主权等概念转化。国家只有相互让渡主权，才符合国家发展的总体利益。为了适应全球化，许多国家把本国政策制定权拱手让给了地区性或国际性组织；为了取得地区合作之利，一些政府甚至修改了自己的宪法（如欧共体的意大利、波兰、西班牙，拉美国家为建立泛美共同体也在考虑采取同样的措施）。1970年代以来，国际货币基金组织、世界银行和世界贸易组织对欠发达国家的货币政策和财政政策采取了更严厉的措施，结构调整计划迫使这些国家进行改革，这些改革使它们更加依赖跨国公司及其支配的政府。

一方面，有些人认为，跨国公司的成长尤其是它"与国家无关"的性质，全球化的扩张，已经使国家变得无足轻重，甚至多余；有些人甚至认为传统公共政策已经终结。另一些人则相信，全球化导致了超国家管理机构的出现，它们即便没有取代疆域性的民族国家，仍成为民族国家的重要补充。另一方面，一些公共政策管理者和公共政策分析家曾预言，全球性公司将创造一个超越民族国家的世界秩序，即一个"地球村"、一个实行"全球性管理"的"世界政府"。部分理论家甚至试图提出一个普遍适用的、全球性质的公共政策理论。

全球化已经在世界范围内改变了政府管理的性质，全球化的经济结构及相关的许多超结构变革，如跨国界的权力结构，对公共政策产生了深远影响。几位社会科学家描述了国家权力和权威在质量与数量方面的"退却性转移"，他们分析了"从福利国家转变到竞争国家""空心国家"或者"法人国家"（the corporate state）的过渡性特征，这种转变是国家为了"适应、塑造和控制不断增长的国际政治、经济渗透"而做出的努力。这意味着通过取消国家管制屏障和保护主义措施，实现大规模的国界开放，为快速的金融交易、通信、贸易和文化联系提供便利成为可能。这样一个无国界的世界，特征就是统一的全球性经济、全球性政府、一致的全球性文化以及属于题中之意的公共政策世界化。互联网和其他信息技术对这种现象也起了催化作用。公共政策世界化的意思就是"全球性的观念和地域性的行为"；"新世界""地球村""全球性管理"等概念似乎突出了这类全球化的特征以及它对公共政策的意义。

（5）自治组织

在全球一体化进程中，主权国家虽然一方面把部分职能向上让渡给世界组织、世界联盟乃至世界政府，但另一方面又把部分职能向下移交给自治地方与自治社区，这就是所谓的"全球地方化"或曰"世邦化"。这就使得自治组织在公共政策主体系统中拥有了自己独特的地位。当代中国，公共政策自治组织主要包括村民自治、社区自治、行业自治和志愿组织四大类。

村民自治和社区自治是基层行政自治，其权力基础是由宪法确定、赋予的自治权，其主要组织形式是非政府性质的农村地区的村民委员会和城市社区自治委员会，其内容包括自治事务和政府委托事务两部分，其运作是在政府指导、支持和帮助下由区域内群众通过自治组织予以实施。农村地区的村民自治通过公开直选、民主管理、群众监督等形式，大大推动了社会主义民主政治的建设步伐。城市的社区自治通过体制与管理创新出现向国际通行的社区组织与管理模式接轨的趋势。基层自治在不断探索与社会主义市场经济体制相适应过程中，逐步发展出一种与垂直型的政府层级行政不同的、能真正体现城乡基层自治特点的公共政策模式。

行业自治是指由社会中介组织实施的中介服务性的非政府公共组织。社会中介组织不同于一般的为市场主体提供中介服务的市场中介组织，它是指介于政府、市场、公民、企业之间，具有同业自律、监督见证、协调沟通等功能的社会组织，其典型代表是行业协会、同业公会等"公共组织"；其权威或源于组织成员的集体委托与授权，或源于社会公认的、与专业能力相联系的公共信用资源，两者通常都受到公共权力的监督、规范与保护；其活动可以通过满足个别社会成员特殊需要的形式来实现某种整体利益，如深化政府、市场、公民、企业之间的联系，加快社会交往速度与频率，规范公民、企业、市场及政府的行为，降低社会交易成本等。因此，这种中介服务具有公共物品的性质。从某种意义上说，一个发育正常的社会中介系统，可以促使国家行为、市民社会、市场经济形成良好的互动关系。

志愿活动是指由各种志愿性组织组织实施，为实现特定公共利益的公共服务或公益性活动。其权威基础主要源于社会或组织成员对其目标所具有的公共价值的认同，并得到政府法律、政策或道义上的支持；其组织形态多为非成员组织，其中部分组织通过注册而成为社团法人、事业单位法人或民办非企业单位法人；其活动集中在济贫救弱、环保、文化教育、社区工作等领域，在这些领域，由于政府无力完全承担上述公共事务，营利性企业不愿介入，志愿活动遂成为协助政府实现济贫救弱、保护环境等公共任务的重要渠道。此外，志愿组织以成员自愿为基础，具有组织形式灵活、不固定，活动方式分散、多样化，活动内容相对单纯、专业化等特点。

2. 公共政策主体的职能

公共政策主体的职能主要是指主体按照公共政策总目标的要求，在公共政策过程中所表现出来的自身功能和作用。公共政策主体的职能主要有决策职能、组织职能、控制职能三种。

（1）决策职能

公共政策主体的决策职能是指主体依靠决策体制，通过决策方式，对公共政策方案进行选择，从而确定政策战略与政策目标的职能。决策职能是政策主体的首要职能。公共决策体制可以分为两大类：首长制与委员制、集权制与分权制。公共决策方式通常采用两种规则：全体一致规则和通过半数规则。

（2）组织职能

公共政策主体的组织职能是政策主体运用组织的权力和资源，对其所属的人和事进行合理配置，从而服务于公共政策总目标的职能。

公共政策主体的组织职能主要内容就是进行组织结构设计和人员配置。首先，考虑影响政策组织结构的因素；其次，策划政策组织结构的类型；再次，选择政策组织结构的战略；最后，创新政策组织结构的模式。

（3）控制职能

公共政策主体的控制职能是政策主体行使权力对公共政策过程所出现偏差的调节，以及对整个过程的监督，以保障公共政策总目标的实现，它是政策主体的保障职能。

公共政策主体的控制职能主要体现在控制程序和控制方式上。控制程序基本上沿着确立标准—衡量成效—纠正偏差的机械式线路展开。控制方式可以通过主体本身采取内部控制和外部控制，也可以通过政策过程采取前馈控制、实时控制和反馈控制。

二、公共政策的客体系统

公共政策客体作为公共政策发挥作用时所指向的对象，是公共政策系统的又一构成要素，与公共政策主体相辅相成。

1. 公共政策客体的基本结构

它由社会公众围绕利益关系相互作用所形成的一个立体结构，包括了政策所要改变的状态、政策直接作用的人与事、政策所要调节的公众利益三个层面的内容。

公共政策客体的第一个层面是公共政策的制定与实施所要改变的状态，这种政策客体就是作为政策问题的社会公共问题。并不是所有的社会问题都是公共政策客体，只有那些列入政府议事日程、涉及社会上相当多人的利益的社会问题才是公共政策客体。在制定与实施政策时，主体应对已决定制定与实施的政策的作用范围或领域中的现有状态与应有状态有真切的了解。应当依据社会指标体系，以量化的形式确定应有的状态，即政策实施后的理想目标状态；同时，还要对现有状态加以具体化，力求从量上把握社会公共政策问题。主体下一步要做的是将应有状态与现有状态加以对照，找出状态缺口，从而决定政策直接指向的对象。

公共政策客体的第二个层面是公共政策执行中所要直接作用的对象，这种政策客体主要是处在社会不同层次、不同范围内的受具体政策规范、制约的社会成员与社会事件。人们一般将政策所要规范、制约的社会成员称为政策的标的群体或目标群体，将政策所要直接作用的社会事件或社会现象称为政策的标的物。由于不同层次的政策发生作用的范围不同，因而它所要影响、调节、控制的社会成员及其行为的范围，它所要作用的社会事件与现象的范围也不同。一个国家政府制定和推行的总政策和基本政策，其客体几乎是社会全体成员和所有社会事件与现象。某些政府部门或地方政府的政策法规的客体可能只是某一阶层、某一部门或某一区域的公众和在这些范围和层面上出现的事件和现象。

公共政策客体的第三个层面是公共政策所要解决的核心问题即调整和规范人与人之间的利益关系。个人与群体由于在社会生产和生活中所处的地位不同、社会分工不同，因而必定会产生不同层次、不同性质的利益要求，这些差异化的利益要求在相互影响、交流、碰撞、摩擦中，就会产生现实的利益矛盾或冲突，这种利益矛盾可能发生在个人与个人之间，也可能发生在个人与群体之间，还可能发生在这部分群体与那部分群体之间，甚至可能发生在政府与公众之间。制定和实施公共政策的根本目的就是要对种种客观存在于公众中的利益矛盾加以协调和处理。这种协调就是要让在社会发展中做出最大贡献的成员与群体获得最大的利益；让在社会发展中做出平均贡献的成员与群体获得平均水平的利益；让在社会变革中失去利益的成员与群体得到一定的利益补偿。

2. 公共政策客体的构成类型

政策主体对政策施加影响的目的在于调整和解决政策客体内部人的方面和物的方面的关系。换言之，公共政策客体包括两个方面：物的方面与人的方面。

(1)公共政策客体：物的方面

公共政策客体物的方面主要指政策客体系统中具有实体属性的因素。这种政策客体物的方面可以依照政策客体系统的不同层面来考察。第一个层面是政策制定与实施所要改变的与期望状态不相符合的现实状态。在这一层面，政策客体物的方面是指与这种状态有关的自然地理条件和生态环境条件，包括由社会提供的和个人、企业构建的保障社会生产、生活的各种设施，政府、法律等机构的物质附属设施等。

第二个层面是政策所要直接作用的政策标的物，这是范围要小得多的实体性因素。它主要是指与政策所要调节的、妨碍特定公众群体的利益实现的某些物质条件。比如、与政策标的群体的生产、生活相关的交通、居住、供水、能源、教育、卫生、安全、环境等设施的数量、结构和分布状况。政府之所以要制定和实施某些公共政策，其目的就是要对这些直接影响特定公众群体生产、生活的物质设施进行调整，以协调和平衡这部分公众的利益。

第三个层面是政策在制定和执行过程中所要运用的实体性因素。政府制定和执行任何一项公共政策都要付出必要的成本，它表现为政府在特定时期能够提取和配置的物力和财力。这些也是公共政策运行中，政策主体需要加以控制和运用的物的方面。

（2）公共政策客体：人的方面

公共政策客体系统中人的方面的因素构成了政策的目标群体。它是公共政策直接作用与影响的具有相同利益的个人组合成的统计群体。它不是一种实体性存在，只具有统计上的意义；也存在由于利益相同而产生出来的相互联系的临时性团体，这是一种实体性群体；另外还有组织严密的利益集团。

在对公共政策的目标群体进行分析时，主要是考察这种群体的规模即人数在人口中的比例；群体本身的组织程度；群体结构的稳定程度；对实施中的政策的支持与满意程度。

政策目标群体中的统计群体凝聚力不强，处于分散状态。政策目标群体中的临时性团体虽有一定的组织性，但不稳定。只有政策目标群体中的利益集团组织性最高，对政策运行产生的制约能力也最强。

政策目标群体系统中的成员对政策的态度有两种情况：一种情况是目标群体中的成员倾向于接受政策，另一种情况是目标群体中的成员对政策不满，抵制政策。对于具体政策来说，政策目标群体系统中对政策满意、接受与不满意、不接受的比例是不同的，政策目标群体中的某些成员之所以选择接受政策，从政策的角度来说，是政策本身比较科学、合理、合法，从政策客体的角度来看，主要原因是：政治社会化的影响，政策宣传的影响，对成本利益的衡量，对可能导致的惩罚的规避，顾全大局的考虑。

政策目标群体中部分成员之所以对政策不满意、不接受，从政策的角度来考察，可能是政策本身不科学、不合理、不合法；从政策客体的角度来衡量，主要原因有：部分政策目标群体成员对政策目标不了解，舆论、传媒对政策的目标作了不完整的报导甚至误导，政策目标的确与一部分公众的价值、利益相矛盾。

具体政策的政策目标群体系统中的成员，他们对政策的态度在政策运行的不同阶段可能是不一样的。有些公众在政策刚公布时，由于对政策目标不了解，或受到传媒的误导而对政策持反对态度，而当政策实施时，他们可能从政策执行中得到实际利益又转而支持政策。也会出现相反的情况，即一部分公众开始时对政策表示支持，后来又对政策表示怀疑并反对。

第二节 公共政策的媒介系统

在公共政策系统中，包括政策理论知识和政策运行的操作知识在内的知识存量是非常重要的，其多少影响着一个社会共同体或一个国家的公共政策系统的运行质量和效能。在政策系统中，政策知识主要是借助政策媒介系统来存贮、传播和利用的，因此，我们有必要研究作为政策子系统的媒介系统的构成和运行。在日常实践中，公共政策知识的存贮、传播和利用，主要是靠政策研究组织和政策传播组织来完成的。

一、公共政策研究组织

政策研究组织（PSO）是公共政策系统中具有重要作用的组织，它既可以为主体政策过程提供咨询，也可以以知识和智慧服务于客体而接受客体的政策咨询，也可以在主客体之间充当政策沟通的桥梁。

1. 公共政策研究组织的产生

政策研究组织是指由各种专家、学者组成的综合性的政策研究和政策咨询机构，其主要工作任务包括进行跨学科的政策理论研究，为政府政策的规划、设计、评估、分析等出谋划策，为公众提供政策信息和接受公众咨询等。政策研究组织又常常被称为"思想库""智囊团""外脑"或"脑库"等。

政策研究组织首先诞生于一战后的美国，这一时期的思想库有胡佛战争（1919）、革命和和平研究所（1919）、对外关系委员会（1921）、布鲁金斯学会（1927）等。但由于研究组织数量有限，专业化程度不高，研究领域狭窄，研究方法落后，没有引起社会的广泛重视。二战后政策研究组织大量涌现，已形成各学科综合性研究，并具有独特而合理的组织结构和运行方式。这一时期较有影响的研究组织有美国企业公共政策研究所(1943)、兰德公司(1948)、斯坦福国际咨询研究所(1946)、巴特尔纪念研究所(1955)、乔治城大学战略和国际问题研究中心(1962)、野村综合研究所(1965)、国际应用系统分析研究所(1966)、伦敦国际战略研究所(1958)、法国经济和社会委员会(1946)、加拿大公共政策研究所(1972)等。

政策研究组织的产生是社会发展的需要和时代进步的必然产物。首先，它是人类处理复杂社会事务的需要。在面临全球化冲击的现代社会中，人类面临的政策问题不仅繁多，涉及的领域广阔，要确认和解决这些问题，需要大量的专业知识和专门技术，靠个人经验和智慧是远远不能胜任的，必须要求专业化的团体予以辅助。其次，它是政府决策科学化的需要。现代科学决策仅仅凭政府公职人员掌握的有限知识和技术，已经无法满足一些系统性、专业性的公共政策问题的制定和实施的需要，这就要求各领域专家学者的智力支持。有许多政府试图设立专门的政策研究机构来解决这方面的问题。最后，它是科学技术推动力作用的结果。自然科学、社会科学、技术科学的发展，尤其是系统论、信息论、控制论及其方法和电子计算机的产生，为政策研究组织的产生和发展创造了有利条件，为政策研究、政策咨询提供了有力的研究手段和工具，使政策研究和咨询建立在科学的基础之上。

2. 公共政策研究组织的类型

公共政策具有的应用性特点，决定了政策研究组织的政策活动具有研究性与实践性的特征。根据研究的服务对象、研究领域和隶属关系的差异，我们可以将它分为行政型研究组织、学术型研究组织与产业型研究组织三种类型。

行政型研究组织是指隶属于政府及其职能部门或执政党组织的研究组织，直接研究政策问题，为决策提供咨询，往往反映政府或政党的态度、立场，带有明确的官方色彩。这种研究组织既有隶属于中央的中央研究机构和隶属于地方的地方研究机构之分，又有服务于长官的最高研究机构和服务于部门的部门研究机构之别。行政型研究组织的优点是比较容易获得相关的信息资料，研究结果易于被接受和采纳。但这种官办的机构存在相当大的局限性，它没有足够的正式编制和经费来支撑它网罗和聚集各种专业人才，而且，这类附属于政府的政策研究机构，在政策规划中，还会受政府决策意图的左右，从而无法做出客观、公正和科学的判断。这类研究组织在西方政治生活中地位重要，对国家的立法、行政和司法都有极大的影响。

学术型研究组织是由高等院校及其机构、团体协助成立，以公共政策基础理论及其相关实践为学术研究对象的政策研究组织。在西方，学术型研究组织大多以民间机构为主，它们多由一些私人、民间团体或大学创立，其经费来源出自校方拨款、基金会、公司企业和私人捐款以及通过提供服务所得的报酬。其研究人员大多是高等院校内各学科的教授、学者，也邀请校外专家学者参加研究。这类研究组织具有学科广泛、人才众多、基础资料比较系统，受行政组织的影响较小，研究课题选择自由等特点。这类组织的研究人员基础理论较强，具有扎实的专业知识，科研环境和条件较好，学术思想活跃，吸收新理论、新方法的速度快、周期短，同时又能培养和储备研究人才。但受组织特性影响，这类组织在政策研究所需的内部信息资料方面，以及研究经费方面，都受到一定的限制，从而影响和制约学术型研究组织的工作。不容忽视的是，这类非官方的研究组织已越来越受到政府机构、决策部门、私人团体等的高度重视。

产业型研究组织是以企业化运营为主要特征，独立于体制之外的政策研究组织。目前，西方国家政策研究产业化已进入较成熟的阶段，主要表现为许多民间政策研究组织已发展成赢利或半赢利的机构，它们以各种组织名义承接包括政府在内的各种委托人的政策分析项目，或是以政策研究组织与个人身份受聘于政府、公司、国际组织和企业集团，发挥着政策分析、评估、咨询和决策等各种作用，这为政策研究信息来源的全面性提供了有效的保证。这类研究组织以企业、公司、个人创办的政策研究所、咨询公司、研究会等为主要形式，活动经费主要靠接受捐助和提供服务所得。其特点是不受他人限制，可根据客户需要自由选择课题，研究独立性较强，机制灵活，运行效率高，直接体察民情民意等。但这类组织与学术型研究组织一样，作为非官方性民间团体，难以获取政策研究所需要的内部信息资料，较易受到提供资金的客户影响，使其研究成果有利于服务对象，这在一定程度上影响其研究成果的客观性。

3. 公共政策研究组织的特点

在现代社会中，公共政策研究组织要充分发挥在公共政策过程中的作用，开展正常的政策研究和分析，提供准确而及时的政策咨询，必须具备下列特点：

其一，必须坚持独立自主地研究。公共政策咨询机构是通过政策研究、政策分析，为政府部门的决策提供科学、合理的政策建议来求得自身的生存和发展的。提供能为政府决策机构接受并被实践检验为正确的政策建议是政策咨询机构的"产出"，这种"智力产品"质量的好坏直接影响到政策咨询机构的形象和生存、发展的前景。咨询机构要保证做出的政策建议具有客观性、合理性、有效性，就必须坚持独立性，独立于政府或利益集团之外，尽可能地不受政府部门或利益集团的影响，自主地进行政策研究、分析。西方一些政策研究组织为了坚持政策研究和分析的"中立"性，避免当权者、委托者的各种压力，在接受经费资助和资金捐助等方面，或有意识地规定一定的限度，或坚持一定的条件。比如，美国的布鲁金斯学会为了不受制于政府，规定接受政府经费的额度不得超过总收入的 20%。有些政策研究组织在接受财团、企业的捐赠时，都以委托研究的政策内容无社会异议为条件。在与政府部门合作时，国外一些研究机构为确保研究的自主性，一般不允许现任政府官员参与政策分析的过程。

其二，必须按企业化方式运行。政策研究机构不是政府，不是具有权力的组织，它只是一种半官方的、民间的非营利性的组织。机构的资金来源，除了政府部门的资助和企业集团的捐助外，主要是在接受政府部门和社会其他组织、机构的政策规划和分析委托时，收取合理的费用。为了保证研究机构财政开支的合理和有效率地运行，相当多成功的政策研究机构都采用了企业化的方式组建，并参照现代企业管理的方式进行管理。比如，著名的政策咨询机构罗马俱乐部，其首任主席奥罗·佩西本来就是一位实业家，他按公司方式组建和管理这一政策研究机构。罗马俱乐部设有一个执行委员会，由主席和秘书长管理秘书工作部门、日常事务部门、对外联络部门和财务部门。另外，执行委员会对各个课题组的研究和分析工作加以控制、管理。

其三，必须科学合理地配置人员。为了保证政策研究和分析的科学性、合理性，政策研究机构必须保证成员专业素质精深，各类专业人才互补，形成知识和技术的规模优势。从一些著名的政策研究机构的人才配置来看，研究机构大体上有这样几类成员：擅长行政管理的领导者，从事专门领域研究的专家，政策分析专家，独立进行信息处理、计算分析、模型构造的助理人员，文字秘书和图书管理人员，等等。政策研究机构要保证其成员的专业化、高素质和整体优势，就必须采取特殊措施。一是选人要严格。比如，罗马俱乐部规定其人员保持在 100 名之内，新补充的成员都是由现任成员从世界各地学有专长、年富力强并已有成就的专家中严格选拔出来的，现任政府官员不得成为俱乐部成员。兰德公司研究人员的平均年龄只有 35 岁。二是考核要严格。比如，斯坦福国际咨询研究所制定的考核评价系统，按功能分为专业成绩、提升、委托关系、计划领导、系统管理 5 个项目，每个项目又细分为 6 个等级。研究所以考核的成绩来决定研究人员的报酬、奖励以及是否继续聘用。① 三是注重成员交流。比如，罗马俱乐部之所以考虑成员控制在 100 人以下，其中一个重要原因是为了保证其成员之间进行最低限度的交往，促进成员之间交换意见，以便能专业互补，形成合力。②

其四，必须重视科学的研究方法。现代思想库与古代智囊人物的一个重要区别是凭借现代科学理论、先进技术和方法，而不是只凭个人经验、知识和能力进行经验推理和判断。系统分析、耗散结构论、决策理论、可行性研究、预测技术、调查研究、成本效用分析等方法和技术，为思想库形成自己的特色奠定了基础。思想库自己创造的这些理论和方法，也不断发挥巨大作用。如乔治城大学战略和国际问题研究中心提出估计世界各国实力的"战略发展趋势理论"，斯坦福国际咨询研究所提出的"趋势估计与监视计划"，兰德公司创造的系统分析、特尔菲法等方法大大提高了研究结论的可靠性。

政策研究组织也强调研究人员用逆向思维的方式和宏观研究思路，将历史知识和比较知识作为当代政策研究的基础背景，以重大决策失误排除方法作为优化模型和择优模型的补充。同时，也非常注重运用电子计算机、缩微胶片、表盘和全息图片、数据库等强有力的工具，将这些工具用于政策研究的科学管理之中，提高了研究的效率和质量。

二、公共政策传播组织

公共政策传播组织是利用传播媒介如报纸、杂志、广播、电视、宣传单、黑板报等，对政策信息进行传播，从而影响政策主体和受众客体的组织。它是公共政策系统运行的重要辅助手段，是开展信息传播、进行政策动员、反映政策影响的重要中介。

1. 公共政策传播组织的类型与功能

公共政策传播组织有不同的性质，有不同的类型，也有不同的功能，因此，要开展有效的公共政策传播和公共政策沟通，必须对传播组织进行不同的选择。

---

① 刘绛华、郑立平：《论思想库对知识经济时代政府管理的支持》，《管理科学》2001年第 2 期，第 21 页。

② 高健等：《罗马俱乐部决断力》，中国城市出版社 1998 年版，第 12 页。

(1)公共政策传播组织的类型

根据传播组织的所属体制，它可以分为政府喉舌型政策传播机构和企业经营型政策传播机构。政府喉舌型政策传播机构是指隶属于政党或政府部门，并充当它们的"喉舌"，特点是具有强烈的政治色彩和党派属性，经费来源主要靠拨款与赞助；企业经营型政策传播机构是指以企业化方式运作，独立于体制之外，特点是属于非官方传播组织，有浓厚的"经营媒介"理念，经费主要通过广告等有偿服务所得和其他赞助。

根据传播组织拥有的媒介状况，它可以分为拥有媒介型政策传播机构和未拥有媒介型政策传播机构。未拥有媒介型政策传播机构一般是指通讯社等机构，它们只负责采编任务，仅收集、加工政策信息，而后通过其他媒介如报纸、电视等进行发布的这类组织；拥有媒介型政策传播机构一般是指报社、杂志社、电台、电视台等机构，它们有独立的报纸、书刊、广播、电视等媒介，能够自行进行传播。

根据传播组织的媒介物理特性，它可以分为印刷类政策传播机构和电子类政策传播机构。印刷类政策传播机构是指以纸张为载体通过各种印刷方式产生媒介的读写型传播机构，如报社、杂志社等，报纸和杂志就是报社与杂志社的传播载体；电子类政策传播机构是指以电波为载体通过声音或画面传递的视听型传播组织，如电台、电视台等，广播和电视就是电台与电视台的传播载体。

根据传播组织覆盖地域和范围，它可分为中央级政策传播组织和地方性政策传播组织两种。中央级政策传播组织是指覆盖面广、信息视野宽广、影响力大的大型传播机构，如国家电台、国家电视台等；地方性政策传播组织是指一定地域内有相当影响的传播机构，相比中央级传播组织其覆盖面小、影响力弱，较多报道地方性政策信息，同时也承担对中央级传播媒介信息的转载功能。

根据传播组织的专业程度和状况，它可以分为专业性政策传播组织和综合性政策传播组织。专业性政策传播组织主要是指所载政策信息的专业化程度较高，一般是对某一专业领域的政策信息进行发布与评价等的传播机构，如邮电报、市场信息频道等；综合性政策传播组织所载内容就包容了各个行业、各个领域、各个方面的政策信息，并就这些信息进行传递和评论等的传播机构。

了解公共政策传播组织的类型及其具有的特点，一方面能够帮助公共政策决策者和执行者更好地进行政策动员，使公共政策更好地得到贯彻落实。另一方面也帮助广大政策受众对重大政策获得知情权、监督权。

(2)公共政策传播组织的功能

　　"公共政策学之父"拉斯维尔，也是传播学的四位奠基人之一，他在《传播的社会职能与结构》一文中，提出了大众传播组织的三大功能：第一，环境监视；第二，协调社会各部分的关联以适应环境的变化；第三，社会文化世代相传。这三种功能和作用可以概括为：第一，岗哨；第二，论坛；第三，教师。查尔斯·赖特在《大众传播：功能的探讨》一书中，从社会学的角度勾画出对传播的看法，在拉斯维尔的三个范畴之外增加了第四个功能——娱乐。施拉姆则认为传播组织具有探测、协调、教导、娱乐的功能。以此为基础，我们认为公共政策传播组织具有以下功能：

　　第一，政策咨询功能。公众广泛参与社会决策过程，是现代民主社会的重要特征，没有公众对决策的参与，就不可能真正调动广大公众的积极性。而公众参与决策在很大程度上是通过大众传播媒介实现的。大众传播组织向公众报告决策机构的运行及决策过程，为他们提供发表自己的意见和建议的论辩讲坛与机会，并对决策的执行实行公共的监督。同时，传播组织还成为不同社会阶层、不同利益集团以及政府与公众之间协商对话的重要渠道。此外，公共政策传播组织及时了解社会内部以及外部环境的状况和变化，并作一定的分析和判断，把信息传递给政策决策机构和特定的社会成员，供决策者参考和选择，从而做出科学的决策。因此，公共政策传播组织是决策走向民主化、科学化的试金石。

　　第二，政策动员功能。传播组织承担公共政策信息传递者的重要角色，向公众宣传政治、经济、文化、社会领域的各项重要政策，使公众能够尽快而又准确地知晓政策。同时，为了使公众对政策进行理解和阐释，它不断地进行政策教育。政府和社会的政治领导力量也需要通过传播组织动员、说服、激励、鼓舞社会成员，引导和动员他们努力实现公共政策目标。根据传播学理论，传播组织在形成公众的社会态度方面比改变他们已有的态度作用更大。政策动员的内容包括宣传解释既定公共政策目标，使社会成员理解实现这些目标的目的和意义，劝说和说服公众接受和认同这些目标，激励和鼓舞他们克服困难实现这些目标。政策动员主要采取集中宣传和典型宣传两种方式。传播组织通过这两种方式进行有目的的宣传和灌输，创造出一种有利于共同发展的舆论氛围。

　　第三，政策批评功能。美国开国元勋之一托马斯·杰克逊曾说，自由报刊应成为对政府、立法、司法三权起制衡作用的第四种权力。这种权力虽不是正式的权力，却对政府的政策形成过程有着极大的影响，并对政府的政策行为形成直接的制约，即所谓"舆论控制"。传播组织的批评和所起的作用是多种多样的，主要有以下几种：第一，政策批评可以作为一种宣传手法，以支持为基调用批评做陪衬。第二，可以为改变政策制造舆论。政府政策遭到失败时，传播组织可以用批评的方式，为政府改变政策铺平道路。美国的传播组织从支持到反对美国侵越战争，就是一个明显的例证。第三，可对一些政策问题起救急、治标的作用。传播组织能对一些社会问题提出批评建议，甚至充当"社会阀门"，成为民众重要的宣泄工具。第四，批评官吏违法行为既是政治斗争手段，但也可以收到维护法制之效。1972年尼克松总统的"水门事件"，1987年里根总统的"伊朗门事件"，1992年克林顿总统的"白水门事件"等都是利用批评进行政治斗争的典型，这说明作为公共政策传播组织的社会舆论监督，是监控政府行政行为合法性、合理性的有效力量。

第四，政策反馈功能。传播组织及其作业人员通过现场采访、实地调查等形式，了解公共政策的执行情况和公众的满意状况，从而对公共政策进行监测和评估，大大提高公共政策的效果和效益。传播组织可以通过《观众之友》《听众之声》《来信来访》《网上点击》等栏目接受公众的有关"政府投诉"，从而测试公众对政策的满意率。对投诉反映的特殊情况和突显案例进行典型的采访，了解政策困境的原因和表现，甚至尝试性地提出一些解决对策，以此影响公共政策的修正。同时，也可以通过专门调查机构了解政策接受和认同情况。美国著名的电视收看率调查机构有"尼尔森公司""阿比特昂公司""美国研究所""普尔斯公司"等，报纸杂志调查机构有"西蒙斯公司""波利斯公司"，民意调查机构有"盖普洛""哈利斯""罗珀"等。这些机构及其他政策传播机构基本上都由社会学专家、心理学专家和调查统计人员组成，一般采用抽样调查方法，为政府部门、公众和其他特定服务对象对政策反馈状况做出满意的答复。

2. 公共政策信息的流通规律和传播模式

信息是公共政策制定过程中不可缺少的资源。研究政策信息系统，就要了解政策信息源、政策信息流通规则和政策信息传播模式。

(1)政策信息源

像所有信息一样，政策信息以三种状态存在着：一种是接受状态，它以一种被人理解或被吸收的状态存在于人的大脑中；一种是记录状态，它以物化的状态存在于各类载体中；一种是传递状态，它以动态的方式存在于传播的网络中。政策信息不是静止的，它处在不停顿的运动之中。正是在动态过程中，政策信息的三种状态发生相互转化。在政策信息的三种存在状态中，记录状态是政策信息的主体状态或最重要的存在形式。

　　政策信息具有三种存在状态，这三种状态的政策信息源自何处？这就涉及政策信息源问题。政策信息源是从人类活动中产生出来的，能够产生政策信息的人类活动主要集中在以下方面：社会政治、外交、军事活动，能形成有关社会政治制度、政治结构、政治团体、政治行为、政治文化、法律法规、外交、军事、国防、安全、战争等方面的信息源；社会经济活动，能产生市场、产业、金融、贸易、价格、技术、供求关系、消费结构、税收、财政等方面的信息源；社会科学研究活动，能产生科研体制、科学人才结构、科学成果、科技贮备、技术发明、技术交易、技术推广、专利等方面的信息源；社会文化、教育、医疗活动，能形成教育结构、教育体制、教育水平、知识结构、学科发展、文化传统、文化变革、文化市场、文化产品、新闻、出版、艺术、体育、娱乐、健康、医疗、保健等方面的信息源；社会生活活动，能形成人们的衣、食、住、行、婚姻、生育、人口规模、人口结构、人口质量、民族、社会犯罪、信仰、宗教等方面的信息源。

　　一般说来，社会上存在三种政策信息源形式：口头信息源、实物信息源与文献信息源。口头信息源或交往信息源的基本形式有演讲交谈、会议讨论、口头广告、信息发布，等等。口头信息源形式在利用上具有下列优势：获取花费时间少，交流速度迅速、及时；具有高度的选择性与针对性，获取方便、对口；信息反馈及时、迅速、准确；能依据口头交流时的气氛、语气、手势、暗示加以领会和询问，易于信息的利用和评价。但是这种政策信息源形式也有缺陷：难以进行有效的社会监督，不易检查其可靠性，不便进行加工积累，随着时间的推移会产生失真与失效结果。

　　政策的实物信息源是固化在实物中的政策信息来源。实物信息源不包括自然物质信息源，它是经过人的加工、生产或创造的产品。实物信息源类型复杂多样，凡是人类加工的产品和人工所创造的物质都属于这类信息源。实物信息源中的信息具有内隐性，内化为加工工艺、化学成分、物质参数、设计指标、外观状态等，人们只有通过分析研究，将实物中的有关信息内涵解析出来，才能加以利用。政策的实物信息源具有下列优势：借助实物，人们可以真实可靠地掌握其中包含的信息；实物中所内含的信息浓度大、内容多；实物可以仿制、改进、创新，其中的信息易于开发利用。但是这种政策信息源也有缺陷：传递不够方便、快捷，不易于保管、贮存。

　　政策的文献信息源是以文献作为载体形式的信息源。凡是以文字、图形、符号或其他技术手段记录着人类的活动信息和知识信息的都是文献信息源。从政策信息的文献来源来说，其大体分布在个人、科研、设计部门、大学、公司企业、其他职业机构、学术组织、政府部门和各类社会组织、出版社、文献信息部门。如果按来源划分，政策的文献信息源又可区分为出版物信息源与非出版物信息源。非出版物信息源形式有书信、笔记、手稿、草图或其他记录物。出版物信息源形式有图书、报刊、单件文本、具有特殊功能的印刷出版物、缩微出版物、电子出版物、数据库系统等。政策的文献信息源具有以下优势：便于在空间与时间上进行传播；所载信息牢靠、稳固、明确；能进行多方面加工、利用；对人类活动能加以确认与规范。但是这种政策信息源也有缺陷：不太易于保存，传递与交流不够方便、灵活。

（2）政策信息流通规则

政策信息的社会流通方式大体可分成三类：人际传播和交流、组织传播和交流、大众传播和交流。人际传播和交流是社会中个人与个人之间的信息交流。这种信息的流通方式具有下列特点：信息传播和流通的范围较小，通常只在个人之间、家庭成员之间、朋友之间、同事之间、同行之间进行信息交流；信息反馈比较及时，信息传播出去以后，受者可以在较短时间内做出反应，有时双方互为信息的接受者与传播者；能直接促进人际关系的发展，信息传播的过程同时就是人际沟通的过程。

在人际传播和交流中可以形成很长的政策信息通道。设传播通道中有 n 个人，则有：

$$A_1 \rightarrow A_2 \rightarrow A_3 \rightarrow A_4 \rightarrow A_5, \cdots A_n$$

在传播通道中存在若干传播单元，如 A_1A_2、A_2A_3、A_3A_4 等。在每一个传播单元中，人们总是凭自己的理解传递政策信息，这就会导致政策失真。如果信息传播通道很长，其最后的失真程度就会很高。要降低政策信息在人际传播与交流中的失真度，就必须加速反馈，减少传播单元数，对传播质量进行控制，实行多通道多元网络传递。

组织传播和交流是组织内各成员之间、组织与组织之间、不同组织成员之间的政策信息传播与交流。组织传播与交流有其特点：信息只在组织内或组织之间传递；信息传递的过程是组织内或组织间的沟通过程；信息传递具有直接反馈的途径；信息传播的针对性较强。

就组织政策信息的反馈与流通方向而言，组织政策信息传播的通道主要有三种：一种是自上而下的传播。这是组织领导向其成员、组织中上级向下级的信息传递。采用的形式是文件、会议、命令、指示等。这种传播方式信息量较小、信息精确度高、动态信息少。一种是自下而上的传播，这是组织成员向其领导、组织中下级向上级的信息传递，采用的形式有要求、批评、建议等。这种传播方式信息分散、多样，动态信息多。一种是横向传播，这是组织之间的同一层次的信息传递。这种传播方式具有互动性、与纵向传播交互进行等特点。

大众传播和交流是通过专门社会机构复制大量政策信息，并按一定目标传递给大众，从而达到众多社会成员共享政策信息目的的过程。大众政策信息传播的过程通常可以借助于韦特利-麦克林模型来说明。

当政策信息传播者从信息源收到政策信息后，便按一定的目标对其进行复制或加工，准备发出的信息经"把关者"筛选，当确定可以发出后，便通过传播媒介直接传递给公众。其中，公众接收信息后，又会经反馈过程传递给传播者。大众政策信息传播具有重要的社会功能，可沟通社会政策联系，引导社会政策舆论，促进政策宣传和有效实施。

从大众政策信息传播的方向来说，由于反馈作用使信息传播形成一个回路，从而出现两种方式：一种是沿着自上而下和自下而上的方向形成的纵向回路。位于回路的上端是少数发信者，处于下端的是多数受信者，处于中间的则是各级组织管理者。另一种是组织成员之间、组织成员与领导之间、社会成员之间的各种联系，既有直接的沟通，也有借助于书信、互联网等中介的间接沟通。每一种这样的联系与沟通都形成一种回路，这是横向回路。

政策信息流通有着自身的运动规律，主要有政策信息价值增长规律、政策信息价值衰减规律。政策信息从信息源向社会传播就形成政策信息流。政策信息流受社会结构的控制，其流通的规律受社会机制的制约。政策信息在社会系统中的流通是一个被控制调节的过程。

政策信息价值增长规律所揭示的是政策信息总量与时间的关系。随着时间的推移，社会的政策信息总量会增长。这种信息总量的增长是由信息内部作用因素和社会控制因素共同来决定的。政策信息的增长是一个动态的、不稳定的、发散性的过程。

政策信息价值衰减规律所揭示的是政策信息价值总量与时间的关系。它表明政策信息在利用和传递过程中存在逐步"老化"的现象。政策信息价值的衰减是信息传递与利用的必然结果。政策信息经过社会利用，其价值部分或部分或全部转变成各种社会效益。人们对政策信息利用得越充分，其总体价值衰减得就越快。从某种意义上来说，政策信息"老化"得越快，说明社会的知识结构变化很快，社会发达程度高。通过政策信息衰减速度的计算，可以衡量社会发展状况及信息开发利用水平。

(3)政策信息传播模式

公共政策信息传播有其相应规则，具体说来，有以下几种主要的传播模式。

①拉斯维尔的5W模式

政治学者拉斯维尔1932年提出并在1948年《传播的社会职能与结构》里发展了信息流通模式，即5W模式。由此产生了五个传播要素，即谁（who）、说什么（say what）、通过什么渠道（through which channel）、对谁说（to whom）、产生什么效果（with what effect）（图3-1）。

图3-1 拉斯维尔的5W模式

拉斯维尔5W模式反映了政策信息传播的基本过程，也得出了政策传播研究的5项内容：控制分析，即政策信息传播的主体是谁？内容分析，即传播的是什么？媒介分析，即传播的渠道或工具是什么？受众分析，政策是对谁传播的即客体是谁？效果分析，政策信息传播能够取得什么样的效果？但这一模式是一个单向的线性传播模式，忽视了"反馈"这一重要环节。

②香农-韦弗的技术模式

美国数学家克农德·香农和沃伦·韦弗是贝尔电话公司的实验工程师，他们合著了《传播的数学原理》一书。该书旨在研究如何提高信息传递的效率和可靠性，并将信息传递过程分解为5个环节从而得出"传播的数学模式"（图3-2）。

香农-韦弗的传播模式显示了五个正功能和一个负功能，涉及政策信息传播分析的三个层次：技术层次、语义层次、效果层次。这三个层次，分别被称为"语法信息""语义信息"和"语用信息"，而且还提出了"编码""译码""噪音""回报"等一系列概念。但这一模式反映出政策信息传播仍然是一个直线性的单向过程。

③奥斯古德-施拉姆的循环模式

美国学者奥斯古德1954年首创一个"基本传播行为的模式"，他认为，一个传播行为至少包括两个单位，一个是来源单位，一个是目的单位，每个人同

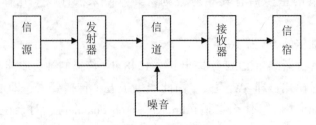

图 3-2 香农-韦弗的技术模式

时具有发送者与接收者的功能，并对信号的"意义"加以考虑。传播者与接收者都具有编码、译码和释码的功能，连接的是信息。威尔伯·施拉姆在奥斯古德的基本传播模式的启发下，在 1954 年写的《传播是如何进行的》一文中，提出了一个传播的循环模式(图 3-3)。

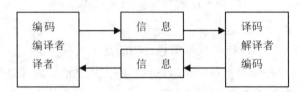

图 3-3 奥斯古德-施拉姆的循环模式

奥斯古德-施拉姆循环模式提出了上述两个模式的缺陷，即直线的、单向的。按照他们的这个模式，政策信息传播是永无止境的，循环形的，它更加准确地表明了人类传播的交流互换、共享信息的实际过程。这个模式的中心是媒介组织，执行着编码、释码和译码的功能。但这个模式表达出传播者和受传者"相等"的概念，其实就政策传播的资源、能力和时间而言，传播往往是相当不平衡的。

此外，美国社会学家德勒于 1966 年发展了香农-韦弗的技术模式，引入了控制论的核心"反馈"，将单向环形传播模式，发展成为德勒双向环形模式。

第三节　公共政策环境

环境是指事物周围的情况。公共政策环境则是指影响公共政策产生、存在和发展的一切因素的总和。公共政策是环境的产物。离开了公共政策得以产生的外部环境，就不可能对其进行科学的分析和研究。因此，政策系统的正常运行离不开既定的政策环境，从一定意义上说，公共政策就是政策主体系统为解决自身与周围环境之间的矛盾而采取的行动。但是，不同的政策系统所处的政策环境是千差万别的，不同的政策主体认识和把握政策环境的能力和水平也存在着差异。因此，要保证公共政策系统的正常运行，就必须对公共政策与其所在环境系统之间的关系以及环境系统的构成要素与各要素对公共政策的影响加以正确的认识。

一、公共政策与政策环境的关系

任何一项公共政策都不可能脱离特定的政策环境而孤立存在。公共政策与政策环境相互联系、相互依存、相互影响、相互作用，二者形成了辩证统一的关系。

一方面，政策环境决定和制约着公共政策，起主导作用。这一主导作用主要体现在：第一，公共政策是随着社会的发展由环境的需要而产生的。随着阶级的产生和国家机器的建立，才有了以社会管理为目标并代表统治阶级意志的公共政策的出台。如果没有这样一种政治和社会环境的形成，公共政策就根本没有存在的必要，也没有强制推行的可能。第二，公共政策必须与一定社会的政策环境相适应。公共政策所要解决的公共问题是在特定社会形态下的特定发展阶段中产生的，有什么样的政策环境，就会出现什么样的公共问题，也就自然会产生什么样的公共政策。不同的社会形态需要不同的政策指引，而且，就同一社会形态下的不同发展阶段而言，公共政策也表现出不同的特征。如果公共政策与政策环境存在严重的冲突和对立，或者说，政府管理社会的政策手段与所辖区域的环境条件格格不入，那么这样的政策就必然会失灵甚至适得其反。因此，任何国家都不能不考虑本国国情，不能盲目移植、机械照搬其他国家的政策经验，否则，实施结果往往是枉费心机、事与愿违。也正因为如此，中国政府在借鉴别国政策经验的时候，始终立足本国国情，出台与我国政策环境相匹配的政策措施，形成了"中国特色"的概念，这是非常明智的。第三，政策环境的发展变化必然导致公共政策的发展变化。随着历史的演进、社会的发展，政策环境也在不断地发展变化，这是不以人的主观意志为转移的客观规律。公共政策必须适应这种变化的需要，适时做出调整，否则就会阻碍社会系统的良性运转，产生消极的影响。以我国为例，自改革开放以来，高度集中的计划经济体制逐渐向社会主义市场经济体制过渡，公共政策也随之进行了一系列的调整，其目的就是为了适应政策环境变化的需要。

　　另一方面，公共政策反过来改善和塑造政策环境，具有反作用。在政策环境面前，公共政策也不是完全消极和被动的，它对政策环境也具有一定的能动作用。公共政策的目标是为了解决特定环境中出现的社会问题，其作用发挥得好，就能达到改善政策环境的目的，使政策环境不断地得到优化以塑造出新的环境，人类社会便按照公共政策的目标去良性发展；反之，公共政策的作用发挥得不好，就不但不能改善政策环境，甚至可能使政策环境不断恶化，成为人类社会发展的羁绊。正确认识和合理发挥这种能动作用，是政策实施的重要目标，也是研究政策环境的主要原因。

二、政策环境的构成因素

　　毫无疑问，离开了公共政策得以产生的特定环境，人们就无法对公共政策的制定进行分析和研究。政策诉求产生于环境，并从环境输入政治系统，不仅如此，环境条件还制约着决策者的行动，限制政策实施的规模和程度，从而决定了政策系统的现实特性。

　　可是，政策环境自身也是一个极其庞大、极其复杂的系统。其构成类型有物质的、精神的；有社会的、自然的；有传统的、现实的；有国内的、国际的等。下面，我们就从国内和国际两个维度来分析相关环境因素及其对公共政策带来的影响。

1. 国内政策环境

　　国内政策环境是一个主权国家在一定的历史时期对公共政策产生影响的各种要素的总称。一般说来，对公共政策产生影响的国内环境主要包括自然地理环境、经济环境、社会文化环境及政治和法治环境四个方面。

　　(1) 自然地理环境

　　一个国家的自然地理环境是指这个国家所处的地理位置和自然状况，包括国土面积、地形地貌、气候、土壤、水系、矿藏、生物等自然要素。它是一个国家赖以生存和发展的物质基础，也是国家经济建设的立足点和出发点，构成政策系统最基础、最稳定的环境。

　　自然地理环境是人类生存的自然地域空间，它与社会发展和公共政策有着极为密切的关系。18世纪法国著名的启蒙思想家孟德斯鸠，也是近代资产阶级社会学史地理学派的理论先驱，他在其代表作《论法的精神》一书中，第一次明确提出并且论述了地理环境对一国的法律和社会政治制度的制定和执行起着决定性作用。在孟德斯鸠看来，不同的气候形成人们不同的精神气质和内心感情；不同气候需要产生了不同的生活方式，不同的生活方式产生了不同种类的法律，以及适合他们的不同的社会政治制度；土壤的肥沃和贫瘠与居民的性格之间，尤其与民族的政治制度之间也有非常密切的关系；国家疆域的大小也决定国家的政治制度等。后来，人们将他的这一思想称之为"地理环境决定论"。

孟德斯鸠的思想给予我们公共管理者很好的思想启示：自然地理环境与国家政治、经济、文化、军事等方面的相互作用是客观存在的，它对一国公共政策的影响是稳定而久远的。从经济政策来看，澳大利亚拥有辽阔富饶的草原，所以政府一直把畜牧业的发展视为国家的首要任务；加拿大有着茂密、富饶的森林资源，所以木材的采伐与加工始终在其经济结构中占有突出的地位；中东的沙特阿拉伯、科威特等国地处沙漠，虽然发展不了农业生产，但丰富的石油资源，使石油开采与炼制成为整个国民经济的支柱。就军事政策而言，英国是一个岛国，有着优良的港湾条件和海洋所形成的天然屏障，因此，政府一直把发展海军力量作为自己的目标，制定了进攻型的国防战略，在军事系统内部，海军部门始终居于主导地位；而瑞士位于欧洲内陆，地处相邻强国的夹缝，地理环境缺乏天然屏障，于是，政府一直以陆军力量作为国防主体，制定了中立性的国防防御战略，在其军事部门中，陆军占据绝对支配地位。由此可见，一个国家所处的自然地理环境不仅为该国社会发展提供了各种可能性，同时也是该国公共政策制定与执行的基础条件。

虽然如此，但孟德斯鸠这种"地理环境决定论"明显夸大了自然地理环境在人类社会发展中的作用，以至于其思想被后人大加批判。从各国公共政策变迁实践也可以看出，自然地理环境对公共政策的影响不是绝对的、一成不变的，它会随着人类的主观能动性而降低其影响力，甚至完全失灵。比如说，中国凭借地处东临辽阔的太平洋、西靠世界屋脊的喜马拉雅山这一独特的地理位置所形成的天然屏障，可以实施防御性的军事政策。但随着人类社会科学技术的发展，这一天然屏障早已失去了它原有的防御功能，我国的军事政策也就不得不随之而进行调整。

总而言之，地理环境作为政策环境的一个重要方面，对政策系统存在着直接或间接的影响，这种影响是相对稳定的、持久的。但是，过分夸大地理环境的作用，忽视政策系统自身的能动性，则会导致"地理环境决定论"的机械唯物主义，所以要用辩证的观点看待两者之间的关系。

（2）经济环境

经济环境是指对政策系统的生存、发展与运行有重要影响的各种经济要素的总和，主要由社会生产力和生产关系的发展状况构成，包括生产力的结构、性质(科技发展、国民收入、资源分配等)、生产资料的所有制形式(个人所有、集体所有、国家所有)、经济结构、经济制度、经济体制、经济总量等要素。世界上各国之间，国内各地区之间，由于生产力水平、生产关系的状况以及科学技术的发展存在着很大的差异，所以，经济环境就表现出极大的不同。

历史唯物主义告诉我们，社会经济基础决定上层建筑，同时上层建筑对经济基础也具有能动的反作用，这也就说明一个国家面临的经济环境对该国公共政策的制定和执行具有决定性的影响。一方面，经济环境是人类社会生活中最基本的环境，政策系统不可能超越经济环境所提供的条件和要求；另一方面，政策系统对经济环境的反作用主要表现在它可以促进或延缓生产力和科学技术的发展以及生产关系的健全与完善，只有正确地认识经济环境，才能有效地制定和执行公共政策。

无论是一个国家还是一个地区，其政府决策体制、目标、职能、行为、原则、方法等都要受到经济环境的制约。经济环境对公共政策的制约和影响主要表现在：①经济环境是制定和执行公共政策的基本出发点。经济环境是人类社会生活最基本的环境，政策系统不可能超越经济环境所提供的物质条件和要求。任何一个社会的政府都只能对社会资源的存量加以合理配置，而绝不可能进行超量配置。同时，公共政策对资源的配置又必须在既定的经济制度或经济体制的框架下进行，离开了一定的经济结构、制度和体制去制定和执行某种公共政策，必然要引起经济制度、体制的反弹，延缓生产力和科学技术的发展以及生产关系的完善。②经济环境提供了政策系统运行所必需的资源。公共政策的制定、执行、评估和监控等活动都需要消耗一定的人力、物力、财力、信息等资源，这构成了政策系统的运行成本。没有一定的资源投入，就不可能出现有作为的、产出良好的政策效果。而政策主体系统提取的实际资源不可能是无限的，总要受到经济规模总量、经济实力的限制。因此，要使公共政策系统正常运行，就需要一定的资源和经济条件。资源的多少和经济条件的好坏对公共政策的质量和运行状况具有较大的影响。③经济环境影响公共政策系统的经济目标取向。在现代公共政策体制中，占主导地位的是经济政策。政策主体不可能仅凭自己的主观愿望制定和推行某些政策，而必须将特定时期的经济状况、经济利益矛盾、经济资源分配等因素作为制定和实施经济政策的基本依据和主要内容，并由此决定公共政策不同的经济目标取向。

（3）社会文化环境

社会文化环境就是对政策系统生存、发展与运行产生重要影响的社会状况与文化状况的总和，包括人口规模、人口性别与年龄比例、国民的地理分布及各地的风俗习惯、社会群体的职业构成、社会道德风尚、人口素质、公民受教育程度等。构成社会文化环境的因素尽管很多，但最为核心的是政治文化。自美国政治学家阿尔蒙德于1968年提出"政治文化"的概念以来，众多的政治学者参与了这一领域的研究。尽管他们对政治文化的界定各有不同，但基本上是将它看做人类社会政治生活的主观意识范畴，看做政治方面的某种相对固定的主观取向，即一个民族在特定历史时期流行的有关政治方面的一套政治态度、政治信仰、政治情感。① 政治文化对政策系统的影响更为直接，不同的政策系统在产出方面的差异，甚至可以用政治文化的不同来进行解释。

社会文化环境影响政策系统运行的效率，具体表现在：①社会文化环境因素决定公共政策运行的智力条件。一个教育、科技、文化比较发达的社会，就能在公共政策运行的各个环节上，配备高素质的人员，提供各种现代化的科技手段，准备周全和齐整的资讯条件。反过来，教育不发达，科技水平不高，高素质的人才缺乏，没有现代化的技术手段，公共政策的运行效率必然低下。②社会文化环境影响公共政策的运行伦理和心理条件。一个社会具有讲究伦理道德的传统，风气良好，秩序井然，制定政策的人有正义感，执行政策的人有责任感，政策目标群体的成员有良好的心理素质，这样的话不仅制定的政策公正、合理，而且执行起来顺畅。反过来则是另外一种状况，制定政策的人没有道德观念，执行政策的人缺乏责任心，社会秩序混乱，人心浮动，不仅好的政策制定不出来，即便制定了，也实施不了。

（4）政治和法治环境

公共政策的政治和法治环境是指对政策系统的生存、发展与运行产生重要影响的所有实际或潜在的政治状态与法治状态，前者包括政治制度、政治体制、政治结构、政治关系、国家与社会安全状况等；后者包括法律体系、法律机构、执法状况、社会治安等。

政治和法治环境对公共政策系统的影响表现为：①政治和法治环境影响政策系统的性质。政策系统的行为者是阶级、阶层、政党、利益集团、国内非政府组织等，它们是在一定的政治结构和法治条件下行动的，它们与公共权力的关系决定了政策系统的性质。②政治和法治环境影响政策系统的民主化程度。政治生活的核心问题是民主化。政策系统内部如果缺乏政策直接主体与间接主

---

① ［美］加布里·阿尔蒙德、G. 鲍威尔：《比较政治学》，曹沛霖等译，上海译文出版社1987年版，第29页。

体之间的良性互动，排斥间接主体的政策参与，政策系统就会成为封闭的、具有专制性质的政策系统。反之，则是开放的、民主的政策系统。③政治和法治环境影响政策系统的合法化程度。公共政策的合法化程度既取决于政策系统的法治状况，也取决于完善的法治环境。即使政策系统的法治化程度高，但缺乏完善的法治环境，公共政策在实施中则必然发生扭曲。

2. 全球和国际环境

每个国家都置身于国际大背景中。一个国家的公共政策不仅要受国内环境的影响，而且也受国际环境因素的牵制和约束。把公共政策置于国际背景中，不仅可以比较公共政策的优劣和效能高低，同时也是每个国家制定和实施公共政策尤其是外交政策的基本需要。国际环境是指全球范围内对一国政策系统的生存、发展和运行产生一定影响的各要素的总和。它主要包括全球范围内的政治、经济、文化发展演变的共同趋势，全球秩序及相应的规则以及民族国家间及跨国组织间因竞争、合作与冲突而形成的具有一定稳定性的政治、经济、文化关系。

全球和国际环境对公共政策的影响主要表现在：①全球和国际环境影响着公共政策的价值选择。当今世界发展的主题要求各国政府应当将主要的注意力集中在经济建设上，尤其是现代化的后发国家和民族，更应全力以赴地把经济建设搞上去。但是，合理的、多极化的世界格局和秩序还没有完全建立起来，发展中国家，特别是像中国这样一个大国，在制定对内对外政策时，既要维护本国的国家利益，又必须坚决反对强权政治、霸权主义。②全球和国际环境影响着公共政策的目标选择。当代世界的全球化趋势为发展中国家技术的进步、资金的引进、产业的升级提供了机遇，这就要求发展中国家在制定新的经济政策、科技政策时，要把目标放在积极参与世界经济的分工与流通上。同时，经济全球化又是一把双刃剑，它也会对发展中国家的经济、政治、教育、科技、文化等方面产生巨大的冲击。因此，发展中国家在制定相关政策时，不得不考虑捍卫国家主权、维护国家安全等方面的目标。③全球和国际环境影响着公共政策的途径选择。在既充满机遇，又潜藏危机的国际环境中，各国政府在制定和实施公共政策时，一方面要选择加强国际合作的政策途径，通过双边的、多边的参与合作，壮大自己；另一方面又要利用已有的国际规则，依靠实力参与竞争，在竞争中发展自己。

总之，一个国家所处的国际局势及所拥有的国际地位都是制定和调整内政外交政策的主要依据。随着科学技术的迅速发展，交通、通信工具的不断完善，国际交往日益频繁，各国之间相互依赖的程度不断增强，国际社会呈现出错综复杂的局面，国际环境因素对各国公共政策的影响将有增无减。

第四节 公共政策系统的运行

公共政策系统是由政策主体、政策客体、政策媒体及其与周围环境之间的相互作用所构成的一个大系统。从系统发生论的观点出发，我们可以把公共政策看做政策主体、客体、媒体与环境相互作用的产物。政策系统的运行实际上就是政策主体、客体、媒体与环境相互作用的过程，具体表现为政策制定、执行、评估、监控和终结等一系列既有连续性又有融合性的活动过程。政策系统的运行过程，正是政策子系统之间因其相互联系、相互依存而形成的统一有机体及其运行机制的具体体现。

一、公共政策系统各构成要素之间的关系

在公共政策系统中，政策主体、政策客体、政策媒体与政策环境之间既相互独立又相互依存。其中，政策媒体在政策主体、政策客体与政策环境之间直接承担着桥梁与纽带的作用，其他各要素通过政策媒体实现了相互之间信息和能量的交换，保证了政策系统能够顺畅、协调运行。而政策主体、政策客体、政策环境三要素之间也都存在着内在的逻辑联系。

1. 政策主体与政策客体之间的关系

公共政策主体与政策客体是政策系统中首先涉及的两个相互依存、不可分离的组成部分，二者之间是辩证统一的关系。政策主体与政策客体相互依存，每一方的存在都以另一方的存在为前提。但是，政策主体与政策客体又因其在政策系统中角色差异而具有各自的独特性，这种独特性有时还表现为二者之间存在一定的矛盾或冲突。一方面，政策主体规定着政策客体的范围和性质；另一方面，政策客体也不是消极被动的，它对政策主体起着限制和约束作用。当然，政策主体与政策客体在地位上并不是绝对的，而是相对的。政策主体在某些情况下可以作为政策客体而存在，政策客体也可以作为政策主体而存在。这就意味着，任何政策目标的实现，都取决于政策主体与政策客体之间的协调，尤其是政策主体要不断提高政策水平，掌握现代政策理论与技术，并且深入实际，了解政策客体的真实情况，以利于政策的科学制定和良性运行。而政策客体也应该具有发展观和大局观，更加主动地与政策主体之间进行充分的沟通与交

流，以真正理解政策实质，认可、接受政策主体推行的政策主张并努力践行之。

2. 政策主体与政策环境之间的关系

政策环境是政策主体周围情况的客观存在，政策主体是政策系统中的活跃因素，因此，政策主体在政策系统的运行过程中必须以尊重政策环境的实际情况为基本前提，实事求是地认识环境，把握环境及其变化情势，了解环境的优势和局限，并据此预测一项政策实施的可行性和政策运行过程中可能遇到的各种问题。同时，政策主体也应该充分发挥自己的主观能动性和主体作用，根据社会发展的要求克服阻碍政策运行的环境障碍，塑造良好的政策环境。否则，不仅公共政策在一开始制定时就容易出错，而且，即使制定的政策方案是正确的，也会因其在执行过程中受阻而无法达到政策目标，与预期的政策效果相差甚远，甚至背道而驰。

3. 政策客体与政策环境之间的关系

政策客体与政策环境之间具有高度融合性，二者还可以在某种条件下相互转化。一方面，政策客体在一定情境下可以转化为政策环境。政策客体受到来自政策主体及其制定的公共政策影响之后，自身发生着某种改变以显现取得的政策效果。这些政策效果即政策的预期目标，无论是有形的，还是无形的，往往构成政策环境的一部分，重新回到政策系统中，并对政策系统的运行过程产生影响。另一方面，政策环境构成要素中的自然地理、经济、社会文化、政治法治等本身也可以作为政策客体，通过政策主体制定的公共政策而接受政策主体的改善和塑造。

二、公共政策系统的运行机制及过程

如前所述，公共政策子系统之间存在着内在的必然联系，正是这种必然联系推动着整个公共政策系统的有序运行。也就是说，作为一个有机整体，公共政策系统的有效运行是建立在各子系统之间相互联系、相互推动的基础之上的。那么，各政策子系统之间是如何相互推动的呢？借用美国政治学家戴维·伊斯顿的政治系统论解释框架，政策系统的运行机制便可一目了然：政策环境把种种要求和支持传导给政策主体，从而输入决策系统，通过决策系统内部转换，变成政策方案输出。输出的政策方案影响和改变政策客体，作用于政策环境，引起政策环境变化，产生新的要求。而这种新的要求又会进一步反馈到决策系统，再次导致政策方案的输出。

　　当然，诚如政治系统论所遭遇到"暗箱操作"的挑战性批判一样，政策决策系统内部是如何转化成政策方案的，政策方案又是如何作用于政策客体和环境的，这些问题在政策系统的运行机制中却没有得到清晰的描述。因此，政策学家们在对政策系统的运行机制作了整体性分析之后，又对公共政策的具体运行过程进行了程序化解析。

　　西方政策学家们从公共政策实践出发，对公共政策运行的阶段和环节进行了研究，形成了不同的政策流程理论，比较有影响的观点有下列三种：一是拉斯维尔1956年在《决策过程》一书提出决策过程的七个阶段，即情报、建议、规定、行使、运用、评价和终止。二是巴隆波在《美国公共政策：政府行动》中提出的政策运行五阶段理论：政策议程设定阶段、政策规划阶段、政策执行阶段、政策评估阶段、政策终止阶段。三是布里佛与迪里恩在《政策分析基础》中提出的政策行动的六阶段理论：政策创议阶段、政策评估阶段、政策选择阶段、政策执行阶段、政策评估阶段、政策终止阶段。

　　从我国政府部门公共政策的实践来看，公共政策运行过程通常由下列四个阶段构成，其中每个阶段又包含着若干政策环节：①公共政策制定阶段，包括五个环节：公共政策问题的确认、政策议程的建立、政策规划、政策抉择、政策合法化；②公共政策执行阶段，包括三个环节：执行前的准备、公共政策实施、政策执行总结；③公共政策评估与监控阶段，包括两个环节：公共政策评估、公共政策监控；④公共政策终结阶段。

　　由此可见，公共政策系统是一个由政策主体子系统、客体子系统、媒体子系统和环境子系统所构成的有机统一体。各子系统之间相互独立又相互依存，形成了推动政策系统良性运行的有效机制和连续过程，保证了政策系统内部循环往复地发展。

◎ 复习思考题

　　1. 公共政策系统由哪些子系统构成？简要分析各子系统之间的关系。

　　2. 什么是政策主体？请构建完整的政策主体系统。

　　3. 什么是政策客体？政策客体由哪些类别构成？

　　4. 政策环境与公共政策之间的关系如何？政策环境各构成要素是如何影响公共政策的？

　　5. 政策研究组织应具备什么样的特点？政策传播组织的基本功能有哪些？

　　6. 请简述拉斯维尔的政策信息传播模式。政策信息流通规律是什么？

　　7. 公共政策系统的运行机制是什么？

第四章　公共政策分析的模型方法与基本理论

公共政策不是静止的，而是一个动态的过程。公共政策的政治性在本质上决定了这一过程与一国的政治过程具有同构性，因此，各国政治体制、历史文化传统、主流意识形态和特殊经验的差异，造成了各国的公共政策实际运行过程各具特色。从五花八门的公共政策实践中，政策学家们概括出了一整套分析公共政策的概念体系和逻辑框架，形成了一系列公共政策分析的模型方法和基本理论。

第一节　公共政策分析的模型方法

模型在现代生活中并不少见，如建筑模型、汽车模型、三峡水利枢纽模型、天宫二号模型等。模型是指对原型的模拟或仿真，必须尽可能保持与客观事物的一致性，即模型与原型的相似性、真实性。模型有两种基本的存在形式：一种是实物模型，另一种是理论模型。理论模型是认识主体为了达到一定的认识目的，依据相似性、真实性原则而构造出来的一套简单的概念系统，以代表作为人类认识对象真实存在着的客观事物。

一、公共政策模型概述

模型是对客观对象部分化、序列化、简单化和抽象化的代表，通过模型进行思维是人类思维的一个典型特征。因此，模型方法也逐渐成为人们认识公共政策、指导人们操作公共政策运行的一种不可或缺的工具。所有公共政策分析的核心，是建立、设计一个清晰、可靠、准确并易于操作的模型，并希望这个模型能提供有关公共政策制定以及执行结果的信息，而这个过程一般是使用一个或几个模型来完成的。

1. 公共政策模型的含义与构成

政策模型（Policy Model）是在政策理论研究中，以科学的概念、假设，通过构建一组模型而形成的一套理论体系，即在合理假设的基础上，将公共政策问题抽象为一组概念或命题，按照各命题间的内在逻辑和本质结构将其组合在一起，从而形成一个相似于原型的、结构严谨的逻辑体系。①

关于公共政策学的模型，德洛尔认为必须具备以下条件：第一，必须明确把握社会发展方向；第二，必须与宏观政策密切相关；第三，必须建立在注重人文支点的行为科学与注重科学程序和方法的管理科学二者相互交融的基础上；第四，必须对宗教、意识形态等大量非理性因素持客观态度；第五，必须对时间非常敏感，并且具有历史色彩，即具有历时观察的功能。②

一个有效的政策分析模型应该具备以下条件：①是排列并简化现实的；②是认定问题的重要层面；③是符合社会现实的；④是提供有意义的沟通；⑤是指导调查研究的；⑥是提出一定解释的。

2. 公共政策模型的作用

公共政策模型的基本作用不在于具体应用于实际的公共政策分析，而在于描述社会政治现象，分析政府行为，建立公共政策的基本理念和公共政策的分析框架。拉斯维尔在研究政策过程时，认为"一个完整的政策模型被用来描述不同领域和不同政策过程中任何个人、团体和结构的涉入程度"，③ 明确指出了政策模型在政策过程中的作用。公共政策模型不仅有利于人们理解现实政策，也成为人们进行知识交流的工具。具体来讲，构建公共政策模型的作用主要表现在以下几个方面：

(1)简化和澄清对政策问题的思考。公共政策模型的构建是建立在对社会问题进行充分思考的基础上的，而纷繁复杂的问题现象往往交织在一起，容易干扰人们的视听。公共政策模型通过抽丝剥茧的方式，将公共政策问题从问题库里孤立出来进行思考，可以简化问题的结构，澄清问题的本质。

(2)可以界定政策问题中的重要方面。政策分析模型是政策研究的方法论，也是政策分析的基础。尽管公共政策的个体表现形式多种多样，但总体上看，公共政策的基本功能和运行过程有着相似性。借助模型分析，可以发现公

---

① 宁骚：《公共政策学》(第二版)，高等教育出版社 2011 年版，第 230 页。

② 叶海卡·德洛尔：《逆境中的政策制定》，王满传等译，上海远东出版社 1996 年版，第 51 页。

③ Lasswell H D. *The Emerging Conception of the Policy Science* [J]. Policy Science，1970 (1).

共政策运行过程中各要素之间的因果关系或相关性关系，进而找出政策问题的核心要件。

(3)有助于人们对政策问题进行交流。公共政策模型是对政策运行实践的高度模拟，是人们认识抽象的社会现象的一个道具。借助公共政策模型，人们可以对政策问题的结构、本质、核心要件等进行交流，深化对政策问题的认识。

(4)引导人们更好地理解政策。公共政策模型通过对政策问题形成的内在逻辑的分析，可以引导人真正理解政策运行的机理，知晓政策出台的背景、政策目标指向及其实现策略，弄清政策主体的价值取向及其合理性。

(5)解释公共政策并预测其结果。公共政策模型还可以通过对政策问题发展演变过程的总结、概括，发现其规律，预测其发展趋势，进而解释公共政策的整体框架，并对公共政策解决政策问题的结果进行预测。

二、公共政策分析的具体模型

迄今为止，公共政策学的研究者们已从不同的政策运行原型出发，立足社会现实构建出了若干种公共政策分析的理论模型。美国政治学者戴维按照政策制定者在政策制定过程中所发挥作用的大小，将公共政策过程模型总结为社会导向模型和国家主导模型两种。其中，社会导向模型又包括多元主义模型、公共选择模型、阶级分析模型三种。国家主导模型也包括三种：理性行为模型、官僚政治模型、国家利益模型。有的学者从政策制定的行为方式来区分政策制定的过程及其影响，政策过程模型又可以分为理性行为模型与渐进模型。另外，有的学者根据政策输出结果与政策制定者之间的关系之差异，将政策过程理论模型划分为精英主义模型、多元主义模型、综合主义模型和制度主义模型等。

为了避免重复，我们分别介绍以下十种政策分析的理论模型。

1. 理性决策模型——政策追求最优解

理性决策模型也叫合理决策模型。它是根据数字和事实，用合理的科学方法与精细的计算，分析解决问题的各种政策方案的优劣，从而求得最佳的政策或问题解决办法，因此也叫最佳决策模型或者科学决策模型，其实质是一种政策选优的方法。

理性决策模型起源于传统经济学的理论，传统经济学理论是以"经济人"的假设为前提的。它的基本出发点是，人们在决策时遵循最大化原则，抉择最优方案，谋求最大效益。

理性决策模型认为，只要决策过程的每一个步骤都是出于理性的考虑，最后所出台的政策自然是合理的，能使问题迎刃而解。理性决策模型的特征是经由目的—方法分析的途径制定相关政策，即首先确定目的，并将其孤立，再寻求达成目的的方法，用最佳的手段达成某一个既定的目标。理性决策模型的最终目的，是希望能够设计出一套程序，以使决策者能够据此制定出一个有最大净价值成效的合理政策，也就是说，希望能花最少的代价取得最大的成果。

一个理性的政策就是回报最高的政策，而为了达成理性的政策，它必须具备一些条件。传统理性模型所要求的最优选择应具备如下条件：①把决策行为视为整体行为而非群体行为。因为是整体，才会有一致的价值判断，如果是群体就必然会出现价值观方面的差异，从而在目标选择和最优认定方面产生分歧。②决策者具有绝对理性，表现在他们具有完备的知识和信息，能穷尽备选方案并预测所有结果。③决策目标单一、明确和绝对。④决策者在决策过程中具备一以贯之的价值偏好。⑤决策过程中不考虑时间和其他政策资源的消耗。

2. 有限理性模型——决策追求满意解

理性决策模型赋予理性"完美的"假定，但这一假定越来越受到许多经济学家和社会心理学家的挑战。西蒙认为古典决策理论从抽象的"经济人"假设出发而逻辑地推导出的一套规范性决策理论是无法准确解释现实生活中决策者的实际行为，因为它不符合实际决策行为所追求的目标与主客观约束条件，即现实无法满足"经济人"假设的几个基本条件。而这些就是古典管理决策理论的缺陷，它的不足急需新的理论进行弥补或替代。然而实际上，没有任何一个政治体系能全部满足这些条件，况且由于择优的标准不一，事物的不断变化，一旦时过境迁，原先"最优"的政策便可能不再有效，从而理性决策模型在实际的运用上几乎不可能。于是，20世纪40年代以来，西蒙从心理学角度出发，论证了人类行为的理性是在给定环境限度内的理性，有限理性是由人的心理机制决定的。

西蒙教授对管理决策理论所作的贡献是管理决策理论发展史上的一个重大转折，人们往往称由西蒙开创发展起来的决策理论为现代决策理论，而称西蒙以前的决策理论为古典决策理论。古典决策理论属于传统的规范性决策理论，而西蒙的现代决策理论则为决策行为学的产生和发展打开了一扇大门，它是一种描述性决策理论。可以说西蒙管理理论的出现是管理哲学上的一场变革，它对管理的基本前提和过程都进行了开创性的研究，他的有限理性理论更加合乎现实生活中人们的合理决策，而规范性决策理论对决策者的完全理性假定却是非现实理性的。西蒙的有限理性管理理论奠定了现代管理理论的基础，他的经典著作《管理行为——管理组织的决策过程的研究》被瑞典皇家科学院誉为"划时代"的作品，是一本对"管理性的组织机构的决策过程"进行了开创性的研究的作品，为此他获得了 1977 年诺贝尔经济学奖。目前，有关管理决策的应用性文章和书籍很多，但作者往往忽视管理科学的基础研究和基本出发点。

西蒙认为现实生活中作为管理者或决策者的人是介于完全理性与非理性之间的"有限理性"的"管理人"。"管理人"的价值取向和目标往往是多元的，不仅受到多方面因素的制约，而且处于变动之中乃至彼此矛盾状态；"管理人"的知识、信息、经验和能力都是有限的，他不可能也不企望达到绝对的最优解，而只以找到满意解为满足。在实际决策中，"有限理性"表现为：决策者无法寻找到全部备选方案，决策者也无法完全预测全部备选方案的后果，决策者还不具有一套明确的、完全一致的偏好体系，以使其能在多种多样的决策环境中选择最优的决策方案。西蒙的管理理论关注的焦点，正是人的社会行为的理性方面与非理性方面的界线，它是关于意向理性和有限理性的一种独特理论。

西蒙在他的《管理行为——管理组织的决策过程的研究》一书中几乎只是针对"完全理性"和非理性提出他的"有限理性"观点，但对"有限理性"的深入论述他是在以后对人类认知系统的研究中逐渐完善的，这也是对"有限理性"进一步研究必然导致的结果。西蒙在他的《人类的认知——思维的信息加工理论》中讲到，根据米勒等人的发现，短时记忆的容量只有(7+2)项(西蒙认为可能是 4 项)；从短时记忆向长时记忆存入一项需要 5~10 秒钟(西蒙认为可能是 8 秒钟)；记忆的组织是一种列表等级结构(类似于计算机的内存有限，从内存到外存的存取需要时间，以及计算机的储存组织形式)。这些是对大脑加工所有任务的基本生理约束。正是这种约束，使思维过程表现为一种串行处理或搜索状态(同一时间内考虑的问题是有限的)，从而也限制了人们的注意广度(选择性注意)以及知识和信息获得的速度和存量。与此相适应，注意广度和知识范围的限制又引起价值偏见和目标认同(类似于无知和某种目的意识所产生的宗教或信仰)，而价值偏见和目标认同反过来又限制人们的注意广度和知识信息的获得(类似于宗教或信仰对科学和经验事实的抵制和排斥)。

因此，西蒙认为，有关决策的合理性理论必须考虑人的基本生理限制以及由此而引起的认知限制、动机限制及其相互影响，从而所探讨的应当是有限的理性，而不是全知全能的理性；应当是过程合理性，而不是本质合理性；所考虑的人类选择机制应当是有限理性的适应机制，而不是完全理性的最优机制。

决策者在决策之前没有全部备选方案和全部信息，而必须进行方案搜索和信息收集；决策者的欲望水平受决策者理论和经验知识、搜索方案的难易、决策者的个性特征(如固执性)等因素调节，以此来决定方案的选定和搜索过程的结束，从而获得问题的满意解决。因此"管理人"之所以接受足够好的解，是因为他根本没有选择的余地，根本不可能获得最优解，"管理人"决策时要受到基本生理因素、认知因素、动机因素及其相互影响的限制。

西蒙教授从生理学及心理学层面对"管理人"进行了科学而精细的分析，其眼光远大，见解深刻，对当代大量信息的处理提出了指导性建议。在信息社会时代到来之际，随着计算机网络、电话等通信技术的迅速发展，我们面临的"信息危机"不是由于信息匮乏，而是信息数量过剩的问题，即"信息爆炸"带来的问题。在这种"信息爆炸"的生活环境中，意识到"人的理性是有限的"这一现实是十分重要的，它将更好地指导我们集中精力搜寻有效、合适、满意的信息量，而不是搜寻所有相关信息，只有这样才可能有效地思考问题、解决问题，而不是一味地追求最优解。

西蒙教授的管理理论否定了古典管理理论的基本假定，并开创了管理决策理论的新局面，带来了管理哲学上的革命，这种革命主要表现在以下两个方面：①关于理性概念上的革命。人是不存在全知全能的理性的，或者说，人的理性是有限的。我们只能在一定条件下谈论人的理性，亦即谈论理性时必须对理性加以限制。完全理性只是人类理性长河中的极点，人类只能通过合理的过程一步一步丰富和拓展人类理性，这是一个不断追求和探索的过程。只能把完全合理性作为一种极限，从合理逼近这种理性的过程和方法上进行研究，才是积极的理性态度，正是这种积极的理性态度或概念使西蒙对程序合理性的描述论(有限理性和满意决策模式)和规范论(追求满意的搜索方法)做出了重要的贡献，开辟了企业行为理论和决策理论研究的新思路。②理论和方法上的革命。完全理性论由于其基本假定不合实际，其理性概念的偏颇，引致其对决策过程的描述失实，只能解释少数几种特定环境条件下的事实，从而只能作为几种特定情境下的规范理论，限制了其应用的广度和人们的思维。相反，西蒙的有限理性论则能够解释更多的实例，符合更多的实际情况，能较好地描述人们现实的选择过程，因此可作为一种较为符合实际的描述理论。与此同时，这种描述理论还表明，合理的方案搜索过程和方法，有益于高效高质地达成满意的选择结果，从而引导人们注重对环境结构和搜索方法的研究，而不是引导人们去削足适履地使环境适应模型，限制人类的思路。正是基于这种考虑，西蒙将其科学研究集中于问题的环境结构分析和不同环境结构下追求满意解决方案的科学方法探索上，从而不仅在优良结构问题解决方面为运筹学、统计决策理论的应用和发展做出了重大贡献，而且开拓了不良结构问题解决研究的领域，发展了解决问题的独特思维方法，并在认知科学、人工智能等多领域做出了重大贡献，为人类问题的实际解决积累了更多的理性。

3. 渐进主义模型——新政策是对旧政策的补充和修正

渐进主义模型是美国著名经济学家及公共政策学家 C. E. 林德布洛姆（C. E. Lindblom）对传统理性决策模型作了挑战性的批评后所提出的解决方法。最初的名称叫做渐进主义，逐渐演变成边际调适科学，后来又改为断续的渐进主义，名称虽然几经改变，但它们所包含的意义是一样的。林德布洛姆认为：公共政策的制定是根据过去所获得的经验，经过渐进变迁的过程，最终才能得到共同一致的公共政策。也就是说，渐进主义是一种社会行动的方法，它以现行的公共政策作为基本的方案，与其他的新方案进行比较，以决定对现行的公共政策进行修改，抑或增加新公共政策。

根据林德布洛姆的说法，决策者不需要每年都做如下的事情：检查所有现行的政策和提出的政策建议，确定社会目标，研究其他可供选择的政策方案，根据净收益的最大化程度，排列每个可供选择的政策方案的优先次序，在获得所有相关信息的基础上做出政策抉择。相反，由于时间、信息和成本的限制，政策制定者无法确认所有可供选择的政策方案及其后果。政治本身的局限性也妨碍了清晰鲜明的社会目标的确立，以及对成本和收益的准确计算。这种渐进主义模型指出了"完全理性"的政策制定模型是不切实际的，因此描述了一个更加保守的决策制定过程。林德布洛姆主张：决策者在决策上的基本策略是渐进变迁，因为这种变迁最安全；人类所拥有的可靠知识是过去经验的积累；唯一没有风险的变迁的方法，就是继续以往的方向，限制考虑公共政策的方案，也就是说只考虑那些和现行公共政策略有不同的公共政策方案。

渐进主义的政策制定是保守的，因为它以现行的项目规划、政策和支出为基础，只把注意力集中于新的程序和政策以及对现行项目规划的增加、减少或修正上。政策制定者通常承认已经确立的项目规划的合法性，并默许继续执行原来的政策。

渐进主义模型的特点可归纳为以下三个方面：

(1)渐进主义模型要求决策者必须保留对以往政策的承诺。政策制定要以现行政策为基础，不能重打鼓另开张。

(2)渐进主义模型注重研究现行政策的缺陷，并不强调有所创新，也不是

110

无所作为，只是注重对现行政策的修改与补充，以弥补现行政策的缺陷。

（3）渐进主义模型强调目标与方案之间的相互调适。不是金口玉言，一劳永逸，要注意反馈调节，在试探和摸索中前进。

渐进主义模型所对应的原型国家，显然是西方国家尤其是美国。事实上，林德布洛姆构建这一模型所依据的经验事实完全来自美国。与完全理性主义的决策模型相比，这个模型在美国具有更大的可行性。用它来研究西方国家尤其是美国的公共政策也就具有了更强的解释作用。对渐进主义的批评可以归结为一点，就是认为这一模型具有明显的保守性，朝着保守的方向来阐释人的主观能动性和有限理性，只注重看起来微不足道的政策目标的制定及其实现，压制政策创新和具有根本意义的社会变革。

4. 小组意识模型——源自凝聚力的"群体狂想症"

美国学者詹尼斯（Janis）1992年出版了《小组意识》一书，提出了一种关于群体不良决策的理论模型。詹尼斯在分析了大量美国政府决策层所作的政治和军事决策后发现，由于参与决策的群体成员自觉不自觉地把保持群体一致和创造和谐氛围作为目的，所以往往不能理智地分析各种备选方案，造成决策的失误。詹尼斯认为，在决策小组中存在着一种寻求一致的行为模式，这种现象在面对面地进行问题讨论的时候表现得更为明显。小组成员趋向于怎样更好地达成一致，注意力完全集中在这方面了，从而忽略了如何去寻求更好的解决问题的办法。詹尼斯称这种行为趋向为心理传染病，或叫群体狂想症。

从个人角度看，一个人不可能不犯错误。犯错误是正常的，不犯错误才是不正常的。一个人不仅观察问题的角度和信息处理能力极为有限，而且从心理因素来看，自满、失望、恐惧、愤怒等情绪波动都会导致决策的盲目性。这是因为人在情绪不稳定的时候最容易做些不可思议的蠢事。所以，现代决策往往都依赖于小组的决定，发挥集体的智慧和力量。在小组中，大家可以沟通情况、交换看法、分享知识、经验互补。然而，小组的决定有时却比个人的决定还差劲。尼采曾说："疯狂对个人而言只是一种例外，但对有些小组来讲，却成为一种规律。"当危机到来的时候，恐慌的情绪会相互感染，使人失去冷静，无法保持理智；在俱乐部式的轻松场合，闲散的气氛有着很大的感染力，往往使一些重大的问题被一笑了之，难以引起足够的重视。有这样一个例子，在美国的一个矿山小镇，出现了一些塌方的细微迹象。矿山工程师认为情况很危险，希望市民尽快撤离。但市民委员会在俱乐部举行的讨论中，大家谈笑风生，认为没有必要大惊小怪，过去也有过一些迹象，但多少年来相安无事，工程师的警告不过是小题大做。没想到后来果然发生了大面积塌方，造成了惨重的人员伤亡和财产损失。

许多人认为，群体的决策之所以有时不能优于个人的决策，主要的原因还在于群体首脑总想使其成员成为自己的橡皮图章。如果他指鹿为马，大家也会点头称是，趋炎附势。但更多的时候，情况却并非如此，主要领导并不想这样去做，群体成员也没有必要去虚伪奉承。他们都感到自己可以直言，但在潜意识里又总会存在一种微妙的压力，大家都在努力寻求一致。按照社会心理学的观点，寻求一致是人所共有的、极为普遍的行为心态，在凝聚力很强的群体里表现得尤为突出。我们习惯上认为，一致总是好的、正确的，没想到它有时会是不好的、错误的。生活中不难发现"空前团结"的会议、"一致通过"的事项、"全体举手"的表决曾导致许许多多的失误。群体凝聚力强是好事还是坏事，应该辩证地分析。凡事总有个度，往往是过犹不及。从社会心理的大量观察实验中可以发现，在一个凝聚力很强的群体里，批评性意见难有生存的土壤。群体中的一个成员如持有异议，就会受到其他成员的规劝，有人会自觉站出来充当道德卫士，当规劝无效时他就会遭到孤立、嘲笑或排斥，甚至发展到敌视。

小组意识模型表现出以下特征：

（1）一致性思维。表现为从众风气甚浓，大家总是心往一处想，这在平时可能是好事，但在决策的时候可能就是坏事了。

（2）有倾向性地选择信息。表现为思考角度的单一和观点看法的片面。

（3）极端化的盲目情绪。表现为盲目乐观或悲观失望，要么对成功做出过高的估计，要么在困难面前丧失自信，容易走极端。

（4）对群体的过分自信。盲目相信自身群体的力量，忽视外界因素的影响，加强了群体的封闭性。

（5）很强的群体凝聚力。表现为良好的人际关系和强大的向心力。

（6）群体成员的共同性。表现为信息掌握、思考方法、价值观念、利益范围的一致。

詹尼斯认为，小组意识所表现出的这些特征对决策会构成极大的障碍，并可能导致重大的执行灾难。但这种"群体狂想症"并不是没有办法克服的，在对众多案例进行分析和研究的基础上，詹尼斯提出了一些预防措施。

（1）决策小组的领导应鼓励成员尽可能多地提出怀疑和反对意见，在小组讨论中为意见的交锋创造良好的气氛。

（2）领导不要一开始就说明自己倾向于哪个方案，避免由于自己的主观好恶对成员造成的心理影响。

（3）按照行政管理的要求，可建立一些独立的政策计划和政策评估小组，为同一项政策服务，增强小组的开放性。

（4）可以把决策小组再分成若干小组，由不同的人主持小组的讨论，然后把意见汇总，结果可能会有很大变化。

（5）决策小组的成员可以和信得过的组外人士交换意见，把他们的意见带到组内，避免"当局者迷"的弊端，发挥"旁观者清"的优势。

（6）一些专家和有关方面人士可以被邀请到会，并鼓励他们向核心成员的意见提出挑战，加强决策小组的开放。

（7）领导者在每次会议上应暗中委派一个"魔鬼"角色。这个人的任务就是故意与大家的意见相左，成心挑刺，哪怕是"鸡蛋里挑骨头"，这样做的目的就是为了破除追求一致所带来的消极结果，克服群体压力所引起的从众效应。

（8）如果政策涉及一个敌对国家或组织，就要警惕情绪化的过激行为，用足够的时间调查和分析敌对势力的迹象和意图。

（9）不要轻易满足于简单一致，在成员意见完全一致后，应该再开一次会，专门提出疑问，并加以认真研究。

5. 精英模型——政策通常由精英们主导

现代精英政治理论始于19世纪中期形成明确理论框架的社会学精英理论。早期精英理论的代表人物主要有意大利社会学家 G. 莫斯卡和 V. 帕累托以及瑞士籍德国社会学家 R. 米歇尔斯，后经美籍奥地利人、著名经济学家 J. 熊彼特改造而形成当代精英理论，到第二次世界大战以后其逐渐成为西方国家特别是美国政治学研究中的一个重要的分析途径。精英理论近似于英雄史观，在他们看来，在社会上占统治地位的人是少数，但他们在智力、性格、能力、财产等方面超过大多数被统治者，对社会的发展有重要影响和作用，是社会的精英。其中极少数政治精英对政治发展方向和前景产生重要影响，决定着政治的性质。

1970年美国政治学家戴伊和齐格勒合著并出版了《民主的嘲讽》一书，2001年戴伊独著并出版了《自上而下的政策制定》，两本书都从精英政治这一视角对美国政治和政策过程进行了考察。戴伊和齐格勒通过对前辈学者精英理论的梳理、概括，总结出如下一组命题：

（1）社会分为有权的少数和无权的多数。负责社会收益分配的只是少数人；国家政策不是由民众决定的。

（2）统治人的少数不代表被统治者的多数。精英大多出自社会经济的上等阶层。

（3）为了保持稳定，避免发生革命，非精英上升到精英地位的过程必须缓慢而又不间断。非精英只有接受精英的基本观点，才能进入统治集团。

（4）精英们在社会制度的基本准则和保持现代社会制度不变等方面意见一致，只是在很少一些问题上有分歧。

（5）公共政策并不反映民众的要求，而只反映盛行精英中的价值观。国家政策的改变是缓慢的，而不是革命性的。

（6）相对说来，行动积极的精英受态度冷漠的民众的直接影响很少。精英对民众的影响多于民众对精英的影响。

由这样一组命题形成一个理论框架，其用于公共政策分析时就被称为决策的精英模型。该模型认为，公共政策本质上是占统治地位的精英们所持的信念、价值观和偏好的一种决策理论。在这一决策过程中，不是人民大众通过他们的需求与行动决定公共政策，而是占据统治地位的精英决定公共政策，政府官员和行政管理人员仅仅是执行由政治精英决定的政策而已。持此观点的人认为，人民大众对于公共政策不感兴趣，而且缺乏了解，加上精英集团通常能够在政策问题上引导大众舆论，而不是大众来引导精英对政策的看法和观点。也就是说，政策是从精英集团向下流至民众，而不是政府响应民情的结果。尽管如此，精英们决定的公共政策并非一定会违背普通大众的利益诉求。因为从根本上说，公共政策有赖于民众的支持，否则政治系统就不会稳定和持久，再说精英为了维护并巩固其统治地位，在统治期内也必须在一定程度上获取人民大众的支持以充分表现其决策的英明。

精英理论为我们分析公共政策提供了一些启示：

第一，精英理论意味着公共政策不反映公众的要求，而反映精英的利益、价值和偏好。因此，公共政策的变革和创新，就成为精英们重新界定他们自己的价值的产物。由于精英是现行体制下的受益者，从而倾向于维持社会的现状，其态度是相当保守的，不会轻易改变现行政策，即使改变也是渐进的，而非激进、全面的改变。公共政策经常被修正，但是很少被新的政策代替。只有当整个社会面临威胁，岌岌可危时，精英为了保全其本身在政治系统中的地位，才会提出根本性改革的建议。精英的价值观也许是"关心公众"的，一种贵族阶级的使命感也许会渗透于精英价值观念中，大众的福利可能会成为精英制定政策的一个重要因素。因此，精英理论并不必然意味着公共政策与大众福利是敌对的，只不过是把承担大众社会福利的责任放在了精英的肩上，而不是大众的肩上。

第二，精英把社会公众看成是消极被动、态度冷漠和信息闭塞的，因此，公众的情感往往被操纵在精英们的股掌之中，公众对精英价值观的影响微乎其微。精英们认为，民众远离公共决策过程，对政策既缺乏兴趣，又所知非常有限，一般民众很少向政府提出政策性的要求；此外，民众力量分散，缺乏组织，具有"搭便车"的倾向。因此，在绝大多数情况下，精英与大众之间的交流是自上而下的。大众最多只能对精英的决策行为产生一种间接影响，而且影响极其有限。

第三，精英理论认为，对支撑社会制度的基础准则，精英集团有着一致的认识。也就是说，他们对基本的"游戏规则"具有共识，对社会制度的延续看法一致。社会系统的稳定性，甚至延续，依赖于精英对社会系统的基本价值达成共识，只有符合这些共识的政策方案才会得到严肃认真的考虑。当然，精英理论并不意味着精英集团的成员在追求卓越上从未有过不一致的意见或相互竞争，但是精英理论暗含着他们之间的竞争只集中在较少的问题上，而且他们之间的共识要大于分歧。

精英模型揭示了现代民主国家的根本理念"主权属于人民"与实际的政治过程和政策过程总是由直接掌管政权的少数人来主导这一难以克服的悖论。从这一视角所作的政策分析可以使人们清醒地认识到公共政策在本质上总是统治阶级的政策。这个模型受到的批评，归结为一点就是认为它忽视了现代民主国家里公民参与政治的要求和能力，以及这种参与对政策形成的影响。

6. 制度模型——政策是组织的产物

制度模型认为公共政策是政府制度和机构活动的产物。公共政策是政府行为的表现形式，政府的制度、机构都对公共政策产生重要影响，它在公共政策的整个生命周期都发生着决定性的影响。也就是说，不同的政府制度会导致不同的政策输出。制度模型起源于传统的政治学。因为政治活动往往是围绕一些特定的政治制度展开的，所以传统政治学一直对政府制度给予极大的关注。但是，其研究焦点通常只是一些特定的政府机构，对它们的结构、职能、权力、责任、方法、程序等进行描述，并没有对政府制度的政策结果进行系统的考察，忽视了政府制度与公共政策之间的内在联系。尽管如此，传统政治学仍对现代制度理论和制度分析方法的形成奠定了理论和实践基础。随着政策科学行为主义的兴起，制度模型逐渐淡出了人们关注的焦点。到 20 世纪 80 年代，制度理论又经历了一场复兴，所形成的新制度主义模型又成为研究的热点和主要方法。

　　由于传统的制度模型在公共政策分析中仅仅是一种静态描述，而不是动态分析，于是 20 世纪 80 年代兴起的新制度模型既关注制度在政治生活中的作用，也采用动态、过程、定量化的方法来分析公共政策。

　　新制度模型的特点主要表现在以下三个方面：

　　第一，新制度模型力图以决策的次系统来对公共政策分类。罗威被认为是这一模型的创始者，按照不同的权力领域，他把政策分为再分配性、分配性、构成性和监管性 4 类。该模型设立的两个维度是：强制的可能性和强制的目标。强制的可能性是指，强制可以是即时的、立即生效的，也可以是预期的、未来生效的。对于强制的目标，它可以针对个体，也可以针对整体。这样所形成的矩阵模型，形成了 4 种不同类型的政策，表明了不同的权力领域。

　　第二，不同的权力领域，表明了对政策行为者权利和责任的不同影响。如在分配性政策中，个人直接受益，但基本上不用付出明显的代价；构成性政策不是对个人进行奖惩，而是通过社会结构自身来重新分配政治和经济价值；监管性政策有可能使特定群体付出代价；在再分配领域，权力基本上是通过整体来分配的。

　　第三，不同的权力领域会产生某些固定的政治行为类型。这是由政府强制行为的目标、可能性以及政策领域所决定的。

　　总之，新制度模型将制度分析方法进行了深化，在主要涉及政治制度的同时，也注重进行理论分析和预测，预测分析政策类型与政府机构、政体和各个政策领域中不同政治行为之间的关系。现代组织理论的发展为制度分析提供了理论上的依据，制度模型逐渐成为政策分析的主要方法。制度分析不同于理性分析，不认为某种原因必导致某种行动，而认为具有某种制度特征的组织必会做出某种行动的选择。

7. 博弈模型——政策是竞争环境中进行的理性选择

　　在人类社会中，决策已经渗透进每个人的日常生活。人们的决策与其追求的目标总是息息相关的，即决策是为了实现其某种特定的目标任务而产生的。如果人们知道每个选择之后所形成的确定结果，那么决策将会很容易形成。然而，人们在决策时往往会遇到若干复杂情形，在这些情形中，一个突出的特点便是机遇（chance）在决策过程中发挥作用，从而使决策充满不确定性。①

　　——————————

　　① ［美］莫顿·D. 戴维斯：《通俗博弈论》，董志强、李伟成译，中国人民大学出版社 2017 年版，第 2~8 页。

　　博弈论是一种决策理论，它研究的是人们在特定情况下如何进行理性决策的问题。这种特定情况是指两个或两个以上的参与者，他们彼此存在利害关系，其中每个人的选择都会对他人的决定产生影响，最终的结果依赖于所有参与者的选择。这也就是说，人们面临的机遇往往会形成一种竞争环境。一般而言，在竞争环境中，自己的选择往往依赖于对手的选择。博弈论所要告诉我们的就是在考虑了对手所有选择的基础上，对他人的预期行为做出判断，然后调整自己的决定，做出自己最理性的选择。

　　博弈模型是建立在三个基本概念基础之上的：参与人、策略和盈利（payoffs）。参与人即博弈的参加者，不一定是单独的个人，可以是一家公司、一个国家或者一支足球队，也就是指博弈过程中独立决策、独立承担后果的个人和组织；策略是一套完整的行动计划，它刻画了参与人在所有可能情况下将采取的行动，这就要求博弈方在所掌握的对选择策略有帮助的情报资料的基础上形成所有可供选择的全部行为或策略的集合；盈利是指博弈方的收益，即各博弈方做出决策选择后所得到的奖励或惩罚，这其中就涉及博弈方做出策略选择时的先后顺序。①

　　一次理性的博弈论决策取决于其中一个关键的概念——策略。它所对应的是这样一种决策情境，即在考虑了对手所有的可能性选择之后，设计一组行动并使之达到最优的结果。于是，博弈论者在一场博弈中求解时，基本上都采用"最小最大化（极小极大化）"原则来界定理性策略的实质性内涵。对博弈的参与者而言，无论对手怎样去做，自己的选择都将使自己最大的损失最小化或最小的收益最大化。"最小最大化"的理性策略能够有效地抑制对手最佳选择给自己造成的伤害。它也许会被认为是一种非常保守的策略，因为它所设计的行为只是为了减少损失或确保最低限度的收益而不是为了获取最大利益去冒很大的风险。但是，绝大多数的博弈论者都把"最小最大化"视为最佳的理性策略。

　　当然，这一理论也有自身的弱点，其最大的弱点是假定博弈参与者以平均利益最大化为原则开展行动。这个假设的理由是，从长远而言，不仅平均回报会最大化，实际回报也会最大化。但是，倘若博弈只进行一次，这种长期的考虑还有意义吗？据此，反对者对其进行了致命的反驳。不过，博弈论者通过引入效用理论来解决这个问题，认为效用理论的作用就是为你的价值好恶进行排序。

---

　　①　[美]莫顿·D.戴维斯：《通俗博弈论》，董志强、李伟成译，中国人民大学出版社2017年版，第5页。

由于社会问题都是复杂多变的，公共政策制定过程几乎都面临着异常复杂甚至是冲突的情形。在进行政策制定时，绝对的最优选择基本上不存在，决策者们需要根据他人的选择做出自己最佳的决定时，博弈论就能派上用场了。因此，博弈论是一种理性决策模型，它更多地适用于更加复杂的竞争环境中，即博弈模型并不描述人们实际上应该如何进行最优决策，而是解释理性的人在竞争状态下会怎样去考虑决策。

博弈模型确实大大开阔了我们的视野，为政策分析提供了一个有趣的思路，对理解政策过程发挥着极为重要的作用。一方面，人们可以通过博弈论将那些相对稳定的、不变化的政策理解为博弈论中的均衡状态；另一方面，可以通过博弈论来对政策过程行为进行预测，预测什么样的政策方案可能会被选择，预测已经实施的政策方案的执行效果等。① 就目前情况而言，博弈模型在政策领域的影响正在逐渐加大。

8. 集团模型——政策是团体利益的平衡

集团理论最早可追溯到美国学者本特得，他在 20 世纪初就提出政治学应走出制度的象牙塔，去研究各种社会实际现象，利益集团是政治生活中起主导作用的基本力量，集团利益导致集团行动，对公共政策的制定产生压力。美国政治学家戴维·杜鲁门于 1951 年出版的《政府过程》一书使之更加系统化。后来，另一位美国政治学研究者莱瑟姆从集团理论这一视角去分析政府在政策形成中的作用，形成了政策分析的集团模型。莱瑟姆对公共政策的界定是："所谓公共政策，是指某一特定时间集团间的争斗所达到的平衡，它体现了那些一直试图获取优势的并相互竞争着的派系或团体之间出现的均势。"这个定义实际上就是集团模型的核心命题。

集团理论假定：现代政治实际上就是各团体为影响公共政策所进行的相互斗争，团体之间的互动是政治生活的核心。政治体系最根本的使命就是通过以下途径调和团体之间的冲突：建立团体斗争的游戏规则并充任裁判（规则）；平衡各方利益，力求彼此妥协（目标）；以公共政策的形式出台折中办法（手段）；以各种手段推动政策的实施（落实）。

集团理论在以上基本前提假定下，形成了政策分析的基本主张：

第一，社会中存在各种能参与政治活动的利益集团。这些集团是由拥有一

---

① 李文钊：《推理的力量：政策过程的理性选择理论》，《党政研究》2018 年第 4 期，第 126 页。

定权力并具有共同政治观点的人组成的群体，这些集团为了维护或实现自身的利益，总是以集团的形式参与和影响政治生活。在民主政治社会中，各集团都有权参与政策制定过程，用自己的方式来对政策制定施加影响。从一定意义上讲，集团理论为不同集团、群体平等参与政策运行提供了一种思路。

第二，各利益集团的政治活动过程就是影响政府的过程。为了实现彼此的利益，各集团都会以政府为主要的政策诉求对象，由于各集团之间的利益差别，各集团对公共政策的诉求和期望是不一样的，因此，彼此之间就必然存在竞争。竞争的结果就是各集团通过对话、妥协，形成一种利益均衡格局，各方达成协调一致。公共政策的制定过程就成为政府通过对集团竞争的协调，最终使社会主要利益实现均衡的过程。

第三，团体之间的竞争能够使任何单个团体的势力得到有效的控制，并使所有团体能够在一定基础上达到势均力敌，形成相互制约，以维护社会的稳定和体系的平衡。

集团模型显然过分强调和夸大了集团之于公民、政策制定者和政府的重要意义，既低估了决策者在整个政治过程中独立而又有创造性的作用，又忽视了作为政治共同体的国家的巨大调控和决定性意义。同时该理论还把不同集团等量齐观，没有看到其理论下的公共政策所体现的不过是力量强大的那些集团的根本利益而已，这就导致了集团模型的三个基本缺陷。

第一，集团模型把政府仅仅看成政治过程中与利益集团并列甚至是被动的单位，把公共政策简单地视为不需要政府控制的集团间相互博弈和妥协的结果，政府所扮演的不过是仲裁者或见证人的角色。这显然是不符合客观实际的。事实上"政府无论在法律地位上，还是在实际能量上，都不是任何利益集团所能比拟的"。假如没有国家意志的允诺、调控、整合和认同，任何公共政策的制定都是难以想象的。就制定公共政策而言，政府事实上居于支配地位，一切利益集团的政策诉求都必须经过政府的认同才有可能转化为公共政策，这已被各国的政治实践所证实。

第二，集团模型蔑视公民政治参与，忽视政策制定者，特别是精英的举足轻重的作用。该模型相信公民个人若不结合成集团，那么他们在公共政策上就无所作为。也许在某种程度上这一主张有其适应性和合理性的一面，但若考虑到非利益性公民团体或公民；考虑到政策制定者、政治精英或精英群体在公共政策过程中的作用，这一理论的适应性是颇值得质疑的。考察一下各国的政治实践，我们不难发现，精英在政策决策中的作用是不言而喻的。特别是政府在面对重大的突发性事件时、在政治还没有实现制度化时更是如此。当然这并不是否认公民和利益集团的政治参与作用和重要性，事实上新精英主义并非拒绝政治参与，而是更强调理性地处理二者的关系，使精英决策具有广泛的民主性和科学性。我们无意于鼓吹精英决策，我们的目的是想通过这样一个视角来分析、判断集团模型的缺陷及局限性，从而为科学决策提供方法论的指导。

第三，集团模型容易导致公共政策的"利益倾斜"，从而损害社会公共利益。尽管该模型强调集团之间的互动、竞争和妥协对政治民主化、社会多元化、决策民主化和科学化的积极作用，但毋庸讳言，由于种种原因，并非所有利益集团对公共政策都有着同样的或类似的影响力。有的利益集团的力量和发言权要大些，而另一些要相对小些，从而作为博弈结果的公共政策所体现的利益主张就不会像集团模型论者所说的那样：谋求公共政策的公正性和公共利益的一致性、普遍性。利益集团的本质决定了此时的公共政策不可避免地会出现"利益倾斜"，公共政策在利益问题上或公开或隐秘地偏向少数强者。在利益总量一定的情况下，弱势集团利益必将受到损害。

9. 系统模型——政策是政治系统的输出

政策分析的系统理论源于对政治系统的方法研究，它把公共政策视为政治系统对外界环境压力所做出的反应，是政治系统的产物。美国学者戴维·伊斯顿 1957 年在《世界政治》杂志第 9 期上发表《政治系统的分析方法》一文，之后又于 1965 年出版《政治分析的框架》、1979 年出版《政治生活的系统分析》两书，提出、阐释和完善了政治系统分析框架。这一分析框架适用于全部政治生活，而当它被应用于公共政策学时就被称为决策的政治系统模型。

系统模型认为，公共政策的输出是政治系统与其外部环境互动的结果，要求与支持的输入是社会团体与个人试图影响公共政策的表现。当公众发现社会环境中存在的问题并感到需要为此做点什么的时候，要求就会出现。政治系统为了自身的生存与发展必然会对环境的压力做出反应，而源于公众的要求通常是复杂多变和相互冲突的，为了把这些要求转变为公共政策，政治系统就需要做出制度上的安排并通过有关机构和活动强化这种安排。政策输出可能会起到缓解环境影响、弱化公众要求和影响政治系统内在特征的作用。政治系统与其外部环境之间的互动是一个反复循环的过程，政策输出会引起公众要求的变化，而新要求的不断提出会使新的政策不断出台。

总之，公共政策是政治系统对其环境的要求与支持的反应，公共政策直接影响政治系统的环境，环境又会对政治系统提出新的要求与支持，政治系统又对此做出新的反应，从而形成了输入—决策—输出—反馈—输入这样一个循环，在这种循环往复中，公共政策便源源不断地产生。因此，政治系统的运行表现为一种生生不息的动态过程。正常情况下，政治系统可以通过下列途径保护自身利益、维持系统生存：政策输出满足环境需求，符合公众利益；加强系统自身建设，完善内部机制；以武力为威慑或直接使用武力。

系统模型借助于系统论和信息论的思想，将政治过程描述为一个动态的、相互影响的系统过程，在政策分析领域具有重要的理论指导意义。它关注政治过程的复杂性和动态性，强调政治系统与环境的互动，为公共政策分析提供了一个有力的分析框架。一方面，它强调政治系统的复杂性，突破了政策分析中分析制度、集团、精英等单一性因素的分析模式，视野更广阔，更着重于整体分析。另一方面，系统模型将政策制定过程看成动态过程，强调政策的循环过程，使决策者能注意到政策所引起的回应，这些都是过去理论的欠缺。

尽管系统模型对现实政治生活进行了高度的概括，从宏观角度对政策过程进行了分析。但是，系统模型的应用也是有一定局限性的。第一，系统模型比较适合渐进政策，不适合政策环境急剧变化时的需要；第二，这一模型对政治系统这一"黑箱"缺少针对性的分析，不能很好地解释政策的具体形成过程，导致它在政策实践中的应用受到很大的限制。

10. 过程模型——政策是一个动态过程

迄今为止，政治过程和政治行为仍然是政治学研究的重要问题。自从第二次世界大战以来，现代"行为主义"政治学就一直在研究投票人、利益集团、立法者、总统、官僚、法官和其他政治主体的行为活动，这种研究的主要目的之一就是揭示行为或者"过程"的模式。对政策感兴趣的政治学家，根据各种行为与公共政策的关系，对这些行为或过程进行了分类，划分为一系列的政策过程。一般来说，我们可以把政策过程看做一系列的政治活动，即确认问题、建立议程、规划方案、方案抉择、政策合法化、执行政策、评估与监控政策、调整与终结政策等。政策的过程模型又被称为政策生命周期理论，它试图通过阶段性的描述，对政策进行程式化的分析。

过程模型一直是理解和研究公共政策的基础架构。公共政策的过程模型或生命周期理论实际上是把政策过程视为一种政治行为的生命过程来加以描述的。然而，一个政策的实际生命过程，不一定会与我们所规定的过程相吻合，其繁其简会因具体的政策内容和环境而异，甚至通常的逻辑顺序也会发生很大的变化。尽管如此，根据过程模型分析公共政策仍是我们目前所要坚持的方法。因为政策生命周期理论有助于我们对政策生命过程中各种政治行为的把握，为政策制定与执行提供了一个科学的分析框架。

第二节　公共政策分析的基本理论

常言道：理论来自实践又指导实践。政策学研究者们通过对政策系统运行机制和运行过程的分析，从经济学、社会学、管理学等视角提出了政策分析的基本框架和方法，形成了一系列政策分析的相关理论。在政策实践中，人们常用的指导性理论有公共选择理论、批判性理论、实验性理论和取舍理论。

一、公共选择理论

现代公共选择理论始于政治学家邓肯·布莱克，而公共选择理论的领袖人物当推美国著名经济学家詹姆斯·布坎南。布坎南与经济学家戈登·塔洛克二人合著并于 1948 年出版的《同意的计算——立宪民主的逻辑基础》被认为是公共选择理论的经典著作。其实，公共选择的思想早已有之，但作为一个独立的学科或学派，公共选择理论出现于 20 世纪 40 年代末，而后在 50—60 年代形成基本原理和理论框架，并于 60 年代末在美国出现了一个新兴经济学流派。这一学派通过对"法律—制度—结构"这一社会框架的研究，试图弥补传统西方经济学侧重个体在经济生活中的供求行为分析的片面性，从而解决政治学与经济学长期隔绝的问题，遂创立了公共选择理论。它是一个应用经济学的理论假定和方法来研究非市场决策或公共决策问题的新的研究领域，成为政策分析的一个基本理论。

1. 公共选择理论的兴起与发展

西方传统的经济学在分析经济问题时，都以亚当·斯密的"经济人"假设作为出发点，即个人参与经济活动的动机都是利己心，其经济行为的目的都是为了实现个人利益的最大化——作为消费者要实现效用最大化，作为生产者要实现利润最大化。但在分析社会政治行为时，学者们并没有运用这种"经济人"假设，而是把各种政治团体特别是政府看做摆脱了利己心的公共机构，作为一个专门为社会谋福利而没有自身利益的组织，其参与主体更是无私奉献的圣人。在自由放任时代，由于国家对经济的干预很少，这种分析方法并没有遇到挑战。但是，当凯恩斯主义的国家干预对经济的影响不断加深，人们对政府行为日益关注之时，经济学家们就要着手探讨政府所制定的各种经济政策为什么会失败或出现偏差？财政赤字、通货膨胀、效率低下和资源浪费等经济困境的根源在哪里？公共选择理论就是在这个时候应运而生的。

(1)公共选择理论兴起的原因

从公共选择理论兴起的时代背景出发，我们可以概括出其兴起的原因主要表现在以下两个方面：

其一，凯恩斯理论的兴起与失败。第二次世界大战后，凯恩斯理论成为西方经济学界的主导理论。受凯恩斯理论的影响，西方各国纷纷加强了国家对经济的干预。随着国家对经济的干预，政府职能进一步扩大，政府的规模也不断扩大，这就造成了政府机构膨胀、资源浪费等后果，国家干预陷入困境。在这种情况下，西方经济学界出现了一股声势浩大的新自由主义经济学复兴的浪潮。新自由主义经济学主张反对国家干预，恢复自由放任。而且，西方经济日益依赖于政府干预的现实，给经济学家们和政治学家们提出了重大的研究课题。20世纪40年代末50年代初，三位年轻的美国经济学家——詹姆斯·布坎南、肯尼斯·阿罗和保罗·萨缪尔森将经济学的分析方法应用于政治领域，力求解释民主政治和社会选择的过程。他们的思想后来发展成为人所共知的公共选择理论、社会选择理论和公共物品理论。而在这三种理论中，影响最广泛而且争论最大的要数公共选择理论了。

其二，西方经济学研究重点的转移。进入20世纪后，随着资本主义制度的巩固，西方经济学的研究重点从解释资本主义制度存在的合理性转向对资源配置与效率问题的研究。与此同时，经济学的研究方法也发生了重大变革，以马歇尔为代表的一大批经济学家大量地将数学工具引入经济学，使用数学工具研究经济在给经济研究带来便利的同时，也使经济学家过分注重指标分析和模型建立，使经济学越来越抽象，越来越脱离实际，一些不满经济学现状的经济学者主张恢复古典经济学的以"经济人"假设为前提，以分析"交易过程"为核心的方法论，并将这种方法论延伸到对政治领域的分析。

(2)公共选择理论的主要流派

公共选择理论兴起之后，凭借其政治或公共决策这一研究主题，迅速在政策科学领域内受到关注并被广泛应用。学者们运用研究方法上的差异性形成了有侧重点的理论观点。综合考量各路学者的研究取向，可以把公共选择理论分为三个学派，它们是罗切斯特学派、芝加哥学派和弗吉尼亚学派。

罗切斯特学派。威廉·赖客是该学派的领袖人物。该学派有两个特点：一是坚持用数理方法研究政治学，在投票、互投赞成票、利益集团和官员研究中使用数学推理。二是坚持把实证的政治理论与伦理学区分开来。赖客认为，政治活动是一个博弈过程，政党竞争是一个零和博弈，一方所得是另一方所失，每个政党的最优策略是让对手规模尽可能大，而自己只需保持略有优势（有时甚至是一票之差）就可以战胜对手。因此，在多数票选举制度下，最终将会形成在规模上略有差异，但仍然是势均力敌的两个政党。因而，冲突和冲突和解是公共选择理论必不可少的组成部分。该学派始终把实证的政治理论用来研究选举、政党策略、投票程序控制、政党联盟形成、立法机构和政府官员上。直到20世纪80年代初，该学派论著的大部分内容是理论性的和抽象的，基本上不涉及制度内容。这一派的成员大多对西方传统的政治学偏好制度主义持反感态度，而注重空间投票模型的研究。同时，该学派的大多数论著不讨论规范问题，他们试图站在中间立场上来研究民主选举中的多数票循环、互投赞成票所造成的缺乏效率、利益集团政治学、官员斟酌权等公共选择论题。

芝加哥学派。该学派代表人物有贝克尔、佩尔茨曼等。芝加哥学派的自由主义色彩尤其是"反历史"的色彩最为明显。该学派认为，经济学家可以观察、解释和描述历史过程，但是不能影响历史过程；改变这个世界的努力总的来说是枉费心机的，是对本来就稀缺的资源的一种浪费。根据这个基本思想，该学派排除了经济学家向政府提供政策建议以及政府干预的必要性。芝加哥学派从价格理论和实证经济学的角度来分析政府，把政府看成是受追求自身利益的理性的个人所利用的、在社会范围内对财富进行再分配的一种机制，否认政府是为公众谋利益的。该学派把政府也看做一种市场，在这个市场上是货币与权力相交换。另外，芝加哥学派还认为，无论是瞬时均衡还是长期均衡，政治市场总是变化的。在均衡状态下，没有一个人可以增加他的预期效用而不减少另一个人的预期效用，即政治市场均衡是处于帕累托最优状态。

弗吉尼亚学派。该学派代表人物有布坎南和塔洛克等。该学派的特色是强调方法论上的个人主义和宪法政治经济学。他们认为，个人是社会秩序的基本组成单位，政府只是个人相互作用的制度复合体，个人通过复合体做出集体决策，去实现他们相互期望的集体目标。只有个人才做出选择和行动，集体本身既不选择也不行动。社会选择仅仅是个人做出的选择和采取的行动的结果。他们认为，如果说外部性、公共物品和信息问题折磨着私人市场，从而造成市场失灵的话，那么，它们也破坏了政治市场，从而折磨着老百姓，因此他们提出了政府失灵的观点，而改革方案就是宪法改革。宪法可以看做能够使个人从相互交易中获得利益的一套规则，政府失灵的原因是约束政府行为的规则过时了或约束乏力。因此，要改善政治，就必须改善或改革规则。他们主张对投票规则、立法机构、官员政治和政府决策规则进行一系列的改革，通过这些规则起到约束政府，甚至是守夜人——国家的作用。他们不赞同把未经修改的私人市场理论原封不动地应用于政治市场分析，认为政治市场上的决策者并非总是对现状拥有完全的信息，决策者不可能不犯错误。政府失灵是普遍的现象，关键是要进行制度建设和宪法改革。

2. 公共选择理论的界定与研究方法

公共选择理论是在解决政治学和经济学相互隔绝的现实问题时产生的，并进而演变成以经济学途径研究公共政策的典型。在它的奠基人詹姆斯·布坎南看来："公共选择是政治上的观点，它把经济学家的工具和方法大量应用于集体或非市场决策而产生。"①同样，另一位公共选择学派的代表人物穆勒也说："公共选择理论可以定义为非市场决策。"公共选择理论是一个应用经济学的理论假定和方法来研究非市场决策或公共决策问题的新研究领域，它所涉及的是政治或公共决策的主题领域，这些主题与政治学的主题是相同的，主要涉及国家理论、投票规则、投票者行为、政党政治和官僚机构等。基于这些主题，公共选择理论学者提出了种种理论，如非市场决策论、代议民主制经济理论、国家理论、政党理论、利益集团理论、寻租理论、官僚制理论、政府扩张论、政府失灵论、俱乐部理论、以脚投票论、财政联邦制论、立宪经济理论等。这些理论的核心是公共决策或公共物品的生产与提供理论。

公共选择理论主要是运用经济学的分析方法来研究政治问题，它的研究方法归纳起来主要有以下三点：

（1）经济人假设。众所周知，经济学分析是建立在经济人假设之上的，认为人们总是尽可能地利用自己的一切资源去追求个人利益的最大化；政治学的传统是假设政府是代表公民利益的，政府官员和政治家的目标是使社会利益最大化。公共选择理论坚持经济学对人性的这一概括，认为人就是人，人并不因为占有一个经理位置，或拥有一个部长头衔就会使人性有一点点改变。在其看来，进行市场决策的人和进行政治决策的人是一样的，都受自身效用最大化的引导。于是，公共选择学派把经济人假设扩展到人们在面临政治选择时的行为分析，将人类在市场领域和政治领域中的行为统一起来，"把人类行为的两个重要方面重新纳入单一的模式"。② 公共选择理论对经济人运用范围的拓展，

① ［美］詹姆斯·布坎南：《自由、市场和国家》，吴良健等译，三联书店1986年版，第12页。
② ［法］亨利·勒帕日：《美国新自由主义经济学》，李燕生等译，北京大学出版社1985年版，第123页。

使得经济学最基本的分析方法，即成本—收益法，能够在政治领域得到应用，为制度分析提供了前提，并由此产生了一系列富有启发性的结论。

（2）个人主义的方法论。公共选择理论从决策的角度探究公共问题尤其是政治问题，探究由不同的个体形成的社会整体如何进行选择，做出社会决策。在公共选择理论将个人主义的分析方法带入政治学之前，传统的政治理论一直主要采用集体主义的分析方法。在考察集团行为时，传统的政治学总是把集团当做一个不可分割的有机体，从整体的角度分析其政治行为与社会行为；分析国家时，又通常把国家看成代表整个社会的唯一决策单位，而且认为国家利益和公共利益独立于个人利益。而在公共选择学派看来，人类的一切行为，不论是政治行为，还是经济行为，都应从个体的角度去寻找原因，个体是基本的分析单位，集体行为也不过是个体行为的集结，因为个体是组成群体的基本细胞。这种个人主义方法论与传统政治学的集体主义方法论不同，是一种从个体到整体的分析思路，强调的是分析个体的动机与选择模型对整体行为的影响。它把个人作为最基本和最后的决策者，认为只有个人才具有理性分析和思考能力，强调一切集体行为都源自个体决策。

（3）交易政治学。公共选择理论用交易政治的观点看待政治过程，把人们在政治领域的相互作用过程视作"政治上的交易"。其认为，政治过程和经济过程一样，其基础是交易动机、交易行为，政治的本质是利益的交换，只不过市场过程的交易对象是私人产品，而政治过程交易的对象是公共产品。进入政治领域的人们也有各自不同的价值观和偏好，这些价值观和偏好都应受到承认和尊重。总之，政治制度就是一个市场，在那里，人们建立起契约关系，一切活动都以起码的个人成本收益计算为基础。"我们没有理由认为个体公民在选举人秘密写票室中的行为与个体消费者在超级市场中的行为有本质的不同。"[①]

3. 对公共选择理论的评价

1986 年，在瑞典皇家科学院举办的诺贝尔颁奖典礼上，斯塔尔教授代表评奖委员会评价了布坎南的公共选择理论的贡献。他称布坎南的获奖理由是"发展了经济和政治决策的契约论与宪法基础"。综合来说，公共选择理论有如下三方面的理论意义：①它将传统经济学的微观理论扩展和应用到对政治制

---

① ［法］亨利·勒帕日：《美国新自由主义经济学》，李燕生等译，北京大学出版社1985 年版，第 150 页。

度、行政和利益组织的研究中，从而创造出了一种关于政治系统中的不同成员实际上如何运作的一套实证性理论，而不是一种关于他们应当如何运作的规范性理论。②它改变了经济学家们对经济政策诸要素的认识，使许多政治现象很容易得到解释。③它为揭示经济和政治决策的基础做出了重要贡献。斯塔尔教授评价道："这种研究的进一步结果是产生一种不仅整合政治和经济决策，而且将法律制度纳入其中的社会理论。"

公共选择理论虽然是一种颇有争议的学说，在经济人假设和个人主义等方法论上有些走极端，它的一些理论还有待检验和证实，但是它用经济学的分析方法来研究公共选择活动和政治行为，把经济学和政治学纳入一个统一的逻辑体系，是有积极意义的。公共选择理论已取得了丰富的理论及方法论成果，并得到广泛的应用，尤其是自 20 世纪 80 年代后期以来，公共选择理论的应用范围已经远远超出了主流经济学和传统政治学的研究范围，它几乎涉猎了当代所有的社会热点问题，具有广阔的应用前景。

公共选择理论对于公共政策研究具有可资借鉴之处：第一，公共选择理论从经济学的假设、理论和方法入手来研究政治和公共决策问题，为公共政策和政治学研究提供了一个新的视野、新的研究途径；方法论上它用个人主义来取代作为传统政治学主导途径的集体主义，是对公共政策研究政治学途径的有效补充或扩展。第二，公共选择理论丰富了当代政策科学和政治学理论，如它的非市场决策理论、政府失败论、国家与政党理论、投票规则的损益分析、官僚体制与代议制民主的分析，扩展或补充了当代政策科学和政治学的理论研究。第三，公共选择理论有助于对当代西方国家公共政策过程的本质及其局限性的认识，也加深了对人类公共决策过程及其规律性的认识。

二、批判性理论

1982 年，科林德里奇的著作《批判性决策——一种社会选择的新理论》一书在美国公开出版。在书中，科林德里奇提出并解释了批判性理论的思维框架，公共政策领域出现了批判性决策的主张。

1. 批判性理论的哲学基础——社会批判理论

社会批判理论是一种致力于现代资本主义批判的理论。这种理论要求在总体上认识和理解社会生活，全面把握社会发展的源泉。在数十年的发展过程中，从一开始运用马克思批判资本主义的现成结论去度量现代资本主义，到把马克思主义与弗洛伊德主义等现代西方社会思潮结合在一起，再到最终形成一套独立的社会批判规范和方法为止，法兰克福学派在马克思主义的名义下实现了对现代资本主义社会的尽管远非彻底但却非常全面的批判。社会批判理论对现存社会进行的激烈批判涵盖了现代社会生活的一切方面，这令以往一切富有批判精神的思想家们都难以望其项背。

社会批判理论的典型代表是20世纪20年代在德国法兰克福大学出现的法兰克福学派。这一学派注重马克思主义哲学的批判性思维，是当前西方社会流行最广、影响最大的西方马克思主义流派。早在法兰克福学派奠基时期，霍克海姆在题为《传统理论与批判理论》这篇社会批判理论的纲领性宣言中，正式将"传统理论"与"批判理论"确定为两种不同的认识方式，并且认为批判理论的认识论基础是一种人道主义，① 提出应对现代资本主义社会进行坚决的批判，努力使它成为一个更加正义、更加人道的社会。霍克海姆认为，我们的时代是一个批判的时代，而批判的时代所需要的是批判的理论。法兰克福学派致力于建立的理论就是适应批判的时代要求的社会批判理论。他们主张将哲学、社会学、经济学、心理学等多学科结合起来，对当代资本主义社会意识形态、大众文化、技术理性等方面进行综合性、跨学科研究，对资本主义社会内在矛盾进行批判和否定。

20世纪西方著名的哲学家卡尔·波普尔哲学思想的核心是批判理性理论。他反对历史决定论，坚持"证伪原则"，运用批判性理论和试错法，分析政治上的完美主义和乌托邦主义。波普尔既反对辩明主义或证实主义，也反对非理性主义或怀疑论。辩明主义亦称绝对无误论，认为科学知识所提供的内容是确实可靠的，是经得起证明的。而波普尔不这样看，他视无误论者的认识为天真的幻想。他认为任何科学的主张都不是无可挑剔的，都不是容易证实的。而怀疑论者对一切都持怀疑态度，从绝对意义上否定科学知识的可靠性，认为没有任何理由和证据可以证明某种科学主张比其他的主张更好。波普尔对怀疑论更是不屑一顾，他认为人们已经发现了能够把合理的科学主张同各种形式的迷信加以区别的有效途径，这就是可证伪性。他指出，科学的发展表现为知识的增长，而知识增长的过程就是理论不断扬弃的过程，旧的理论不断受到责难和批判，人们找出它的不足，发现它的错误，在此基础上才会有更好的理论产生。因此，波普尔的观点被称为证伪主义和批判主义。

_____

① 李隽：《霍克海默的社会批判理论及其思想特色》，《理论探索》2005年第6期，第29页。

2. 批判性理论的基本观点

科林德里奇在社会批判理论的启发下，提出了一个从理论上分析公共政策的新视角。他认为，政策制定的过程也像科学探索一样，虽然无法证实某项政策方案绝对正确，但这并不等于说我们就无法证实它比另一项政策方案更好。一般而言，越经得起批判的政策就越好，越经不起批判的政策就越差。因此，在政策制定过程中，正确的途径不是去寻找那些可以被完全证实而且正确无误的政策方案，而是去寻找那些错误和缺陷尽可能少的且可以很快克服与改进并无须花费过多代价的决策方案。

3. 对批判性理论的基本评价

科林德里奇在借鉴卡尔·波普尔哲学观点的基础上，首先否定了规范性政策理论，进而提出了批判性政策分析理论。他认为，规范性政策理论的研究焦点历来集中于讨论如何对一项政策进行辩明或辩护，即通过各种方法对这项政策的正确性加以证实。而实际上这样的辩明是徒劳的，是不可能有任何效果的。原因是：①价值选择是难以确定标准的，其正确与否是无法进行评判的。②受主客观条件的制约，不可能全面且准确地掌握有关的决策信息，因而人们既无法穷尽所有的备选方案，也不可能预测每种方案全部的可能性结果。

科林德里奇的批判性理论对政策分析的主导性理论提出了挑战，其反向思维的认识方法具有鲜明的特征。尽管这种批判性观点也同样受到来自各方面的批评，但是，它对政策分析的启发性作用是不容忽视的。

三、实验性理论

作为人类主观意识产物的公共政策尤其是政府决策，面临复杂多变的政策环境，往往具有高度的不确定性。考察一下那些曾被政府采纳并颁布实施的政策，人们就不难发现，如果能在事前对结果做出正确估计，这些政策无疑会在出台之前就已经被否决；再考察一下那些曾在事前就已经被否决了的备选方案，如果能在事前对后果有更深入了解的话，这些方案很可能是应该被采纳的。这足以说明，政府决策往往笼罩着高度的不确定，导致有可能会出现决策失误。

1975 年，美国著名的思想库——布鲁金斯学会组织了一次有关政策实验方面的研讨会。与会的专家、学者在其后发表了一系列论文，内容涉及教育、税收、工资等方面的政策实验。在这一系列论文之中，他们明确指出了政策实验的重要性。实验性理论学者认为，政府的政策制定往往是在对预期结果没有充分把握的情况下进行的，由于政府决策有着高度的不确定性，所以在政策正式出台之前应进行慎重的社会实验或搞小范围的试点，以减少决策中的无知和避免执行中的缺陷，并预防一些意想不到的结果。

在西方语境中，"政策实验"被表述为 policy experimentation。这一表述在翻译成汉语时就出现了"政策实验"与"政策试验"之分。刘然博士通过引入"政策试点"概念，看到了"政策实验"与"政策试验"二者之间的关联性，同时剖析了"政策试点""政策实验"和"政策试验"这一组概念各自在背后承载着不同的研究对象与逻辑侧重。政策试点是指"在一定时期内，上级政府在特定范围内所进行的具有探索与试验性质的改革"。① 政策试点在政策探索阶段，目的是为了求解而进行的政策"试错"。到了政策试点的示范或扩散阶段，政策试点的目的则是为了验证已知方案的正确性而进行的"试对"测试。政策实验的本质是将现实世界中的政治活动而非理论推演作为实验环境，试图通过理论预设、控制变量、因果检验等科学推理的方式对现实政策中的逻辑关系进行解析与还原，以便在最为可靠的决策信息的基础上做出更好的选择，其逻辑表现为基于经典实验设计的政策制定，试图通过强化科学与政策之间的联系来寻求解决方案。政策试验是一系列意见、文件、试验反复执行和调整的循环过程，而非简单的系统规划、文件起草与政策颁布的结果，其逻辑是跳过政策分析与政策立法的前端步骤，尽量发挥地方政府应对具体问题的潜力，允许地方政府面对复杂多变的政策环境在连续不断的试错中寻找最适宜、最有针对性的解决方案。②

众所周知，政策试验较之其他的社会试验有着更大的难度，西方的政治制度刚性更是直接扼制着政策试验的施行。与其他西方国家相比，中国具有政策试验的政治制度优势。在中国关键性政策施行过程中，政策试验作为一种工作方法被广泛应用，进而逐渐成为政策过程中一个必不可少的环节。因此，政策试验目前已经成为中国政策制定过程中一个特有的创新机制。中国式政策试验的运行机制主要表现为自上而下的"试点—推广"机制和自下而上的"吸纳—辐射"机制两种。之所以如此，是因为中国改革开放政策的成功，政策试验起到

---

① 刘伟：《政策试点：发生机制与内在逻辑》，《中国行政管理》2015 年第 5 期，第 113 页。

② 刘然：《"政策试点""政策试验"与"政策实验"的概念辨析》，《内蒙古社会科学》（汉文版）2019 年第 6 期，第 61 页。

了有力的助推作用。这种助推作用具体表现在以下五个方面：第一，政策试验使中国的改革决策得以把发展目标的紧迫性与发展过程的渐进性很好地结合起来；第二，政策试验有助于提高改革决策的民主性和科学性；第三，中国的改革决策因政策试验而节约了改革的成本，降低了改革的风险；第四，政策试验使中国的改革决策得以及时发现并大力扶持新生事物的成长；第五，政策试验为中国的改革决策提供了不断完善和及时纠错的机会。①

根据政策试验的时空特性和基本内容、目标侧重点之不同，政策试验可划分为三个基本类型：时间维度的立法试验、空间维度的试验区和时间+空间双向维度的试点。南开大学周恩来政府管理学院的周望在这一概念体系的基础上，结合中国政策试验模式，初步构建出一个解析政策试验的理论框架(图4-1)。

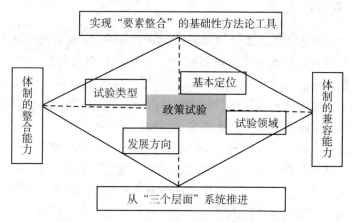

图 4-1 政策试验的理论框架②

在他看来，政策试验就是实现"要素整合"的基础性方法论工具，政策试验的领域主要取决于体制的"兼容能力"，政策试验的类型主要取决于体制的"整合能力"，政策试验的发展方向要从宏观、中观和微观"三个层面"系统推进。

公共政策的制定不是一场游戏，政府不能拿全民做实验，拿公众开玩笑。正因为如此，一些学者对政策实验主义理论提出了批判，主要涉及以下几个问

---

① 宁骚：《政策试验的制度因素》，《新视野》2014年第2期，第71页。

② 周望：《"政策试验"解析：基本类型、理论框架与研究展望》，《中国特色社会主义研究》2011年第2期，第86页。

题：①不可能对所有重大的决策都进行实验或试点，比如外交领域的决策就不具备实验和试点的条件；再如危机状态下的决策，决策者面临着巨大的时间压力。②对谁进行实验？目标群体怎样选择？他们是否具有代表性？回答这些问题是困难的。③被实验者将体会强制性条件和操作性说明，特别是在控制因素的人为调整过程中，这种体验将表现得更为明显，这无疑有悖于民主政治的价值原则。④尽管有时在理论上讲得通，但从实际情况来看，难以对政策问题进行可控制的社会实验。⑤模拟的现实替代不了真正的现实，局部的现象常常是整体的假象。⑥进行盲试的困难极大，很难避免人为因素的干扰。尽管如此，我们也必须承认，为了避免决策失败在更广范围内造成的更大损失，政策制定过程中进行可控制的实验或小范围的试点不仅是合理的，也是必要的。

四、取舍理论

取舍理论源于正统的经济学原理。经济学家研究的是资源稀缺条件下的选择问题，在分析经济政策或经济目标时，通常把现有资源假定为有限和固定的，若他们面临多项政策或多重目标的选择，那么就必须有所取舍。换句话说，采取某项政策或追求某种目标，就必须舍弃其他政策或牺牲其他目标。就国家范围的经济政策而言，取舍理论也曾被广泛使用。

公共政策是一个针对现有社会问题寻找解决方案的过程，其最终目的是实现全社会公共利益的调节。对公共政策而言，理论上是要寻找一项能够满足所有人利益诉求的方案。然而，现实是社会群体差异性的存在让决策者无法找到那样的方案，只能找到许许多多在一定程度上能够解决问题的方案，这就决定了政策过程实际上就是一个选择的过程，面对各种各样的政策方案，决策者们必须有所取舍，从中做出选择。

那么，决策者们该如何进行取舍呢？

经济学家们首推帕累托最优原则，即一个人在不损害他人利益的同时使自己的情况变得更好。根据帕累托最优理论，如果一项公共政策能够满足一部分人的需求，又不会给其他人带来损失，那么这项政策就符合帕累托最优标准。而现实中可供选择的公共政策方案基本上都是一部分人受益，一部分人受损，很难满足帕累托最优标准。很明显，这种最优效率原则是建立在成本—效益分析的数量基础上的，也是决策者们从管理效率出发必须考量的要素。

然而，公共管理较之经济管理而言，情况更为复杂，体现在公共政策层面主要表现为政策方案所蕴含的不同效用之间无法进行量化比较。比如说政策成本与政策风险、政策风险与政策副作用、政策成本与政策副作用等的比较，帕累托最优标准在此就失灵了。这时候，社会选择理论为我们提供了一个思路。社会选择理论是一个探求社会决策如何满足社会福利最大化的经济学分支，主要分析个人选择偏好和集体选择之间的关系，其研究的根本性问题是各种社会决策是否尊重个人偏好，能否对不同的社会状态进行公正的排序或以其他某种方式加以评价。由此可见，社会选择理论的核心思想是如何将不同个人的价值偏好聚合成为社会偏好，使个人价值与集体价值高度吻合，实现社会福利最大化。而社会选择的难题就是不可能找到一种可以成功地将个人偏好聚合成为社会偏好的有效机制，尽管社会选择理论对公共政策分析而言是令人失望的，但它推出的排序分析法，却给决策者们进行决策取舍提供了有益的启发。

公共政策的逻辑核心是谋求社会公共利益的最大化，源于经济学原理的选择理论(取舍规则)无法为政策分析所用，但它却为公共政策分析提供了非常重要的启示和借鉴意义。第一，公共政策分析必须根据公共管理目标任务和公共政策的性质进行价值定位，力求建立一套能够在一定程度上调和个人价值与集体价值相冲突的社会选择规则，从而形成有效的公共决策；第二，公共政策作为公共管理的途径和手段，在确保目标任务完成的前提下，必须尽可能降低政策成本，提高管理效率；第三，在帕累托最优标准并不存在的情况下，政策学家们可以做出附条件的理性选择，即在保证绝大多数人受益的前提下，对政策的受损者给予一定的补偿。

◎ **复习思考题**

1. 公共政策模型的主要作用是什么？
2. 简述有限理性模型的主要内容和西蒙在决策领域的重大贡献。
3. 简述渐进决策模型的主要内容并分析其合理性。
4. 简述精英模型的主要内容并做出客观评价。
5. 一个有效的博弈模型应具备哪些要素？
6. 集团模型的实质和基本缺陷是什么？
7. 公共选择理论的内涵是什么？其对公共政策学有何重要启示？
8. 批判性理论的主要内容是什么？

第五章　公共政策制定

按照过程模型的观点，公共政策是一个动态的、阶段性的过程。在这个过程中，政策制定是第一个阶段，也是一个核心阶段，其他各阶段均是围绕这一阶段而展开的。在当今的科学决策体制中，一个常规的公共政策制定过程绝不是一蹴而就的，往往包括公共政策问题确认、公共政策议程确立、公共政策方案规划、公共政策方案抉择和公共政策合法化共五个环节。

第一节　公共政策问题确认

人类社会面临的问题成千上万，其中，社会问题更是复杂多样。即使是在特定的社会历史时期，需要公共权力机关解决的公共问题也可以说是数不胜数，但究竟哪些问题能够成为公共政策问题被输入政治系统进而进入公共政策议程，最终形成为公共政策决定，这就是公共政策运行过程的起始阶段——公共政策问题的形成与认定阶段。也就是说，公共政策问题的认定是政策制定过程的逻辑起点，也是公共政策生命周期的起始环节。而且，在公共政策制定过程中，政策问题研究即政策问题建构具有特别重要的地位，因为公共政策的一个重要特性就是问题取向。也就是说，公共政策问题的建构对于公共政策过程的意义重大。政策分析者一旦发现了问题并找到了问题的症结，政策方案就很容易制定。如果公共政策问题没有找准，没有澄清，没有确认，就急忙去寻找解决问题的方案，满以为是一个正确方案解决了一个找准的问题，其实只是解决了一个没有认准的问题，或错误的问题，这样寻找和论证的方案其实是毫无意义的。政策制定中最为致命的错误是为解决一个错误的问题进行决策。为了使公共政策问题的形成与认定这一环节更加科学，我们在对公共政策问题的形成过程进行分析的时候还必须对公共政策问题进行理论界定。

一、公共政策问题的含义

公共政策问题在任何现实社会中都是客观存在、不可避免的，它是一定范围、一定空间、一定层面上的社会公众心目中不理想的、不规范的、不能令人满意的某种社会状态。虽然这种社会生活的现实状态是客观存在的，但它要能成为公共权力机关和个人关注的对象，还必须在认识上经过一个逻辑发展过程，这一过程大致包括以下三个阶段。

第一阶段：从问题到社会问题。

问题是存在于人们头脑里的一种心理活动过程，即人们对客观存在的不足与其主观认定的需求之间存在着差距的一种主观感受。客观存在的不足是指行为和价值的实际状态与价值和规范的应有系统状态之间存在着差距，或者是现有的状态与期望的状态之间存在着偏差。当然，这种偏差的客观存在还不足以让其成为问题。而要让它成为问题还需要有公众对问题的主观认定，即产生解决问题的诉求。人们面临的问题有个人问题和社会问题之分。个人问题往往只涉及一个人或几个人，主要可以通过个人的努力来自行解决。当个人问题普遍出现，影响范围越来越广，影响人群的规模越来越大，个人努力已无法解决时，这个问题就演变成了社会问题。

第二阶段：从社会问题到公共问题。

客观存在的社会问题一开始只影响到与其直接关联的群体，这类问题的涉及面往往还比较有限。一般来讲，普通的社会问题有两种存在形式：一是某些社会问题一开始并不太严重或明显，所隐含的社会矛盾还没有充分展现出来，人们想通过借助外力解决问题的意向也不强烈；二是一些社会问题一开始就很严重，但在初期可能仅仅局限在一定的范围或个别区域，而当这些社会问题充分展开，不断扩展蔓延之后，其影响的范围越来越广，广大的社会公众便自然会产生由谁来负责解决问题的公意性诉求，进而引起公共权力机关（个人）的关注。于是，普通的社会问题就转化为社会公共问题了。

第三阶段：从公共问题到公共政策问题。

按理说，当公共权力机关（个人）意识到社会公共问题已经妨碍整体社会发展，充分了解公众的公意性并认同这种公众的政策诉求时，就应该将其纳入公共政策问题的范畴并及时做出回应。然而，由于任何一个社会的公共权力机构在一定时期所拥有的解决社会公共问题的资源、手段和能力是有限的，并不是所有的公共问题都能及时通过出台相应的政策得到解决。也就是说，任何一个社会的公共管理机构在一定的时期只能够将它们所关注到的一部分社会问题确定下来，通过制定相应政策的方式加以解决或规范，这时，公共问题才能上升为公共政策问题。

对以上四个概念的辨析让我们清晰看到了公共政策问题的形成过程，也因此而形成了"公共政策问题"的逻辑定义。所谓公共政策问题,"是指统治集团或社会大多数人感觉到现实中出现的某种情况与他们的利益、期望、价值和规范有相当严重的矛盾和冲突,进而通过团体或组织活动要求有关社会公共组织和政府采取行动加以解决,并被社会公共组织和政府高度关注的社会问题或公共问题"。①

由此可见,一个社会公共问题要上升为公共政策问题,必须具备以下三个条件:

第一,必须存在可以确认的客观事实或问题情境。

第二,必须产生强烈的公意性政策诉求。

第三,必须准确匹配解决问题的法定公共权力机关。

二、公共政策问题认定的程序

政策问题确认是政策分析中最重要的概念。在政策制定实践中,政策问题确认的过程通常由三个不同但相互依存的阶段构成,即问题察觉、问题界定和问题描述。

1. 问题察觉

问题察觉是指某个已经客观存在的社会问题被人们感知到,并在一定程度上引起公共权力机关(个人)更多关注且可能采取某种行动的过程。问题察觉的途径通常有以下几种:(1)执政党和政府高层领导人在公务活动中,由于处在一种高瞻远瞩、胸怀全局的地位,加上自身所具有的知识、才能、经验等优势,相较其他人而言获取信息更及时、更全面,因而能从众多的社会问题中及时发现和抓住带普遍性、全局性和长远性的问题,作为公共政策问题来对待和处理。(2)各级各类公共权力机关的管理人员在日常公共管理实践中,也会从大量重复解决的社会问题中总结、归纳出一些共同而重要的公共政策问题。(3)计划、统计、调查研究和预测分析机构的研究人员及专家学者,在各自的研究领域中,也会从各自科学研究的角度主动发现和确认某些重要的政策问题。(4)其他党派、社会团体、利益集团、新闻媒介和普通群众,也会根据各自的观察、观点和利益,提出认为应及时制定政策来解决或规范的若干重要问题。(5)某些突发事件、天灾人祸及国际上发生的能直接影响到本国利益的重大事件,也会促使政府立即关注某一政策问题。

---

① 宁骚:《公共政策学》(第二版),高等教育出版社 2011 年版,第 274 页。

2. 问题界定

问题界定是指对已经察觉的社会问题进行特定分析和解释的过程，也就是用最基本的、普通的词汇，揭示政策问题所属的领域、影响的范围、形成的原因等。在具体操作时，界定者首先需要按照一定的要求对问题进行必要的归类，然后对问题进行深度诊断和挖掘，把分散的、表象的问题转变为聚焦的、实质性的问题。在具体操作过程中，人们常常运用类别分析法，将问题进行逻辑类别的区分；运用原因分析法对政策问题产生的原因进行挖掘；运用对比分析法寻找并判明这一政策问题与其他政策问题的相似性与差异性；运用假设分析法去设定政策问题的相关因素，等等。这些分析方法有助于人们全面深入地认识政策问题。需要注意的是，在选择问题界定的概念体系时，界定者会受其自身价值观念、意识形态的制约，因为一个问题之所以成为政策问题，与决策者以及公众所处的文化背景有关。另外，任何一个社会问题在出现之后，也可能在社会有机体的连续运行中逐渐缓解甚至自我修正，所以，问题界定者要尽可能找出问题发展演变的规律。

3. 问题描述

问题描述是指运用一些可操作性的语言——文字、数字、图形、符号等，对界定者们头脑里形成的实质问题进行明确表述的过程。这一阶段并不是简单地描述问题的现象本身，而是将制约政策问题诸因素的关系用数学关系来表示，用物理对象来模拟，用图形或符号来揭示其本质。这时，政策问题各因素的物质和关系通过模拟模型内诸因素的性质与关系间接反映出来。其优点是通过适当简化与抽象，可以突出问题的本质规律和特征、关键资料和参数，有助于分析和理解研究对象。

问题确认过程中应注意以下两方面问题：

第一，问题描述应做到真实详尽，切忌人为夸大或缩小。在现实生活中，我们不难看到，迎合上级旨意，满足个人或集团利益需要，是一般心态；夸大工作成绩，缩小存在问题，是普遍现象。所以虚假与半虚假的问题描述在日常工作中并不少见，其对决策中的正确选择构成了很大障碍。因此，有时就需要建立多个平等的报告渠道，以比较和鉴别信息的真伪。

第二，尽量缩短报告链条，减少报告层次。从组织原则的视角出发，越级报告形式本属于不当行政行为。然而，层层报告不仅会造成时间的延缓，而且掺杂了层层的筛选与加工。由于政策问题的不确定性和多变性，时间的延误很可能造成问题描述的失真。另外，由于信息上达需要经过许多环节，过滤的层次越多可能与所要反映的问题出入越大。所以，在政策问题确认过程中，越级行为有时是完全必要并值得鼓励的，特别是在发生一些重大政策问题的时候。

总而言之，对于政策问题的描述，要尽量做到以客观代替主观，以直接代替间接，以准确的事实代替加工过的材料，坚持实事求是的原则。当然，有效的制度安排是不可或缺的要素。

第二节　公共政策议程确立

从公共政策问题的确认过程来看，公共权力机关早已介入其中，否则，公共问题也就不可能上升为公共政策问题。从程序上讲，当公共权力机关关注到某一重要的社会问题并有意做出回应时，就会把这一问题纳入自己的工作议程进行讨论，这就是政策议程。公共权力机关什么时候对关注的公共问题展开讨论？为什么有些公共问题顺利进入到政策议程环节而有些公共问题却被拒之议程之外？公共权力机关在政策议程确立的过程中的作用有无差别？这些问题都是公共管理者必须要弄清楚的。

一、政策议程的概念及其基本形式

政策议程，通常是有关公共问题受到政府及公共组织的高度重视并被正式纳入其政策讨论和被确定为应予解决的政策问题的过程。通俗地讲，政策议程就是指某一引起公共政策决定者深切关注并确认必须解决的公共问题被正式提起政策讨论，决定政府是否需要对其采取行动、何时采取行动、采取什么行动的政策过程。

现代民主国家政治制度的维系和运行，基本上是在政府的公共权力系统和公众的社会权力系统这两种系统的交互作用及其动态平衡的过程中实现的。在现代民主社会中，存在两种相互制约的权力系统，一种是政府代表的公共权力系统，一种是由不同层次的公众代表的社会权力系统。在对价值的权威性分配中，政府的政策行为主要是为了对全社会的价值进行权威性分配，即使公众的政策行为是为了追求群体价值观和群体利益。政府的公共权力系统总的来说是为了追求和维护公共利益，但有时，政府也会追求和维护政府的特殊利益；公众的社会权力系统有时追求特殊的群体利益，有时则追求公共利益。因此，两种权力系统有时会发生利益追求上的矛盾。鉴于此，现代民主国家存在两种相辅相成又相互制约的政策议程的基本形式——公众议程和政府议程。

公众议程(System Agenda)。公众议程又称系统议程,是指人民群众共同议论某个问题,并认为有必要提交执政党和政府采取措施予以解决的过程。从本质上看,公众议程是一个众人参与讨论的过程,是一个问题从与其具有特殊联系的群体逐渐扩展到社会普遍公众的变化过程,即一个问题引起相关群体的注意,进而引起更多人的兴趣,最后受到普通公众的关注。公众议程是政策议程的第一阶段,常以大众传播和街谈巷议的形式来体现。从这种意义上说,公众议程并不是完全意义上的政策议程。公众议程实际上就是广大公众向政党、政府等政治组织或政治系统提出自己的愿望和要求(也即进行利益表达),促使政治系统制定政策予以实现的过程。

一般说来,社会公众利益表达的方式有两种:一种是个人方式的利益表达,他们的利益要求通常是向某个官员或政治家提出的狭小的个人或家庭的利益,而对担任公职者或其总的政策并不提出异议。另一种是集团形式的利益表达,这通常由利益集团来承担。利益表达还有个时机、场合、方式方法问题。在现代法治社会,应尽可能以合法的方式和途径进行利益表达。此外,利益表达的量也要适度,这实际上也是对政治系统的一种支持,用法律术语来讲就是权利义务的均衡问题。一般说来,要求过多或支持过少都将给政治系统造成压力,阻碍政治系统的正常运行,从而也不利于公众利益、愿望或要求的实现。

就政策议程而言,一个问题要想达到公众议程的程度,必须具备三个条件:一是该问题必须在社会上广泛传播并受到密切关注,或至少已被相当多的公众所察觉;二是相当多的人都认为有采取行动的必要;三是公众依据某种制度或惯例,普遍认为该问题是执政党和政府机关职责权限内的事情,执政党和政府有义务予以关注和解决。凡不具备这三个条件的问题,便难以进入公众议程。

政府议程(Governmental Agenda)。政府议程是指政府等公共组织正式讨论和认定有关公共政策问题的过程。从本质上讲,政府议程是政府等公共组织按特定程序行动的过程。由于政府议程通常比公众议程要正规,所以又称正式议程(Formal Agenda)。这是政策议程的第二个阶段。

二、公共政策议程确立的类型和引发机制

现代社会存在着大量需要加以解决的问题,而公共权力机关所能运用的公共资源和输出政策的能力却是很有限的,这无疑就注定了社会的公共需要与公共供给能力之间不可避免地存在着矛盾。因此,必然会有一些社会问题能够顺利进入政策议程,而另一些则不能。那么,一个公共问题如何才能进入政策议

程呢？

1. 政策议程确立的基本类型

美国学者罗杰·W. 科布在《比较政治过程的议程制定》一文中，根据政策问题的提出者在议程中的不同作用以及扩散其影响力的范围、方向和程序，把政策议程确立的类型划分为三种，即外在创始型、政治动员型和内在创始型。

外在创始型：政策诉求由政府系统以外的个人或社会团体提出，经阐释（对政策诉求进行解释和说明）和扩散（通过一定方式把政策诉求传递给相关群体）进入公众议程，然后通过对政府施压的手段使之进入政府议程。

政治动员型：具有权威作用的政治领袖主动提出其政策意向，并使其进入政府议程。因为在一般情况下，政治领袖的政策意向往往能够成为政府的最终决策，所以看似没有必要建立相应的政策议程，之所以仍要这样去做，主要是为了寻求社会公众的理解和支持，以便更好地贯彻和实施这项政策。政治动员型以政府议程为基点，以公众议程为对象，其目标在于政策方案的执行。

内在创始型：政策诉求源于政府机构内部的人员或部门，其扩散的对象仅限于体制内的相关团体和个人，客观上不涉及社会一般公众，扩散的目的是为了形成足够的压力以使决策者将问题列入政府议程。

2. 政策议程的引发机制

在西方的政策科学中，不少学者研究过政策问题进入政策议程的途径与时机问题，结合公共政策过程的实际情况，下列因素对政策问题进入政策议程具有重要的影响作用：

（1）大众传媒对政策问题的强烈反应

社会中存在矛盾、冲突、问题，经过量的积累，达到一定的节点，就会爆发出来，这种爆发或者是由单个人、几个人，或者是由社会组织引发的，也有可能是由某个偶然的、突发事件引起的，一旦发生突发事件，首先做出强烈反应的是大众传媒，大众传媒不仅要大规模地、连续地对事件的爆发加以报道，而且会加以评论，产生导向作用。在现代社会中，报纸、电视、广播已经相当普及，再加上电脑与网络的发展，公众和决策者容易从大众媒介知道政策问题，一旦大众传媒对政策问题表现出强烈的反应，政策问题就有可能进入议程。

（2）政策问题已经在相当范围内成为共识

大众传媒对政策问题的关注会引发在社会范围内进行有关政策问题的讨

论，由于不同的个人、集团在社会中的实际利益不同，价值取向各异，因而政策要求也是不一样的，当某些事件刚开始发生，某些社会状态和秩序刚刚出现变化时，可能一些信息灵通或较为敏感的公众会立即产生强烈的政策诉求，但同样的情境对另外一部分公众则不能或暂时还不能引起他们对政策问题的注意，但是，当某些政策问题情境更为明确化，社会状态与秩序的改变引起更多公众对切身利益的关心，多数公众对某些政策问题逐步形成共识时，政策问题进入议程的条件也就具备了。

(3)受政策问题影响的利益群体产生诉求

任何政策问题都和特定公众的利益有关，社会在正常情况下，会形成一定的利益结构，当社会秩序和情况发生改变，即出现政策问题情境时，原来的社会利益结构就会发生变化，一些公众的正当利益受到破坏，在政策问题刚刚形成时，这种利益结构的变动不大，可能只有少数公众的利益被明显损害，但当政策问题进一步恶化，比较多的公众的利益受到损害时，一些人会行动起来，将利益受到损害的公众组织成利益集团，利用各种合法的方式向政府提出政策诉求，这种利益群体的直接诉求活动也是政策问题进入议程的标志之一。

(4)政治精英和专家学者产生预测性政策发动

大众媒体、利益群体对政策问题的强烈关注，固然可以促成政策问题进入议程，但这带有被动的性质，要使社会正常发展，必须依靠人们对社会发展中可能发生的政策问题进行主动的、超前性的研究，赶在问题爆发之前就加以积极的引导，这就是超前性政策发动，能够进行这种预测性政策发动的主要是具有很高水平、极高权威的执政党和政府的主要领导人，另外还有权威研究机构、高等院校中的专家学者。执政党和政府中的杰出领导人凭借他们的智慧、理论、地位、权威和经验，能够预见到社会发展中的若干重大问题，并提出政治问题，为政策问题进入议程创造条件，具有某一方面专长的专家学者，由于知识渊博，思维敏捷，并且长期进行社会问题的追踪研究，因此，常常能在政策问题大规模发生之前就提出预警，要求有关部门进行防范或积极引导，从而也为政策问题进入议程创造了条件。

3. 政策议程确立的障碍

政治原则的偏离。任何国家都有被其视为立国之本的基本政治原则，坚持这些原则，是政府义不容辞的职责。如果政策诉求偏离了国家或执政党的根本原则，如宪法所规定的共和国体制、国家疆界等，公共权力机关就会通过各种方法将其排斥在政策制定系统或制度化程序之外，有时甚至是在其提出之前或接近相关的政策领域之前就会被改变或扼杀，它也就不可能进入政策议程进行讨论的。

价值体系的排斥。一定的价值体系是人们思维、行动的重要依据，也是一国人民凝聚力的根基。任何社会都有其占主导地位的价值体系，如果提出的政策诉求严重违背了社会或决策者的价值体系，那就不可能进入政策议程。例如在计划经济体制下，就不可能制定出鼓励私有企业发展的政策。

政府体系的封闭。一个开放的体系能够使公共问题通过多种渠道反映到决策系统。这个开放的体系包括合理的政府结构和议会结构、相对独立的大众传媒、各种利益群体与决策系统之间的结构性与非结构性的利益表达方式等。政府体系的封闭意味着对大众传媒不适当的控制、对不同意见的压制、政府和议会制度的不合理，这些都会使某些重要的政策问题不能进入政策议程。

承受能力的超重。政策问题不能超越政策制定者及相关人员的思维模式、行为结构、心理素质等承受能力，否则，即使某些问题的提出对社会有利，符合时代潮流，也往往因超出了决策者的承受能力而受到他们的排斥或回避。

表达方式失当。用什么方式来表达问题及其解决方案，对政策议程的形成也很重要。有些问题本可以通过法定的正常渠道提出，却偏偏要选择非正常渠道；明明可以在正式场合提出，却偏偏要进行地下活动；明明可以采用平和的形式提出政策诉求，却偏偏要采用过激的形式，如此种种不当的表达方式，很多时候使本该列入政策议程的问题反而被搁置了。

三、公共权力机关在政策议程确立中的策略

在确立政策议程的进程中，个人、团体和政府三者间相互影响。以政府的介入态度为衡量标准，通常有四种策略形式。

1. 社会中部分团体或者个体主动，政府只是有限介入

这大致有四个原因：①政府基本上不知道这些问题的存在，尽管现代政府承担的职能在膨胀，政府管辖的范围在扩大，政府力图通过各种现代科学技术手段，及时获取社会的各种信息，但这些努力效果仍然十分有限。②政府知道问题的存在，但没有权力去处理。现代政府是个有限的政府，不是具有处理一切问题的万能政府。特别对地方政府来说，因上下、左右各种关系的制约，更难以及时处理被认为应该解决的问题。③政府知道问题的存在，也有权力去处理，但无能力处理。政府的一切介入行为都需要消耗资源，更重要的是一旦要解决这些问题，其消耗的公共资源更大。能不能有足够资源作为保证，政府必

须考虑到这一点。④政府知道问题的存在，也有权力与能力处理，但不能马上列入政府的议事日程，政府处理问题有轻重缓急的安排。

2. 政府主动介入发现和解决问题，社会中的团体或个人只是有限介入

政府主动发现并解决问题有下列几种情况：对于保护环境这一类带有全局性的问题，政府会从更高的层次上关心并加以解决。对部分社会团体或个人来说，关心的更多是眼前与局部利益。对于在各种利益冲突中始终处于主导地位的那一类人，为了防止他们歪曲事实，或是蓄意制造混乱，政府需要主动干预，保护冲突中的受害者。出于保护自身利益的需要，政府需要主动发现问题。

3. 政府及社会团体与个人都主动介入

这主要有两种情况：一是政府希望解决的问题与公众要求解决的问题完全一致或基本一致，这样就能相当迅速地进行政策问题的构建并顺利地列入议程。二是政府希望解决的问题与公众要求解决的问题完全相反或基本相反，双方的主动行为发展成尖锐的冲突行为，使得政府不得不主动出手解决相关问题。

4. 政府与个人、团体都不主动介入

这种类型从理论上似乎是存在的，但在实践中并不多见。美国学者勒格尔在其主编的《政策研究百科全书》中分析了原因："可能是由于受某一事件影响的人没有可利用的方法，也可能由于缺乏能向政府提出请示的组织，或者干脆是由于和其他公共问题相比较，缺乏引起政府注意的竞争力，也可能是私人团体或政策制定者都尽力避免确认这种问题。"

第三节　公共政策方案规划

一旦社会问题在政策议程中被确定为公共政策问题，接下来就是如何解决这些问题，或者更具体地讲，是如何提出一系列解决问题的方案，这一过程即是公共政策方案规划。公共政策方案规划是政策制定过程中一个最核心的环节。要做到公共政策方案规划的科学化、规范化、民主化，必须明确公共政策规划的含义。

政策规划是一个很难做出准确的学术定义，却又是一个在公共政策实践过程中被广泛应用的概念和现象。对于它的定义，不同的学者从不同的角度出发，给出了不同的定义。比如说，琼斯认为，政策规划是指出台一个计划、方法和对策，以满足某种需求，解决某项问题。安德森将政策规划界定为：发展中肯且可接受的行动过程，以处理公共问题。张国庆教授认为，政策规划是"政府针对某些政策问题在未来可能演变或生成的情形，系统地制定一套解决预案的过程"。陈振明教授认为，所谓政策方案规划"指的是对政策问题的分析研究并提出相应的解决办法或方案的活动过程，它包括问题界定、目标确立、方案设计、后果预测、方案抉择五个环节"。张成福教授则认为，政策规划与设计是"政府为了解决公共问题，采取科学方法，广泛收集各种信息，设定一套未来行动选择方案的动态过程"。由此可见，上述学者在不同的理论框架下，给"政策规划"所下定义各不相同，所蕴含的政策行为也略有差异。

在此，我们认为公共政策方案规划是介于公共政策议程之后、政策方案抉择之前的政策行为，即公共政策方案规划是针对公共政策问题，采取科学方法，广泛收集各种信息，充分运用思维而设计的各种行动方案，是关于未来的一种具有一定权威性的政策构想。

一、政策方案规划的原则

政策方案规划是政策制定过程中一个十分关键的环节，它直接关系到政策质量的好坏。要确保政策方案的科学化、民主化，政策规划主体在进行政策方案规划时必须严格遵循以下五项原则：

紧扣政策目标。设计政策方案是达成政策目标的一个重要规划步骤，因此它首先必须紧紧围绕针对某一或某些问题的政策目标，科学地设计实现有关政策目标的具体政策行动方案。否则，方案的设计既可能无的放矢，也可能无从做起。也就是说，政策方案的设计必须时刻以有关政策目标为核心，与目标保持一致，真正全面贯彻目标的要求。在此需要强调的是，设计方案所要紧扣的并非只是那些暂时的、直接的政策目标，还要注意符合这些目标背后或超越于这些目标之上的一些长期的、间接的或更重要的目标。当然，在实际政策方案设计时，特别是针对有些新生问题或一些紧急问题进行政策方案设计时，我们很可能会遇到目标并不明确的问题。这时就需要我们采取渐进决策模式，首先大致明确眼前的目标，根据眼前的目标进行初步的方案设计，而后根据事态的发展，不断调整和明晰有关问题的目标和解决方案。

规划多重方案。要满足整体上的完备性，所谓整体上的完备性，是指应把所有可能的备选方案全部构想出来，不能有任何遗漏，这是保证最后能选定最优方案的一个重要条件。政策方案应尽可能多，方案应多样化。政策方案不仅应包括各种可能实现政策目标的方案，还应包括预防方案、应变方案等。政策的制定在于选择，有比较才有鉴别，如果没有多种方案以供选择，这样的决策是没有意义的。决策学者提出了多目标决策说，宣家骥曾说："为了达到预定的目标，下级给上级提出的策略必须至少有两个以上，而且必须说明各自的优劣和得失，可供上级考虑和选择。""只会提出一个方案的下级是不称职的，必须坚决撤换。"苏联学者在评价国家对外政策失误时指出："最重要的失误是：在做出决定时，提出可供选择的方案太少了。"

方案彼此独立。要满足整体上个体间的互斥性。所谓个体间的互斥性是指不同的备选方案之间必须彼此独立、相互排斥，而不能相互重复和包含。下面三种情况，都是违反互斥性要求的：第一，方案乙的措施包含在方案甲之中。如方案甲为发展农村社会保障事业，方案乙为建立完善农村劳保福利事业，控制外来流动人口。显然，方案乙可以包含在方案甲之中。第二，两个方案是解决同一问题的两个因素。如方案甲为大力发展农村教育事业，提高农民的精神文化水平；方案乙为大力发展商品经济，提高农民的物质生活水平。这时就可将两个方案合并成一个方案。第三，方案乙是方案甲的具体化，执行方案乙实际上即是执行甲方案。如方案甲是从制度上健全完善计划生育各种措施；方案乙为提高计划生育工作者待遇、提高计划生育的医疗技术质量、完善人口出生和死亡申报制度等。这些都是不符合互斥性原则的。

方案要有创新。创新是公共政策的生命力之所在。情况总是在不断变化的，公共政策制定绝非一种"例行公事"，而往往是针对新出现的情况进行的，属于无常规可循的、重大的、复杂的决策。可以说，设计方案的过程实际上就是一种创造性思维的活动过程。政策方案能否创新，取决于方案设计者是否具备创造性思维的能力和素质。这不仅需要具有丰富的知识储备，掌握有关的科学分析方法和手段，更需要有勇于开拓、敢于打破常规的勇气和魄力，敢于向旧的习惯势力、传统观念挑战，扫除因循守旧、人云亦云的思想障碍，更新观念，独辟蹊径。社会生活是丰富多彩的，特别是在改革开放的新的历史形势下，新情况、新问题层出不穷，更需要方案规划者发挥创造性思维，设想出各种新颖而独特的有效方案。

方案切实可行。制定政策是为了执行。因此，在方案设计过程中，要充分考虑现有和将来条件，去设计实现目标的主体、手段、技术、步骤等，力争方案都具有可行性和可操作性等。

二、政策方案规划中的思维方法

政策方案规划是一种高强度、高难度的思维活动。正确的判断离不开有效的思维活动,决策者在思维能力和水平上的差异往往体现在其决策行动中。因而,政策方案规划主体在规划政策方案的过程中必须灵活运用多种思维方式。

1. 经验思维

在规划活动中,经验思维是最易碰到和最常用的一种方式。在处理问题时,像条件反射一样,人们自觉不自觉地总是要首选经验思维,这似乎体现了一种心理上的惯性。只有当经验思维解决不了问题时,人们才会去考虑其他的思维方式。

经验思维的特点在于经验的联想和经验的迁移。经验的联想适用于处理重复性的工作。也就是说,当前所要处理的问题是过去曾经处理过的。因而,通过联想,运用经验,就可以做到胸有成竹。然而,这里所说的重复并不是百分之百的重复,按照辩证观点看问题,不可能有完全的翻版。但是,根据政策运行的变动周期来看,事情在主要环节上出现重复或基本一致是完全有可能的,这就为经验的联想的运用创造了条件。

经验的迁移与经验的联想有所不同,它是通过类比,发现两类事物之间的共同性或机械性,从而将解决这一类问题的方法迁移到解决另一类问题上去。比如美国人莫尔斯在发明电报时碰上向远距离发报信号减弱的问题,后来看到驿车到驿站换驿马的情况,从而受到启发。他把这种方法迁移到了发报信号上,形成了沿电报线设放大站的想法。经验的迁移超出了重复性界限,挖掘两类不同事物之间实质性的相似,从某种意义上讲,带有创造性思维的特点。然而,这种思维的迁移所依据的仍是经验的类比,仍然属于经验思维的范畴。

经验思维方式简单实用,但适用范围有限,局限于重复的和可类比的事物,容易忽略一些新的变动因素,这些因素有可能会对事物产生重大影响,而在经验范围内却难以察觉这种影响。一旦出现这种情况,运用经验思维方式就难免带来一定的失误。

2. 逻辑思维

与经验思维相比,逻辑思维更偏重于理性的思考,强调有理有据,重视逻辑推理,基本模式是"因为……所以……",因为 A = B, B = C, 所以 A = C。

首先,逻辑思维表现为一种抽象思维。这种抽象不是形式的抽象。它扩展了思维的空间，跨越了时间的界限，随着时空跨度的增大，思维中也就能容纳更多的对象。这些对象不仅是现实中存在的，而且包括历史状况和未来发展。在思维对象越来越丰富的基础上，我们也就能对其作越来越高的抽象概括。

其次，逻辑思维表现为一种概念思维，是运用概念进行的。概念思维是相对于抽象思维而言的。思维中，形象表现的只是个别的对象，概念却可以概括一类对象。当我们说高度的抽象包含着丰富的具体时，在抽象中出现的并不是大量的具体形象，而是对其进行分类，揭示各类对象之间的关系，用概念与概念之间的关系表述出来。也就是说，概念之间的关系反映了对象之间的本质联系。

最后，逻辑思维实质上是一种辩证的思维，或者叫辩证的理性，这是相对于形式的理性而言的。形式的理性要求在思维中避免矛盾，使思维过程按照形式化的格式进行。但是，在思维形式上避免逻辑矛盾，并不等于在思维的内容中否定矛盾。辩证的理性就是要求在思维的过程中认清各种矛盾关系，以便做到在思维形式上不陷入逻辑矛盾。

总之，辩证的思维就是承认矛盾、揭露矛盾和分析矛盾，并寻求解决矛盾的办法。

3. 直觉思维

与逻辑思维相比，直觉思维表现出非逻辑的跳跃性。结论得出来了，论证却尚未进行，甚至不知道怎样去论证。直觉的结论也是直接把握对象的整体而形成的，至于部分，则隐没在整体之中了。直觉的结论何时在头脑中产生具有随机性。逻辑思维是按程序一步步进行的，因而结论何时产生是可以预计的。直觉却不同，常常是突然产生的。

由于直觉具有整体性、直接性、跳跃性、随机性和突发性等特点，造成人们对直觉的评价出现很大分歧。要否定直觉是相当简单的，只要说它没有充分根据就行了。然而，直觉的特性就是提不出充分的根据，如果能的话，它就是逻辑思维而非直觉思维了。可见，直觉的成立，通常不在于根据。对个人而言，靠的是自信；对他人而言，靠的是权威。

4. 创造性思维

与一般性思维相比较，创造性思维表现出思考的独立性、方法的独特性、目标的前瞻性、思维的发散性、结果的聚敛性、形式的超常性等特征。

有利于创造性思维的具体方法有许多，其中主要有以下四种：

头脑风暴法（brainstorming）。头脑风暴法的发明者是现代创造学的创始人、美国学者阿历克斯·奥斯本于1938年首次提出来的。brainstorming原指精神病患者头脑中短时间出现的思维紊乱现象，病人会产生大量的胡思乱想。奥斯本借用这个概念来比喻思维高度活跃，打破常规的思维方式而产生大量创造性设想的状况。头脑风暴法是一种会议技术，在政策方案规划中被广泛应用。它主要依靠相关领域专家的知识、经验和分析判断能力以及向他们提供有关的行情材料，请他们对未来的变化态势做出判断、估计，集思广益，产生真知灼见，其适用范围涉及从正式的、快速的、为解决特定问题的职员会议到更正式的职员、专家和咨询者的会议。头脑风暴法力图通过一定的讨论程序与规则来保证创造性讨论的有效性，由此，讨论程序构成了头脑风暴法能否有效实施的关键因素。从程序上说，组织头脑风暴法关键在于以下几个环节：确定议题；会前准备；确定人选；明确分工；规定纪律；掌握时间。头脑风暴法提供了一种有效的就特定主题集中注意力与思想进行创造性沟通的方式，对政策方案规划而言不失为一种可资借鉴的途径。但需注意的是使用者切不可拘泥于特定的形式，因为头脑风暴法是一种生动灵活的技法，应用这一技法的时候，完全可以并且应该根据与会者情况以及时间、地点、条件和主题的变化而有所变化，有所创新。

哥顿法。这是美国人哥顿于1964年发明的一种创新思维的方法。它主要是通过会议形式，根据主持人的引导，让与会者进行讨论。但会议的根本目的是什么，真正需要研究的问题是什么，只有主持人自己知道，其他与会者都不知晓。这样做的目的是为了避免思维定式的约束，使大家能跳出框框去思考，充分发挥群体智慧以达到方案创新的目的。哥顿法有两个基本观点：一是"变陌生为熟悉"，即运用熟悉的方法处理陌生的问题；二是"变熟悉为陌生"，即以陌生的方法处理熟悉的问题。哥顿法强调要暂时抛开所要处理的问题，通过讨论一些其他问题，从类比中得到启发，然后再回到原来的问题上。当然，这种方法对会议主持人的要求是很高的，智力激发的效果与会议主持人的方法艺术有很直接的关系。

零起点方法。这是20世纪六七十年代首先在美、英流行的一种创新方法，源于行政领域的零基预算法，宗旨是抛开过去所有的框框，突破思维定式，一切从零开始。毛泽东同志在新中国建立初期曾这样讲过："我们现在是一张白纸，但在这张白纸上可以画最新最美的图画。"这句话可以用来形象地说明零起点方法。

角色互换法。这种方法类似于辩论中的角色互换，要求站在对方的立场上进行思考。按照集团利益理论的观点，公共政策是为了实现各方利益的平衡。而由于公共政策具有公共性的特征，再加上由政策主体、政策客体、政策媒体等构成的复杂的公共政策系统本身的运行必然涉及众多利益群体，故政策方案规划人员在规划政策方案的过程中必须从各方利益出发，寻求最佳平衡点。此类方法主要适用于"做还是不做"这类决策问题。

三、政策方案规划的程序

为了保证政策方案科学、合理，决策者们必须严格按照程序进行政策方案规划。广义上讲，政策方案规划的程序主要包括两个方面的内容：一是指用法律和规章形式规定的公共权威机构在制定政策时的一般程序步骤，即政策方案规划的制度程序；二是决策者在形成政策方案的过程中所遵循的步骤，即政策方案规划的技术程序。政策方案规划的制度程序往往在一个国家或地区的法律体系中先行设定，所有政策方案规划行为都必须遵照执行。因此，我们在这里仅讨论政策方案规划的技术程序，这一程序主要包括两大步骤——确立公共政策目标和设计公共政策方案。

1. 确立公共政策目标

公共政策目标就是有关公共组织特别是政府为了解决有关公共政策问题而采取的行动所要达到的目的、指标和效果。它是公共政策的出发点和归宿，制约着公共政策及政策分析的全过程。从定义中可知，公共政策目标具有两大基本特征：①问题的针对性。任何政策目标都不是政策制定者凭空想出来的，而是建立在对特定社会问题的关注之上，受特定社会问题的性质和社会治理的整体性任务制约的。缺少对社会问题的针对性研究，任何政策目标都难以从根本上解决政策问题。当然，这并不是说政策目标仅仅针对过去或现实已经存在的重大问题，实际上许多政策目标还要关心未来可能出现的重大社会问题。例如当今社会的老龄化社会政策目标和环保政策目标等都是如此。②未来的预期性。政策目标的出发点是有关社会问题的现状，最终的落脚点也是要通过一定的政策行动在未来实现对有关问题的解决。然而，社会问题自形成以后始终在不断地发展变化，它可能随着时间的推移不断恶化，甚至因某些偶然性因素的刺激而加速恶化。因此，这就必然要求政策目标一定要适应社会问题的未来发展趋势。这种预期性往往涉及对未来社会环境变化、人们价值观念变化等问题的把握。

确定公共政策目标对公共政策方案规划具有重要意义。第一，它能为制定政策方案提供方向性指导。在政策的基本思想指导下，选择好政策目标是政策制定中的主要内容。因为它是政策制定者希望通过政策实施所要达到的目的。有了正确的目标，就有了努力奋斗的方向，便于依据目标的内容，拟定各种备选方案，从中选取满意的结果。有了正确的目标，可以基本统一那些因信仰、价值、利益存在着差异，在政策制定与实施全过程中的不同参与者。第二，它能为政策方案的规划和实施提供核心的评估标准。有了正确的目标，可以对政策实施情况加以控制，顺利地实现目的，同时对政策结果提供可评价的标准。

就政策目标而言，由于政策环境不同，各国的公共政策目标及其侧重点也会有所区别，但从总体上讲，在现代社会中，基本的政策目标一般包括效率、公平和安全三个方面。这已经成为各国公共政策追求的共同目标，对我国目前的公共政策制定无疑也具有现实的借鉴和启示意义。

安全目标是公共政策的首要目标。公共管理的首要任务是在维系现有政治秩序的基础上推动社会不断发展，并且在这一进程中巩固自身的政治统治地位。然而，任何一个国家在发展过程中都不可避免地会遭遇来自内部和外部的种种威胁。这些威胁不仅会危及国家的政治统治，甚至可能危及社会的安全和稳定。因此，作为公共管理手段的公共政策，常常会把安全目标放在优先考虑的地位加以关注。尤其是在当今社会，危及传统安全和非传统安全的因素叠加在一起，更是为社会公共安全增加了无数负能量，也给公共政策的安全目标注入了新的要素。

公共政策的效率目标，一是指公共政策本身的有效性。通过分权式决策模式、交叠式管理方式的采纳，及时制定切实可行的公共政策，富有成效地取得政策预期；二是指公共政策对提高社会整体效率的作用和影响。由于市场失灵所造成的效率干扰和效率的损失，需要政府"这只看得见的手"与市场"这只看不见的手"相互配合，以保证效率目标的实现。例如一个企业为了赚取利润，不是通过提高产品质量、增加产品数量的方法获得，而是利用其特有的垄断地位，通过提高价格的方式获得，这将导致全社会低效率的生产和消费，于是就需要公共政策以提高整个社会效率为目标加以适时调整。总之，为消除妨碍市场竞争、影响市场效率的垄断现象；为保证给社会提供充足、必需的公共产品，克服公共领域的外部负效应；为各市场主体创造平等竞争的有利环境等，都需要发挥公共政策的调节作用，以提高社会的总体绩效，最终实现公共政策效率这一基本目标。

公平目标也应是公共政策的基本目标。自由放任的市场经济发展，必然会相伴产生高度不平等的收入和消费差距。在技术、能力等日益成为社会核心价值标准的大背景下，许多不平等因其"先天性"而"命中注定"。若任由这些不平等因素自由发展，势必会因为社会公众承受能力的有限性而导致严重的社会冲突和秩序混乱，这就要求现代政府和公共政策应把实现社会公平作为自己的重要职责。有效地增进并能公平地分配社会公共利益是公共管理的精髓，大多数西方学者也认为市场机制主要解决效率问题，而政府则应将解决社会公平问题作为侧重点。如果说效率问题是经济运行的基本问题，那么公平问题则是社会运行的基本问题，二者共同构成经济运行的环境系统，是融为一体的。

为了保证目标的正确，必须达到以下要求：

第一，目标的针对性。方案规划是有目的的活动，政策目标是为解决某个问题而确立的。因而，确立目标时必须针对实际问题，有的放矢，切中要害，找准解决问题的突破口，或是把握开拓发展的最好时机。

第二，目标的可行性。一般说来，目标应具有先进性和合理性。既要高于现实水平，又必须是在现有条件下通过一定的努力可以实现的，即具有可行性。不具备实现条件的目标只能是空想。实现政策目标的条件一般分为两类：一类是实现政策目标所需要的各种资源，如经济、人力、技术、信息、权力资源等，这些常被称为政策资源；另一类是间接制约政策目标实现的环境条件，如国际国内政治环境、社会心理状况、公众的政治社会化程度、自然环境的变迁等。这些制约条件又可分为可控因素与不可控因素。只有可控因素或可利用的条件占主要地位时，政策目标才具有相应的可行性。如考虑到人们对物价改革的心理承受能力较弱及与其他西方国家不同的情况，中国的物价改革没有像德国、日本那样采取"一步到位"的政策，而是实行了十分谨慎的"稳步前进"的方案，一步一步地放开价格，每一步调整的幅度都比较小。

第三，目标的系统协调性。政策所要解决的问题往往是比较复杂的大问题，因而政策目标往往不是单一的，是多目标的有机结合。对复杂的大系统，需要考虑的目标更多。因为同时要考虑很多个目标，其中有主要的，也有次要的；有近期的，也有远期的；有相互补充的，也有相互对立的，还有些目标应考虑是定量的还是定性的。比如某地区关于水资源保护与发展的政策，应该考虑的目标有：提高水质量；减少水污染；保护野生动物的栖息；减少洪水危害；保证农田用水；使水土资源管理成本尽量最少等。政策目标的协调，是要强调它们之间的一致性，为实现政策目标的组合与协调，必须巩固多目标间的同向性，减少它们之间的异向性。消除目标间的冲突性，可有几种方法：对各个目标排序，分清主次与轻重，在区别异同的基础上，按长期与短期目标、量化与非量化目标等进行归类；对同向目标，甚至基本相同的目标可以同类合并；对异向目标，尤其是冲突目标，可以减去其中的次要部分，或是降低其中一部分的程度，也可以重设妥协目标；用数学等方法，可对量化目标处理，并按前面的几种方法，统一权衡处理。

第四，目标的规范性。政策目标必须符合一定的规范，即：第一，政策目标要体现政策制定者所代表的社会利益。我国的各级政府官员都是人民的"公仆"，政策目标必须反映广大人民群众的根本利益和愿望。第二，各地方、各部门的目标要符合党和国家的总路线和总目标，下级部门的目标要服从上级部门的目标。第三，政策目标应当符合宪法、法律的规定以及国家权力机关的决议和决定。第四，政策目标要符合社会的道德规范和行为准则。一项政策目标如果有悖于人们的价值观和信仰，必然会招致群众的抵触和反对，因而也就难以实现。

第五，目标的明确具体性。公共政策是定性与定量的结合形态，它必须是具体明确的。概念、时间、条件与数量等方面都要清晰界定。具体地讲，公共政策目标必须表达准确，含义清楚单一，对其只能作一种理解，否则就会使人无所适从而各行其是；时限要求、适用范围、约束条件要具体；凡可能量化的目标应尽可能量化，以建立具体的衡量标准。

2. 设计公共政策方案

政策目标确立以后，接下来便开始设计公共政策方案。公共政策方案的设计一般可分为两个步骤，即轮廓勾画和细节设计。

轮廓勾画。这是方案设计的第一步，就是要从不同角度、不同途径提出各种方案设想。轮廓勾画主要包括两个方面的内容：一是实现既定的政策目标，大致可提出多少个政策方案；二是将各方案的轮廓勾画出来，如行动原则、指导方针、政策发展阶段等。这一阶段的工作重点首先是保证备选方案的全面性与多样性，要采用多种途径，尽可能把可以备选的方案都提出来。

细节设计。对于轮廓设想所产生的所有备选方案，还必须进行初步筛选，淘汰那些明显不可行的设想，留下一些较为可行的方案，进行精心的设计，这就是公共政策方案设计的第二步：细节设计。公共政策方案的细节设计，就是将政策方案具体化，确定实现政策目标的各种措施，如政策界限的规定和相关机构的设置、人员配备和物资经费的保证等。这一阶段的主要工作有两件：一是对每个备选方案尽可能细化，那些关键性因素、措施，若不能确定清楚，就无法实施。二是对方案后果要进行估计，没有这种估计，方案的优劣就无从识别，难于从中抉择。

轮廓勾画需要的是勇于创新的精神和丰富的想象力，而细节设计需要的则是冷静头脑和求实的精神，就方案的各个细节进行严格的论证、反复的计算和细致的推敲。由于决策者的学识、精力、时间有限以及事务繁杂等原因，他们更多地参与评价方案和选择方案，而方案设计这一工作，通常由专家学者，尤其是咨询机构辅佐完成的。

第四节　公共政策方案抉择

经过政策方案规划拟定出的若干政策方案，并非都能被政策主体尤其是政府系统——采纳并加以执行。因此，政策主体接下来要做的就是政策方案的评估和择优，即公共政策方案抉择。公共政策方案抉择是指政策主体对规划出来的众多政策方案，经过评估和论证，从中选择或综合出一个较佳方案并形成一致性共识(政策草案)的过程。评估是对各项政策方案效果的预测性分析和可行性论证；择优则是在评估和比较的基础上提出政策建议。这两者构成了完整的政策方案抉择行为不可或缺的步骤。在这个过程中，要充分考虑到抉择时的影响因素，进而在评估和论证的基础上达成一致性共识。

一、政策方案的评估

政策方案的评估就是对规划出来的所有政策方案进行全面的评价。由于这种评估活动发生在政策执行之前，所以带有预测性分析的性质。在评估过程中，评估人员往往要从以下两方面对政策方案进行评估——预测性分析和可行性论证。

1. 预测性分析

预测是指立足于事物的过去和现在，以事物发展历史为依据，总结客观规律，从而对事物未来状况做出判断，其目的是提供未来的信息。预测性分析的作用主要是为决策者提供合理的决策依据，分析内容主要包括每一种方案实施可能获得的政策效益、可能承担的风险、可能带来的副作用等。

预测性分析有着严格的程序要求，在操作层面上一般包括如下步骤：①明确预测目标，即预测的目标是什么、预测什么、预测的精度要求、完成时间要求等，了解方案应用时的可能性状况，并预估可能性程度；②组成一个小组或团队(小的方案也许只有一个人)专、兼职地做预测工作；③详细收集各方面的数据；④选择适当的预测方法，进行预测研究；⑤试验式证实；⑥总结预测结果，编制预测性评估报告。

预测性分析的方法很多，既要有定量分析以做出更加精准的预测，又要有定性分析以达成一致性共识。在公共管理实践中，我们常用的预测分析方法有专家会议法、德尔菲法、投入—产出分析法、时间序列法、回归分析法、趋势外推法和马尔可夫模型分析法这七种方法。

（1）专家会议法

专家会议法是以各相关领域的专家为预测信息的对象，通过会议讨论的形式，利用专家们的专业知识、专业技术和方法，对社会问题、政策方案所涉及的各种政策要素的未来发展趋势和状况进行分析和判断的一种直观决策方法。

专家会议法作为一种集体头脑风暴法，其优势是明显的：集思广益、信息放大；思维共振、有利创新；优势互补、智能叠加；知识共享、互相启发。同时，专家会议法作为一种集体决策方法，其局限性也是存在的：代表不充分，意见表达受到一定限制，看问题不全面；权威人物影响较大，容易出现"羊群效应"；忽视少数人的意见，表现出从众倾向；专家之间的意见交流会受到心理因素的干扰；专家的语言表达能力和信息接受能力对会议中的意见交流也会构成很大影响。由于各领域专家的分散性，组织者在召集专家时也常常面临协调难的困境。这种方法往往适用于项目规模宏大且环境条件复杂的政策方案预测情境。

（2）德尔菲法

德尔菲法是对传统专家会议法的改进和发展，也是一种在实践中行之有效的预测分析方法。德尔菲法的实质是，采用函调分别向评估或预测课题专家提出问题，而后将他们回复的意见综合、整理、归纳，并匿名反馈给有关专家，再次征求意见，然而再加以综合、反馈，最后得出比较一致的意见。

德尔菲法有三个显著特点：一是匿名性。调查过程中不暴露专家的名字，被调查的专家也不清楚有多少专家参加，因而可以客观地发表意见，避免了专家面对面讨论时的一些弊端。二是可根据反馈意见加以校正。由于进行多轮询问，参加的专家可根据反馈回来的上一轮集体主要意见做出新的判断，减少了干扰。三是对专家的回答进行统计学处理。

德尔菲法的实施程序比较复杂，要求组织者精心设计。德尔菲法的调查一般进行四轮，各轮的内容是：

第一轮，发给专家的询问调查表完全没有框框，专家可以任意回答。评估组织者对专家们的回答进行综合处理，用准确的术语制成清单。

第二轮，把综合归纳的清单发给各专家，并将归纳的结果用调查表的形式反馈给各位专家。各专家得到上述综合统计报告后，再次评估，并视具体要求做出或不再做出新的论证，并对所提论据进行评估和陈述理由。

第三轮，对第二轮专家的结果进行统计分析，第三次向专家发调查函，函中应向专家反馈对第二轮的统计结果及专家们的不同意见，再次征询意见。

第四轮，对第三轮专家的结果进行统计分析，并第四次向专家发调查函，函中应向专家反馈对第三轮的统计结果及专家们的不同意见，再次征询意见。最后对专家反馈回来的意见进行综合统计分析，一般经过四轮就可以得出比较一致的意见。

（3）投入—产出分析法

投入—产出分析法最基本的做法就是对政策方案的各种投入与产出之间的相互关系进行定性和定量的分析和对比。这种方法源自经济学领域，更强调量化的分析。但在政策领域，并不能一味追求定量分析，因为实际中存在大量不易于量化的投入项和产出项，我们不得不使用一些定性分析的方法。

（4）时间序列法

这一方法基于"预测对象的变化仅与时间有关"的基本假定，把环境因素的复杂作用加以简化，根据预测对象的变化特征，以惯性推理的方式进行预测研究，其最大的特点就是直接和简便。时间序列法包括简单平均和加权平均两种形式。简单平均是指将按时间顺序发生的若干结果加以简单平均，并以这个平均值作为下一阶段的预测值；加权平均是指根据各期实际值对预测值的影响大小，分别进行加权，并以加权平均值作为下一阶段的预测值。

（5）回归分析法

在现实生活中，人们发现某些变量之间存在着一定的因果关系，一个变量的变化总会引起另一变量的变化。当人们能够准确地测定其数量关系时，就表现为函数关系；当人们难以准确测定其数量关系时，就表现为相关关系。人们为了定量地把握事物的因果规律，就需要把变量间的相关关系转变为函数关系，这种转化的中介就是回归分析。所谓回归分析就是根据相关因素的大量实测数据来近似地确定变量间函数关系的分析方法。经回归分析所建立的函数轨迹应尽可能接近于已测数据，由此就可以从一个或多个变量的数值去估计另一个变量的数值。这种回归函数反映了事物内部各个因素的变化关系及其发展趋势。依据自变量和因变量之间关系的复杂程度，回归分析可分为线性和非线性两类，其中线性方程又可依自变量数目的多少分为一元线性回归和多元线性回归。

（6）趋势外推法

趋势外推法即根据事物历史和现实的资料，探索事物发展和变化的规律，从而推测出事物未来发展状况的一种预测方法。在现实生活中，尽管预测对象在各种随机的外界条件下运动，表现出大量的偶然性，但其固有的本质不会改变，其发展和变化往往存在着一定的规律性。人们一旦发现和掌握这种规律，就可参照历史经验和现有数据进行外导性推断，从而预测事物未来发展的状况。

(7) 马尔可夫模型分析法

在实际生活中，人们发现一些事物的变化过程只与事物的近期状态有关，而与事物的过去状态无关，即事物第 n 次的实验结果仅取决于第 n-1 次的试验结果，第 n-1 的试验结果只取决于第 n-2 次的试验结果。这种转移过程的整体称为马尔可夫链。马尔可夫模型分析法是以随机状态事件的转移概率矩阵为基础对事物未来的发展趋向进行推算，它只需要近期得到的数据，不需要大量的历史数据。这种预测方法既可用于短期预测，也可用于长期预测。

2. 可行性论证

政策方案形成之后，政策制定者们还需要对其进行可行性论证。政策方案的可行性论证，就是围绕政策目标，充分运用准确而又全面的信息和科学而又理性的思维，并采取定性和定量相结合的分析方法，对政策方案是否可行的问题进行系统的分析和研究。政策方案的可行性分析主要包括政治可行性、经济可行性、技术可行性、行政可操作性、社会可行性和法律可行性等方面。

政策方案的政治可行性是指某项政策被决策机构或与决策相关的群体接受的可能性。通过政治可行性的论证，一方面，可以确定所制定出的政策哪些方面是决策层所能接受的，哪些方面是决策层所不能接受的；另一方面，政策规划者还能够将他们的判断和有关的价值取向传达出去，促进政策的采纳和执行。一般来说，政治可行性越大，政策被接受、被贯彻的可能性就越大。

政策方案的经济可行性是指其获取政策资源取得政策效益的可能性。从某种程度上来说，获取所需各种资源的可能程度直接决定了政策方案的可行性。因此，在政策决定之前必须对政策方案进行经济可行性论证。在进行经济可行性论证时，要考虑两方面的因素：一方面是政策资源提取能力，如能不能充分运用自然的抑或人文的资源、国内的抑或国外的资源；另一方面是政策效益获得程度，如能不能最大限度地发挥经济效益和社会效益。

政策方案的技术可行性是指实现特定的政策目标在技术水平上的可行性。任何政策的执行，都是同特定的政策条件中的技术水平密切相关的。因此，在政策制定中必须对政策方案进行技术可行性论证。在进行技术可行性论证时，要考虑到两方面的因素：一方面要对国家或地区的技术发展水平进行一般性分析；另一方面要研究是否具备实现特定政策目标所需要的技术手段和方法。

政策方案的行政可操作性，主要关注在特定的社会环境特别是行政环境下实施某项政策方案的可能性，如人员配备是否能到位、行政权力运用是否顺畅等。

政策方案的社会可行性，主要是指针对政策方案的具体内容和步骤安排，从目标群体以及社会其他相关因素等角度来考量各政策方案，看目标群体认可、接受和行动的可能性高低，看社会舆论和大众传媒对各方案的态度，看社会传统文化、风俗习惯与各方面的契合度等。

政策方案的法律可行性，主要是政策方案所规定的各种行为、所涉及的社会关系在现行法律框架下的有效性状况。政策方案中的行为规范、社会关系符合法律规定，有明确具体的法律依据，其法律可行性就越大，反之就不可行。

二、政策方案抉择

政策问题常常是很复杂的，个人因其精力、学识、时间有限，抉择方案时难免有其局限性和片面性。事实证明，实行集体决策对于防止个人专断，避免领导者决策失误，提高决策的民主化、科学化水平起到了重要作用。因此，现代决策倡导集体决策模式。各国由于其政治法制环境不同，公共政策的抉择主体和抉择体制也不尽相同。通常来说，公共政策的抉择主体包括国家元首、行政首长、民意代表、法官、执政党首脑以及军事首长等。他们在评估人员对各种备选方案进行评估分析之后，要对各方案进行取舍，以抉择出或综合出一个最佳方案或满意方案，形成政策草案，这就是公共政策方案的抉择。

事实上，政策方案规划环节所形成的政策方案不太可能有绝对最优方案，往往是各有优劣，难分高下。比如说，有的方案能较好地实现政策目标，但费用高、风险大、副作用大；有的方案只能基本实现政策目标，但费用低、风险小、副作用也较小。那么，抉择者该如何进行取舍呢？这就需要抉择者们在政策方案抉择时必须遵循一些基本的标准，利用排队法进行权衡。

（1）政策方案必须有利于元政策的实现。公共政策本身就是基本国策精神的具体体现，反映一个国家在一定历史时期的治国理政战略思想和社会治理理念。所以，政策方案必须符合国家在这一阶段的总体发展战略目标。

（2）政策方案要能最大限度地实现政策目标。这是方案抉择时最主要、最基本的标准，也是政策方案的价值所在。

(3)政策方案实施过程中消耗的政策资源应尽可能少。

(4)政策方案在实现政策目标的过程中风险程度应尽可能低。

(5)政策方案实施中产生的副作用应尽可能小。

需要说明的是，这些标准在抉择者们作选择时的顺序并不是一成不变的。在上述五条标准中，第(1)条标准体现了公共政策的政治性和公共性特征，第(2)条标准则关系到公共政策的本质功能——解决社会问题，所以其顺序是不可改变的。由于不同性质的政策问题，决定了公共政策的价值取向之差异，这也直接影响着政策方案抉择者们在作政策方案取舍时会对后三条标准进行先后顺序的调整。举例来说，国家重点扶持的某种外贸产品的生产，需要某个零部件，有自产和外购两个方案可供选择。这就要考虑成本、质量和稳定供应等因素。假定当时情况是自产成本低，质量稍差，但可以稳定供应；外购成本高，货源不保证，但质量好。选择哪个方案为佳呢？这就要看国际贸易的形势和要求。如果当时我国外贸的困难是成本高而利润低，并且自产产品质量稍差但也符合要求，那么，宜选用降低成本、提高利润的自产方案。而如果我们的产品质量差，在国际市场上无竞争力，则宜选用提高产品质量和竞争力的外购方案。在实际工作中，由于决策信息的不完备、方案的不周全以及选优标准的多样性与相对性等，要达到最优目标是困难的。因而在一般情况下，比较适宜采用西蒙提出的满意标准，遵循"有限合理性"原则，选择一种在现实条件下比较可行的方案。

第五节　公共政策合法化

经过政策抉择确定了最优方案或满意方案，标志着政策方案的形成，但这并不等于政策制定过程已经完成。因为此时的政策草案尚未获得法律效力，还不能作为人们的行动指南发挥其基本功能。政策草案要想发挥其应有的功能以解决公共政策问题，还必须获得公共政策的法定地位或身份，并按照法律规定的生效日期进入实际执行过程。这种赋予政策草案法定地位的过程就是政策制定的最后环节——公共政策合法化。

一、政策合法化的含义

对于政策合法化问题，美国学者琼斯 1977 年在其《公共政策研究导论》一书中就曾明确指出，对于任何一个政治系统而言，至少可以辨别出两种层次的政策合法化：第一种层次是那种使政治过程包括批准解决公共问题的特定建议过程的合法化，即政治系统统治的正当性过程；第二种包括那些政府项目被批准的特殊过程，也就是政策获得法定地位的过程，两者相互依存，缺一不可。尽管政策合法化是西方政策学家们讨论政策制定过程的一个重要方面，但是他们却很少给政策合法化下一个明确的定义。

根据韦伯的观点，政治系统取得合法性有三种不同的途径：一是依据合法和合理的程序取得政权，如运用民主政治方式通过竞选获得统治机会；二是依据社会的传统习惯取得政权，如封建王朝子承父业的统治惯例；三是具有超凡魅力的领袖人物取得政权。当然，除了韦伯提到的这三种途径，要取得政权还可以通过革命或战争的形式，在这种情况下，革命的成败或军事的胜负就成为决定政治系统合法性的关键因素，正所谓"成者为王败者寇"。在取得政权以后，一个政治系统或依法理权威，或依传统习惯，或依魅力领袖的个人感召力作为其合法性的前提，然后通过引导教育或强迫威胁等手段，使公众养成遵守政府法令的习惯或屈从于政府的权威。只有当一般民众愿意服从或遵守若干他们认为与其利益不符的政府法令时，才能够认为这一政府真正建立了其合法性的基础。

政治系统的合法化是公共政策合法化的前提，只有具备合法性的政府才能颁布具有合法性的政策。不仅如此，政策的合法性还需要依照一定的合法性程序取得。这种程序可能是一套法律规定的程序，也可以是一套基于传统的程序，还可以是领袖人物的指示。无论采取哪种形式，都必须得到公众的认可和默许，否则，这种程序将被视为非法。

公众对政策的认可和默许、接受与遵行，是政策合法化的必要条件。公众之所以能够对政策认可和遵从并非出于相同的想法，有些情况是出于自愿，有些情况却是出于被迫；有时是因为他们认为政策符合他们的利益需要，有时是因为他们已经养成了遵纪守法的习惯，有时则是因为他们畏惧政府的惩罚措施。当然，公共政策与部分公众的利益出现冲突的情况时有发生，这个时候公共政策的强制性就会发生作用。然而，强制并不是万能的，它有着一定的限制，如果一项政策太过损害公众的利益，到了他们忍无可忍的程度，这项政策就会丧失其约束力，出现政策合法性危机，进而引起政治系统合法性的危机，导致政局的混乱。

对于政策合法化这一概念，应该从广义和狭义两个角度来理解。从广义角度而言，能够被公众认可、接受、遵从和推行的政策就是具有合法性的政策，而使政策能够被认可、接受、遵从和推行的过程就是政策的合法化过程。从狭义角度来讲，我们应该研究在政治系统统治正当性的前提下，从法律角度去解释合法性这一概念，也就是琼斯所指的第二个层次的政策合法化。根据公共政策的运行实践，我们对政策合法化的界定是，法定主体为使政策方案获得合法地位而依照法定权限和程序所实施的一系列审查、通过、批准、签署及颁布的过程。这一概念实际上包含了两方面内容：政策内容合法化和决策过程的合法化。政策内容的合法化，主要是指决策者所形成的政策方案在内容上不得与既定宪法和法律相抵触，必须合乎有关法律的原则甚至具体规定。这里，我们主要讨论政策合法化的过程。

二、政策合法化的程序或过程

程序就是步骤和次序。政策合法化的程序是指政策方案获得合法地位的步骤和次序。政策合法化过程并不简单地表现为赋予政策合法地位的通过及颁布。要想取得更多的赞同意见或决策者的满意从而使政策通过，就必须对政策草案进行再次审查和讨论，而这又往往导致对政策方案的某些内容进行修改。这样一来，政策合法化过程中似乎又包含了政策方案规划的行为性质。由此可见，政策制定过程的各个环节是相互交织在一起的整体行为，政策合法化程序具有较强的相对性。虽然政策制定过程的任何政策行为都需要在法制框架下合法地进行，但从程序上来讲，政策合法化是政策主体进行政策方案抉择之后开始的特定政策行为。由于一个国家法定的政策合法化主体通常由立法机关和行政机关两大类构成，而立法机关和行政机关有着不同的政策行为特征，所以，不同的公共政策，其获得法定地位的程序往往会因法定主体的不同而出现差异。

1. 行政机关的政策合法化过程

政策合法化过程是与政策决策的领导体制紧密相连的，领导体制的不同往往导致政策合法化过程的不同。领导体制从不同的角度可以作不同的划分，如首长制与委员会制，职能制与层级制，集权制与分权制，一体制与分离制等。首长制与委员会制是一种常见的划分。首长制也叫首长负责制或一长制，其法定最高决策权由行政首长一人执掌，其他成员只有建议权，没有决定权。美国总统制就是一种最典型的首长制。有一次林肯和七位部长讨论问题，七位部长均反对林肯的意见，而林肯最后宣布说："七人反对，一人赞成，赞成者胜利。"委员会制是最高决策权由委员会各成员共同执掌，各成员权力平等，采取少数服从多数的原则决定政策。我国行政机关领导体制，很长一段时间基本上是实行委员会制。1982 年宪法则明确规定，从中央到地方的各级行政机关实行首长负责制。不过，我国的首长负责制这项制度只是把决策权主要赋予行政首长，但同时又要求行政首长应在行政领导会议集体讨论决定的基础上行使决策权，具体的行政决策程序包括以下三步：

（1）法制部门的审查。目前，我国县以上各级人民政府和相当一部分政府部门都设置了专门的法制工作机构，审查政策方案是它们的一项主要职责。有关部门拟定政策方案后，一般先由法制工作机构审查，审查通过后再报领导审批或领导会议讨论决定。有些单位还建立了"规范性文件非经法制工作机构的法律审核把关，领导不予签发"的制度。法制工作机构对政策方案进行审查，是协助领导审查，具有参谋、咨询性质，审查的意见仅供领导决策参考。

（2）领导决策会议的讨论决定。根据法律规定，县级以上各级人民政府工作中的"重大问题"，须经政府常务会议或全体会议讨论决定，行政首长召集和主持这两种会议，对会议所讨论的结果和应做出的决定，行政首长拥有最后的决定权。即这两种会议都不采取委员会制的一人一票的少数服从多数的办法，而是大家畅所欲言，集思广益，充分发挥集体智慧，对于应该做出决定的问题，则由行政首长拍板定案。法律规定"重大问题"须以常务会议或全体会议讨论决定，但对"重大问题"的内涵或标准并未界定。领导决策会议除政府常务会议和全体会议外，还有行政首长办公会议。行政首长办公会议是一种处理日常决策事务的会议形式，可由行政首长根据工作需要随时召集，有些政策特别是政府职能部门制定的许多政策就是由首长办公会议讨论决定的。

（3）行政首长签署发布政策。行政首长负责制的最主要内容是行政首长在各级政府机关中处于核心地位，拥有最高决策权和领导权。本级政府制定的政策，由行政首长签署发布。根据规定需要上报审批的政策，则应上报审批后发布。如果是报上一级行政机关审批，其程序也一样，由上级行政机关的法制工作机构审查，领导决策会议讨论决定后由行政首长签署或直接由行政首长决定、签署，发布权有的在上级机关，有的则退回由原政策制定机关发布。如果是报国家权力机关审查通过的，则进入权力机关的政策合法化程序。需要说明的是，我国的行政首长负责制还包含着"分管领导制度"。

政策的发布形式是当前我国行政机关政策合法化过程中一个亟待解决的问题。目前除行政法规和规章公布形式比较规范，能较为及时地予以公布外，其他政策的发布往往采取行政机关层层转发文件的形式，并未公之于众，这种形式既不利于提高行政效率，也不利于政策的贯彻执行。中央的一些政策转发到基层有时需要几个月时间，政策所要解决的问题有的早已时过境迁。有的政策，印发份数非常有限，基层单位往往只有一份，以致具体经办人员也"不知道有这么个文件"，这又如何要求公众遵守？我们认为，除确系内部政策外，凡要求公众遵守的公共政策，必须改善发布形式，及时公之于众。

2. 立法机关或权力机关的政策合法化过程

在我国，人民代表大会是国家权力机关，人大常委会是它的常设机构。立法机关或权力机关的政策合法化程序不可能完全一致，但基本上包括：提出议案、审议议案、表决和通过议案、公布政策。

(1)提出议案。从立法机关或权力机关的议事规则讲，提出议案的同时不一定要提出法律或政策等的具体草案。但政策合法化是将已经过政策规划而获得的政策方案提交上级批准，因此，提出议案的同时也就提出了相应的政策方案。

(2)审议议案。即由有权机关对议案运用审议权，决定其是否列入议事日程，是否需要修改以及对其加以修改的专门活动。对列入议事日程的政策方案的审议，主要围绕下列内容：①是否符合政治、经济、文体和社会发展等的需要；②是否具有必要性和可行性；③是否符合法律和公共利益；④是否征询和协调有关方面的意见和利益；⑤名称、体系、逻辑结构、语言表述等是否清晰无误。

(3)表决和通过议案。经过表决，政策方案如果获得法定数目以上人员的赞成、肯定、同意，即为通过。议案一般采取过半数通过原则，有关宪法的议案一般要三分之二以上的多数通过，有些国家在某些情况下，对议案还要进行全民公决。

(4)公布政策。政策方案经表决通过后，有的又经过其他机关或其他形式的批准、认可后，即成为正式的政策。但此时的政策还不能执行，还得经过公布程序。公布权不一定都属于立法机关或权力机关，如在多数国家，法律由国家元首公布。

三、政策法律化

法律、法规都是政策的重要表现形式。政策法律化就是指有关机构把一些经过实践检验的、比较成熟和稳定的、能够在较长时间内发挥作用的公共政策上升为国家的法律、法规，赋予这些政策相应的法律效力和国家强制力保障的过程，也称政策立法。政策法律化的过程就是立法过程，其程序也就是立法程序。政策法律化是政策合法化的一种重要而又特殊的形式。政策法律化的主体就是依法有权把政策转化为法律的国家机关，即享有立法权的国家机关。它又包括两类：一是立法机关，二是有权将一般的行政决策上升为行政法规的那些行政机关。

从政策立法的范围来看，并不是所有的政策都要法律化，而只是那些有立法必要的、比较成熟和稳定的政策才需法律化。政策的涵盖范围要比法律广泛得多。因此，能够上升为法律的政策必须具备一定的条件：

(1)对全局有重大影响的政策可以上升为法律。对社会生活、社会未来发展具有重要影响力的政策通过定型化、条文化、规范化，从而取得法律的约束力，就可以获得全社会一致遵行的效力，将整个社会生活从总体上纳入法制轨道。而至于那些在社会上不具有普遍适用性问题的政策，则没有必要转化为法律。

(2)具有长期稳定性的政策可以上升为法律。相对于一般政策而言，法律具有更加稳定性的特点，因而只有那些适用时间较长、调整那些比较稳定的社会关系的政策，才有转化为立法的必要。

(3)比较成功的政策才能上升为法律。法律总是在一定社会现象多次出现，或对某种社会关系调整趋于固定化时才被制定出来，这说明法律相对于一般性政策而言具有明显的滞后性。一般性政策相较于法律而言对客观需要的反应更为灵敏，具有一定的伸缩性和灵活性。而法律是刚性的，并不具备弹性特征。所以在立法条件尚不成熟时，不能把那些不成熟的政策纳入立法轨道。一般性政策在执行中经不断修正与完善，被实践证明是行之有效的时候，就具备了上升为法律的条件。

四、常规决策与危机决策

以上所介绍的公共政策制定过程是一个完整的、严格的常规政策制定过程。但在实践中，由于社会运行具有高度的不确定性，政府及各类公共组织在管理过程中经常会遇到某些突发情况需要及时解决，而又没有现成的政策可以直接运用。这时候就需要公共政策主体"当机立断"，及时做出决策，这就是人们常说的危机决策。

所谓危机决策，又称为应急决策、非常规决策、非程序化决策、不确定性决策等，是指公共政策主体在高度逆境状态下(极其有限的时间、短缺的政策资源等约束条件下)完成应对危机事件的具体行动方案的拟定过程，即在一旦出现某些预料之外的紧急情况时，公共政策主体为防止贻误解决问题的时机而导致损失扩大化，通常需要打破常规决策程序和方法，本着特事特办的原则，省去部分常规程序，采用相对便捷高效的方法，尽快做出应急性决策。

1. 危机决策的特点

相对于常规决策而言，危机决策具有显著的特点：

第一，危机事件(情境)的不确定性。危机决策是为应对危机事件而做出的决策，其最主要的特征是面临的危机事件具有高度的不确定性。这种不确定性又具有较强的潜在威胁和较高的风险。由于客观世界自身发展的复杂性和人类自身所储备的知识、认知能力与手段等方面的局限性，导致人们几乎不可能预测一切事件发生、发展的概率与时机，也很难预测危机事件自然演化的结果，更不可能预测出各种结果出现的概率。危机事件的不确定性直接决定了危机决策目标确定的难度，进而制约着危机事件解决的方式、方法的适配难度。

第二，决策程序的非常规性。从公共政策制定过程可以看出，常规决策是一种程序化决策，必须遵循严格的程序规定，按步骤、有计划地进行，直至政策方案合法化。危机决策因危机事件(情境)的复杂性而没有固定的决策程序可供遵循，是一种非程序化决策。但是，非程序化决策并非没有程序，只是相对于常规决策程序而言，步骤上尽可能简化，再加上危机情境在不同的阶段其紧急性程度也有很大的差异，可谓是一种"程序与非程序之间的动态组合"。①

第三，决策资源的有限性。科学的常规决策是建立在充分的决策资源保障基础之上的，即充足的时间、完备的信息、健全的组织机构和充足的人力资源。而危机决策因危机事件的突发性和解决问题时间的紧迫性，导致决策者在有限的时间里所能获取的决策资源是相当有限的，主要表现为制度体系的压力、信息不对称、专业人员集结难等逆境情势。

2. 危机决策模式的构建

在现代法治社会里，作为一种非常规性决策，危机决策固然不能沿用常规决策的程序模式，但决策者也绝不能随意为之。否则，很可能会导致决策的低效率甚至决策失误，从而造成更大的危机。为了保证危机决策的高效率和科学化，需要探索出行之有效的危机决策模式。

在高度逆境状态下，危机决策往往受一系列因素的制约，这些因素直接影响着危机决策目标、方式和方法的选择。刘霞等人将危机决策的约束条件概括为时间紧迫、信息有限、不确定性和决策者的认知能力四个方面，并根据这四

---

① 刘霞、吴应会、严晓：《危机决策：一个基于"情景—权变"的分析框架》，《北京航空航天大学学报》(社会科学版)2011年第1期，第13页。

个约束条件的动态变化状况构建了一个复杂多变的决策模式(图 5-1)。

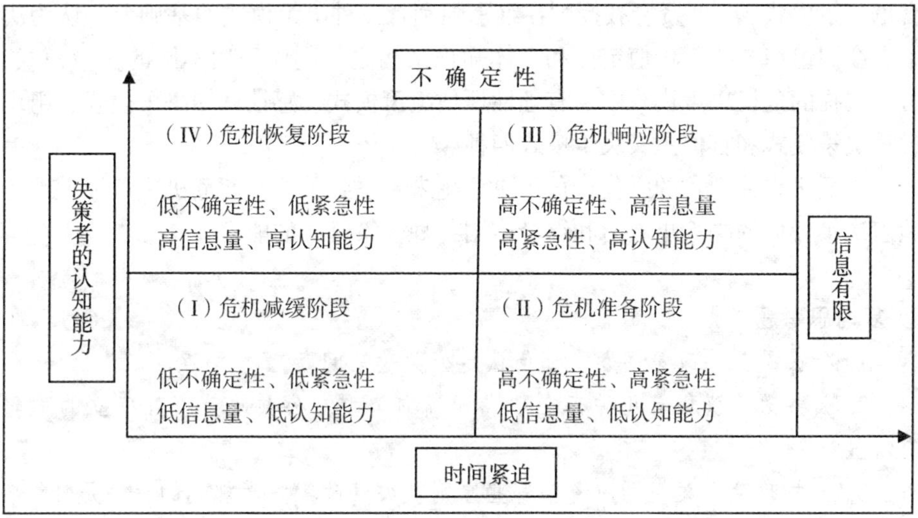

图 5-1　危机决策四种模式①

这种"情景—权变"分析框架为构建科学的危机决策模式提供了有益的视角。他们将上述四种情境组合状况分别与危机发展演变全过程的不同阶段(减缓阶段、准备阶段、响应阶段、恢复阶段)进行了匹配,并对不同的决策情境进行动态分析后得出了相应结论: 第 I 种情境适宜采用程序化决策, 第 II 种情境程序化决策在减弱而非程序化决策在增强, 第 III 种情境则适用非程序化决策, 第 IV 种情境又适用程序化决策, 所以, 决策者应根据具体的危机情境灵活运用权变的决策策略。

这种程序性与非程序性动态组合的决策策略, 实际上也是危机决策模式在决策过程中的综合应用。

美国学者格雷厄姆·阿利森 1971 年出版了《决策的本质》一书, 他在此书中提出了应对国际危机的理性行为体模式(the Rational Actor Model)、组织过程模式(the Organizitional Process Model)和官僚政治模式(the Bureaucratic Politics Model)三种危机决策模式。王公龙在阿利森危机决策模式的启发下, 进一步指出了在危机情境演变的不同阶段应选择性应用不同的危机决策模式。

———————————

① 刘霞、吴应会、严晓:《危机决策: 一个基于"情景—权变"的分析框架》,《北京航空航天大学学报》(社会科学版)2011 年第 1 期, 第 14 页。

他将危机情境划分为潜伏期、形成期和高潮期三个阶段，提出了在危机潜伏期选择组织过程决策模式，在危机形成期采用多重决策模式，在危机高潮期选用官僚决策模式。① 罗贤春教授则在继承阿利森三种决策模式的基础上，认为决策者会因组织结构、价值定位和个体知识结构之不同而采用不同的决策模式，可供选择的危机决策模式主要有理性评估决策模式、感性认知决策模式、组织过程决策模式和官僚主义决策模式四种。②

　　在危机事件频发的时代，危机决策越来越受到关注。而危机决策极大地考验着决策者们的决策果敢力和综合运用各种政策资源的能力。

◎ 复习思考题

　　1. 什么是公共政策问题？如何认定公共政策问题？

　　2. 公共政策议程有几种存在形式和确立类型？公共政策议程确立的障碍有哪些？

　　3. 公共政策方案规划应遵循哪些原则？公共政策方案规划的程序是什么？

　　4. 公共政策方案的可行性分析包括哪些内容？公共政策方案抉择的基本标准是什么？

　　5. 如何正确区分公共政策合法化与公共政策法律化？

　　6. 什么是危机决策？如何提高危机决策的科学性？

---

　　①　王公龙：《危机决策模式的选择性应用》，《上海行政学院学报》2005 年第 5 期，第 65 页。

　　②　罗贤春：《危机决策中的信息再生机制研究》，《情报科学》2014 年第 5 期，第 53 页。

第六章　公共政策执行

政策执行是政策方案被采纳之后，把政策所规定的内容转变为现实的过程。在公共管理实践中，政府从事社会管理和行政管理的活动始终是围绕公共政策的制定和执行而展开的。从某种意义上讲，公共政策执行过程是公共政策制定过程的延续，也是公共政策达到预期功效、解决实际问题的关键所在。公共政策分析的逻辑起点是政策问题的提出，进而直至政策方案的制定与通过，似乎公共政策经合法化程序确定并公布之后，就能自然进入执行阶段。在长期的政策运行实践中，政府或决策机构非常重视公共政策的制定过程，一般通过大量的调查研究分析，针对某个特定的社会公共问题，制定科学的政策，以期解决某个特定的社会问题，然而，它们往往忽视对公共政策执行过程进行科学系统的研究，进而造成公共政策执行过程的相对薄弱。于是，"有法不依""有令不行，有禁不止"和"上有政策，下有对策"的现象时有发生。这正是公共政策在制定后没能有效执行甚至是没有执行的真实写照。

随着政策科学的发展以及在公共管理实践中的普遍运用，公共政策执行作为政策运行过程中的实践环节，已被公认是实现政策目标和解决政策问题的直接途径。政策执行得好坏，关系到政策内容的实现程度以及政策实施范围的广度和深度。政策执行不力或不当，非但不能解决问题，甚至有可能使原有问题更加恶化，从而引发新的危机。因此，对公共政策执行过程进行科学系统的研究，不断改进和完善公共政策执行系统，将有利于提高公共政策的执行效能，克服因政策执行不力而导致的政策低效甚或失败，对完成党和国家的重大战略、方针、政策和规划具有重大意义。

第一节　公共政策执行概述

公共政策执行是实现政策目标的一个关键阶段。然而，有关政策执行问题的研究并非从政策科学诞生之初便受到应有的关注。随着政策科学理论的发展和公共管理实践中对政策执行问题的高度重视，有关政策执行问题的研究越来越深入、系统。政策学家们不仅从不同的视角界定了政策执行的含义，而且概括出了政策执行的基本特征，阐明了政策执行的重要作用。

一、公共政策执行的含义

在西方政策科学诞生之后相当长的一段时期内，学者们的主要关注点一直局限于政策制定过程，至于费尽心力制定出来的政策怎样才能得到有效执行，研究者们却缺乏应有的重视。在美国学者冈恩看来，传统的政策分析关注公共政策的制定，而将政策的执行问题留给了行政人员。正是由于人们一度认为，正确制定政策便是解决政策问题的关键，所以，描述、构建、修正政策制定过程并试图使之建立在理性等基础之上，在较长一段时期内一直是人们研究的重点。但是，当人们在付出了巨大的努力并建立了一整套有关政策制定过程的理论、模型、规范、方法之后才发现：正确地制定政策本身确实是一件极为复杂和困难的工作，但即使制定出正确的政策，也不一定能够真正执行。不能得到有效执行的政策根本不可能实现政策目标从而真正解决公共政策问题，也就不是好的政策，最多只能算是一个好的政策构想。

当然，公共政策研究一开始并没有得到应有的重视也不是偶然的，而是有其深刻的理论与实践原因。从理论上看，政策科学在经历了创建时期的 20 年发展之后，到这一时期取得了突飞猛进的发展。政策科学研究的视野不断拓宽，必然要求人们对政策系统和政策过程的各种因素、各个环节作深入全面的研究。过去人们侧重于对政策制定系统的研究，而忽视了对政策执行和评估的研究，这制约着政策科学的发展，必须加以纠正。从实践上看，自 1960 年代末开始，美国政府推出了一系列庞大的、听起来非常鼓舞人心的社会公共工程，如"向贫困开战""伟大社会"等。然而，这些社会改革的政策项目并没有取得令人满意的预期政策效果，它们或者是效果有限，或者是遭受挫折，以失败告终。这种政策设想与政策目标之间现实层面的巨大反差，开始引起人们的特别关注。首先促使人们反思的问题是，为什么好的或比较好的政策方案却不能取得预期的政策效果？这促使人们去审视政策，并寻找政策执行方面的原因。于是，到了 20 世纪 70 年代初期，当不少人还在醉心于构建更为合理的政策制定模型时，当一些人开始对理性化的政策制定模型与实际政策效果之间的不和谐现象表示困惑的时候，维尔达夫斯基和普瑞斯曼合作于 1973 年发表了一篇文章《执行：联邦政府的期望在奥克兰市落空》。他们在文中明确指出，要想使政策科学成为行动的科学而不仅仅是理论科学，就必须重视政策执行问题，不仅要重视政策执行本身，而且应当在政策执行与政策制定之间建立起密切的联系。这一观点在当时立即引起了强烈的反响，进而成为公共政策研究的一个热点问题。不仅如此，有关政策执行问题的研究在 70 年代以后逐渐成为政策科学研究的又一个重要议题。

经过近 40 多年的研究，人们从各国政策执行实践出发，归纳出了一些公共政策执行的原则、程序、科学方法等。而且，政策学家们从不同的侧面去研究政策执行行为，形成了有关政策执行的不同内涵，归纳起来主要有以下七种：

(1)行动理论。以琼斯为代表的行动学派关注政策作为行动指南的指导性作用，强调政策执行的关键问题在于政策执行机关如何采取政策行动。其认为政策执行实际上是指对某一项公共政策所要采取的广泛行动。在各种活动中，解释、组织、实施三者最为重要。政策行动坚强有力、行动方法切实可行就可以较为顺利地实现政策目标，合理的政策执行行动甚至在一定程度上可以弥补政策制定的不足。

(2)组织理论。以佛瑞斯特为代表的组织理论学派则强调政策执行组织机构的作用，认为既定的政策是否能够得到忠实的执行，关键在于政策执行机构在主观上是否能够充分理解政策的涵义，是否愿意毫无保留地支持政策决定，在客观上是否拥有足够的能力和资源。持此观点的人还认为，只有了解组织是怎样工作的，才能理解要执行的政策，才能知道它在执行中是如何被调整和塑造的。

(3)因果理论。它认为政策决定只是一种假设，一张指导人们从当前情况导出设计目标的地图，政策执行就是按地图所指引到达目的地；它重点关心两类因果问题：政策制定者在多大程度上理解影响目标实现的主要因素和因果关系？决策者在多大程度上授予执行机构控制这些关系的权力，使执行机构至少有潜力实现目标？

(4)管理理论。它认为政策执行是行政机构依据政策实施管理的过程，这个过程要受立法机关的影响，受政策环境的影响，受合法委任权的影响，也要受相关利益集团的影响。

(5)交易理论。它认为政策执行是一个政治上讨价还价的过程。在这个过程中，政策执行者和政策对象之间通过不同方式的交易，在各种力量的互动中达成某种妥协、退让或默契。

(6)系统理论。它认为政策执行过程的分析，可以理解为外界对政策系统进行物质、能量、信息的输入，系统也产生了政策输出，由政策结果和反馈提供了政策的评价与再输入过程。

(7)演化理论。它认为，在提出政策问题、制定政策目标、拟定政策方案过程中，都存在着许多不确定性和模糊性，多重目标实际上会产生矛盾与冲突。因此，在执行中，会对原有的目标不断地重新设计。政策制定是形成、执行、再形成的反复演化过程。

事实上，上述关于政策执行的理论观点各有其道，它们从不同角度、不同侧面阐述了政策执行的本质特征。综合以上观点，我们可以对公共政策执行的含义作如下界定：所谓公共政策执行，就是政策方案被采纳以后，政策执行者通过一定的组织形式，运用各种政策资源，经解释、实施、服务和宣传等行动方式将政策观念形态的内容转化为现实的政策效果，从而使既定的政策目标得以实现的过程。

二、公共政策执行的特点

作为政策过程的一个重要阶段，政策执行不仅具有政策生命过程的各个阶段所具有的共性，而且也具有其自身的特殊性。只有真正掌握了公共政策的特殊性，才能在政策执行实践中更好地采取行动，提高政策执行的效率，最终更高效地解决对应的社会问题。具体说来，公共政策执行主要具有以下八大特点：

1. 对象的适用性

政策执行对象的适用性，简单地说，就是指一定的政策只适用于特定的对象。政策执行对象就是公共政策客体系统中的目标群体。2019年11月29日，中华人民共和国人力资源和社会保障部、国家医疗保障局联合发布并于2020年1月1日起施行的《香港澳门台湾居民在内地（大陆）参加社会保险暂行办法》，其适用的对象便是在内地（大陆）就业、居住和就读的香港特别行政区、澳门特别行政区居民中的中国公民和台湾地区居民。具体来讲，在内地（大陆）依法注册或者登记的企业、事业单位、社会组织、有雇工的个体经济组织等用人单位依法聘用、招用的港澳台居民，在内地（大陆）依法从事个体工商经营的港澳台居民和灵活就业且办理了港澳台居民居住证的港澳台居民，在内地（大陆）居住且办理了居民居住证的未就业港澳台居民，在内地（大陆）就读的港澳台大学生，他们在内地（大陆）参加社会保险的渠道不完全一样。因此，政策的执行首先要弄清楚该项政策的适用对象，并对具体对象进行准确归类后，按对应的类别人群归口办理。如果政策执行者没能准确把握住该项政策的适用对象，他们在执行政策时就有可能将目标群体扩大或者缩小，甚至可能张冠李戴，严重影响公共政策的权威性和严肃性。当然，我们也不应该过于狭隘地理解对象的适用性，实际上一些与政策执行效果有关联的人也会在一定程度上影响到政策执行行为和效果，他们也应该作为政策执行的间接对象被纳入政策执行对象的范畴。例如，《香港澳门台湾居民在内地（大陆）参加社会保险暂行办法》的直接对象是在内地（大陆）就业、居住和就读的香港特别行政区、澳门特别行政区居民中的中国公民和台湾地区居民，但是，由于该项政策在执行时常常需要用人单位、基层社区管理者、学生就读的学校等单位和个人的配合，其配合得密切与否，直接关系到政策执行效果的好坏。所以，这些单位和个人自然也应该被视为政策执行的对象——间接对象。这就要求执行者不仅要针对政策的直接对象落实政策，而且还应该做好政策的间接对象的思想工作，以利于政策的有效执行。

2. 范围的有限性

任何一项公共政策都具有明确的实施范围，也就是说它只能在其规定的地域范围内才具有法律效力。在属地管理原则下，公共政策执行范围的有限性就是指特定的政策只能在规定的空间范围内才能执行，突破了政策规定的地域，该政策就不能执行。

3. 影响的广泛性

政策涉及各种因素的变量，对当代社会生活产生极其广泛和深刻的影响。然而，政策的这些影响和作用在政策方案阶段还只是"纸上谈兵"，只有在政策的具体执行过程中，才能真正体现出来。首先，实施政策需要建立庞大的行政执行组织，组织和动员众多的执行人员，筹集政策执行所需要的各种资源；其次，在政策执行过程中，越来越多的社会公众开始感受到政策的作用和影响；再次，一项新政策的实施，会对正在实施或已经实施的各方面的政策带来一系列的影响，政策体系的整体结构由于出现一些新因素会出现系统性的变动；最后，政策制定过程中的一些没有认识到的、隐藏着的问题，在政策执行的过程中可能会纷纷显示出来，带来一些始料未及的变化。总之，正是由于政策的执行，才使政策产生了广泛的实际影响。

4. 过程的动态性

政策执行不是在一瞬间完成的，而是由一系列连续的时间和活动构成的过程，是政策的制定者和执行者的思想和行为不断变化、不断调整的过程。一方面，政策方案的制定无论怎样科学和正确，无论如何具体细致，也不可能与纷繁复杂的客观实际情况完全一致；另一方面，随着时间的推移，执行活动的进展，环境条件的变化，政策执行必然会遇到一些新情况和新问题。只有根据这些新情况灵活地、适时地、正确地应付和处理问题才能使政策方案顺利实施，目标顺利实现。因此根据具体情况和变化的条件，不断地改变和修正并调整原定的执行策略、计划和程序是政策执行过程中不可避免的现象，而且这种不断调整、变动将贯穿于政策执行过程始终。这种因政策执行不断调整形成的变化，既是政策执行活动的正常现象，也是活动顺利开展的表现。如果不考虑不同地区、部门、单位的差别，不注意社会发展引起的各方面环境和条件的变迁，按一个统一的模式去生搬硬套，用一种固定的方法去应付一切变化，就不仅不能解决原来的政策问题，反而会恶化或加重原有问题和困难。

5. 决策的多层次性

由于政策执行是一个需要不断变化和调整的动态过程，因此政策执行者就要依据政策的原则和自己所处的条件不断选择和决定自己的行动措施。在执行上级政策的过程中，不仅各级执行机构的领导者要结合本地区、本部门的特点制定切合实际的政策实施措施，而且各级执行机构的工作人员也要据此制订自己的具体行动计划，尤其是基层的政策执行人员更应根据自己所处的特定条件，按照政策和计划进行具体的决策，以处理各种实际问题。因此，政策执行绝不是一个简单的照章办事的过程，而是一个由一系列不同层次的决策所组成的过程。

6. 执行的阶段性和连续性

由于政策目标和政策方案本身就带有阶段性，因而它反映在政策执行上也必然呈现出时间上的阶段性，即政策方案的实施和政策目标的实现都只能分阶段逐步进行。政策执行既要着眼于最终目标，又要立足于近期目标，要把二者有机地、科学地统一起来，特别要防止超阶段的执行行为。例如，在缺乏必要的社会心理基础或必要的准备工作的情况下对政策的强行实施就有碍于政策目标的实现。与政策执行的阶段性密切相连的是它的连续性，这就是说，在整个政策执行过程的各个阶段之间存在着前后相继的内在联系。政策执行过程是阶段性和连续性的统一。为此，执行者应充分注意各个执行阶段的衔接和统一，不能只顾上阶段目标而影响下阶段以及其他阶段目标的实现，相反，应该在实现阶段目标的过程中积极为下阶段目标的实现创造条件。

7. 执行的协调性与同步性

政策执行是各种政策要素在空间上的分配、重组、展开和运动的过程，其中任一要素的发展变化以及各要素的分配方式、比例、组合结构等，都会直接影响到整个政策执行的进程。它反映了政策执行在空间上具有协调性和同步性的特点，为此，执行者在政策执行过程中必须善于运筹各种政策要素，使整个政策执行过程成为一个要素得当、结构合理、功能优化的动态系统，这样才能"少投入、多产出"，减少系统内耗，以最佳的方式和途径实现政策目标。

8. 目标的统一性与途径的多样性

在政策执行过程中，执行目标不论在时间上还是在空间上都具有统一性，这是政策执行的内在特点和要求。如果执行机构的领导者及其执行人员在主观上忽视了这种统一性，则会造成整个执行系统的紊乱，出现巨大的内耗，不利于政策目标的实现。因此，执行者在执行政策时要密切注视各方面、各阶段的执行进展情况，一旦发现目标冲突或整个执行活动进展得不平衡，便要及时调整，以保证政策执行目标的动态统一。然而，政策执行目标的统一性并不意味着政策执行途径的单一性。相反，在坚持政策执行目标统一性的前提下，还必须坚持政策执行途径的多样性，这是政策执行的又一重要特点。

三、公共政策执行的作用

任何政策都是针对一定的社会问题而提出和制定的，而政策的制定并不等于问题的解决，从政策的规划和合法化到政策目标的实现之间还有一段相当长的距离，还存在着一个十分复杂的过程，只有通过有效的执行，才能保证政策目标的实现，否则，再好的政策也只是一纸空文。不少政策科学的研究者都发现：在达到政策目标的过程中，方案确定的功能只占10%，而其余90%取决于有效的执行。

作为政策运行机制中的关键环节之一，政策执行的重要作用主要体现在以下三个方面：

1. 公共政策执行是实现政策目标的重要途径

公共政策的价值和意义只有通过政策执行行为才能得以实现。在以往的政策实践中，我们深感到一项政策的出台，没有认真贯彻执行，即使再好的政策，也只能是画饼充饥。因为任何一项政策出台的目的不是研究问题而是解决问题。政策制定是研究问题的过程，而政策执行才是具体地、直接地解决问题。政策执行得好坏，决定了政策实施程度和范围。政策执行得好，政策方案中所规定的任务就可以圆满地完成，甚至还可以通过执行者创造性的执行来弥补政策规划的不足，以提高政策的效益。而政策执行得不好，则可能会使政策试图解决的问题更加恶化，或者与政策目标背道而驰。譬如说，十一届三中全会以来，我国先后推出了一系列扶贫政策，其目标是在中国逐步减少乃至消灭贫困人口，最终走向共同富裕。各级政府针对不同阶段的政策规定，采取各种方式和手段积极帮助、引导贫困人口一步一步脱贫致富，致使中国的贫困人口逐年减少。尤其是中国共产党第十八次全国代表大会以来，全国农村贫困人口更是大幅度减少。截至 2018 年末，全国农村贫困人口从 2012 年末的 9899 万人减少到 1660 万人，累计减少 8239 万人，贫困发生率从 2012 年的 10.2%下降到 1.7%，累计下降 8.5 个百分点。① 2020 年是中国脱贫攻坚的关键之年，中国的扶贫政策目标也有望基本实现。试想，若没有政策执行者们克服各种主客观障碍因素而采取的强有力的执行行动，这一宏伟的政策目标又何以能取得如此明显的效果？

2. 公共政策执行是检验政策质量的唯一标准

一项政策正确与否、质量高低，它自身是无法判断的，必须通过政策执行这个重要途径去检验。毛泽东同志说过：判定认识或理论是否为真理，不是依主观上觉得如何而定，而依客观上社会实践的结果如何而定。真理的标准只能是社会实践。所以，对于公共政策而言，重要的问题在于执行，在于实践。凡是经过贯彻执行，促进了社会进步和生产力的发展，并得到群众拥护的政策，就是正确的政策，否则就是错误的政策。通过政策执行，不仅可以检验政策质量，还可以不断充实和完善政策，若在执行中发现问题和不足，则需予以修正或弥补，以促进政策质量的提高，相关问题得以最终解决。正是从这个意义上说，政策执行是检验政策正确与否的唯一标准。

3. 公共政策执行是后续政策制定的依据

一项政策无论执行好坏、是否达到目标，它都会在社会上造成不可逆转的后果。一方面，任何政策不可能一经制定就完美无缺，它需要在执行过程中得

---

① 参见 2019 年 2 月 15 日，国家统计局发布的《2018 年全国农村贫困人口减少 1386 万人》的公告。

到不断修正、充实和完善。政策决策者要根据政策执行过程实际情况的变化来修正和完善政策，以提高政策的可行性和有效性。另一方面，任何政策都有时效性，它只能在一定的时空范围内起作用，超过了这一范围，这个政策就失去了效用或完成了它的使命，就要被新的政策所代替。从这种意义上讲，我们面临的社会现状，实际上是过去无数项公共政策执行后所形成的结果。对于政策制定来说，前一项政策执行的情况是后续政策的重要参考依据。制定公共政策要以事实为依据，尤其是要以前期公共政策实施后反馈回来的信息为依据。

第二节　公共政策执行过程与手段

政策执行是一个复杂的过程，它由一系列的功能活动构成，而这些功能活动的完成必须借助多样化的执行手段。

一、公共政策执行过程

公共政策执行过程是一系列连续的、动态的、不可分割又相互交织的政策行为的总和。它在理论上由三个阶段构成，即政策执行的准备阶段、实施阶段和总结阶段。其中，每一个阶段又都表现为若干具体的政策行为。在实践中，这三个阶段有时交织在一起同时进行。

1. 公共政策执行的准备阶段

充分的准备是一项政策顺利执行的重要条件。在这一阶段，又包含了加强政策认知、政策分解、物质准备、组织准备四个环节。

（1）加强政策认知。要正确执行政策，政策执行者首先必须认真学习，全面、准确把握政策。加强政策认知，旨在使政策执行主体能深刻理解政策的精神实质、内在机理和外部关系。理解政策的精神实质，就是要理解政策的指导思想、最高目标和远期目标。目标是政策执行的方向，目标把握不准就会使执行行为产生偏差甚至南辕北辙，不仅无法真正解决公共政策问题，而且还可能带来负面效应。理解政策的内在机理，就是要把握政策的界限、原则、对象、内容、措施等。政策界限是不同政策之间的分界线。准确把握政策界限是正确执行政策的首要条件。同时，还要认真研究和把握政策的时效、利益群体的结构与特点、政策的一般条件和特殊条件、政策的措施与步骤、上下级的权责关系等。有鉴于此，公共权力机关需要成立专门的政策研究室和政策咨询机构，以加强政策认知，为政策全面实施作好充足的准备。

(2)政策分解。政策分解就是通常所说的制订政策执行计划，它是政策实施初期的另一项功能活动，是实现政策目标的必经之途。没有一个具体的、明确的旨在取得实质效果的计划，政策执行者是不能进行有效工作的。一般说来，一项政策的推出，往往只是指出实现政策目标的基本方向，比较抽象。要使政策执行顺利进行，就必须在这些基本原则指导下，对总体目标进行分解，编制出适合执行对象和执行区域的执行活动"线路图"，明确工作任务指向和活动步骤，使执行活动有条不紊地进行。制订执行计划，应遵循以下原则：一是客观性原则。编制计划要切实可行，真实可靠，排除主观臆断；计划的各项指标，不保守也不冒进，既不是唾手可得的，也不是经过努力仍是高不可攀的；有关人力、物力、财力等条件，必须精确具体，切不可含糊笼统。二是适应性原则。编制的计划要有适应环境变化的弹性机制，特别是要有适应意外情况发生的防范机制。三是全面性原则。编制计划要能够统筹方方面面，理顺各种关系，切忌顾此失彼。计划前后衔接，轻重缓急有层次，不同管理层次的计划各有侧重。四是一致性原则。要求政策执行机构内部各职能部门的工作目标和政策目标保持一致，上下级的政策目标保持一致，以增强组织上的统一性和方向上的一致性。

(3)物质准备。物质准备是保证政策执行顺利进行的经济基础，也是必不可少的环节。物质准备主要是指为政策的有效执行准备好必需的财力和必要的物力两个方面。首先，执行者应根据政策分解环节所形成的执行计划安排，本着既能保证执行活动正常开展，又坚持勤俭节约的原则落实预算的活动经费及其资金渠道。其次，政策执行者还要进行必要的物资和设备准备，包括政策执行者完成执行任务所必需的交通工具、通信工具、技术机械设备、办公用品等方面的准备，有时还要为执行政策而进行政策客体所涉及的物的方面的准备。只有做好充分的物质准备，才能为有效执行政策创造有利的条件和环境，克服影响政策执行的障碍，以提高政策执行的效率。

(4)组织准备。政策执行组织是公共政策得以贯彻落实的有力保障，组织功能的发挥情况，直接关系到政策目标的实现程度。列宁说过，"要有效地进行管理，必须善于实际地进行组织工作"。组织准备不只是解决组织形式问题，而且包括建立精干高效的组织机构，配备称职的领导者和一般的政策执行人员，制定必要的规章制度，使人力、物力、财力得到最合理的利用。

①确定政策执行机构。这是组织准备中首要的任务。常规性、例行性政策的执行，如属原机构的任务，则应由原执行机构继续承担，不必另建机构，但有时也可通过提高原机构地位的方式或者改组机构的方式来保证政策顺利进

行。如果遇到非常规性或者是牵涉面较广的政策，则可组建临时办公机构，以确保政策的有效执行，一旦政策目标实现后，该机构即行撤销。

②选人用人。这是组织准备工作中的一项重要内容，因为人是组织中最能动、最活跃的因素，是组织行为的主体，德才兼备、"四化"标准是选人用人的基本原则。政策执行领导者的工作主要是抓具体落实。政策执行者的素质要求侧重于专业管理方面的知识技能和实践经验，要求具有较强的政策理解能力，具有沟通协调能力；善于用人，做到人尽其用；具有宽广的胸怀，善于处理人际关系；讲求工作效率，善于从实际出发，采取机动灵活、随机应变的方式方法，有步骤、有次序地推进政策实施。对于一般执行者来说，应具有本职工作的业务知识和管理经验，善于领会领导意图，忠实有效地执行领导指示，保质保量完成政策任务。

③制定必要的管理法规制度。具体执行过程中应明确相关准则和依据，保证政策执行有一个正常的秩序。这些法规制度主要有目标责任制、检查监督制度和奖励处罚制度。目标责任制主要围绕政策目标的实现，确保每个执行者都能够明确自己在贯彻执行政策过程中应该做什么、怎么做、做到何等地步和遇到问题怎么办等。落实目标责任制，有利于政策目标的实现。检查监督制度是目标责任制发生效用的联系环节，严格的检查监督制度是目标责任制得以落实的保障机制。目标责任制制定后，有赖于认真忠实的执行，执行的效果如何，必须要进行及时了解和恰当评判。有功必赏、有过必罚，这一制度的建立使得整个管理制度形成良性循环，保证整个管理制度稳步进行。目标责任制、检查监督制度和奖励处罚制度是一个有机整体，目标责任制是核心，检查监督制度是手段，奖励处罚制度是杠杆，三者相辅相成，缺一不可，共同形成推动政策全面、有效实施的一套完整制度。

2. 公共政策执行的实施阶段

政策执行的实施阶段是实现政策目标的关键环节。从理论上讲，公共政策执行的实施阶段包括政策宣传、政策实验和政策全面推广三个层次的目标任务。由于我国公共执行主要是政策推进型的渐进主义模式，因此政策的"宣传—实验——推广"形成了一个逻辑严密、层次完善的执行范式，是"上下来去"政策模型的具体体现和灵活运用。当然，政策执行的实施活动也不是绝对的，在实践中，有些影响相对小、政策目标相对单一的公共政策在执行时也可能省去了政策实验这一环节，直接由政策宣传进入到政策的全面实施阶段。

(1)政策宣传。政策宣传是政策执行过程的起始环节和一项重要的功能活动。政策执行活动是由许多人员一起协作完成的。要使政策得到有效执行，必须首先统一人们的思想认识。政策宣传是统一人们思想认识的一个有效手段。执行者只有在对政策的意图和政策实施的具体措施有一个明确的认识和充分了解的情况下，才有可能积极主动地执行政策。政策对象只有知晓了政策，才能理解政策；只有理解了政策，才能自觉地接受和服从政策。因此，各级政策执行机构要努力运用各种手段，利用各种宣传工具，大张旗鼓地宣传政策的意义、目标，宣传实施政策的具体方法和步骤，只有这样，才能为正确有效地执行政策打下坚实的思想基础。

(2)政策实验。政策实验是政策实施过程中的重要步骤。政策实验既可以验证政策，如发现偏差，及时反馈信息，修改和完善政策，又可以借鉴已取得带有普遍指导意义的东西，如实施方法、步骤、注意事项等，为政策的全面实施取得经验。那些涉及全局关系的重大政策，非常规性政策特别是带有风险性的政策，受各种因素制约、难以进行精确定量分析的政策，缺乏政策经验、结果难以预料、后果影响深远的政策，都一定要经过政策实验。政策实验一定要按照科学方法来进行，政策实验步骤大致包括选择实验对象、设计实验方案和总结实验结果三个阶段。

①选择实验对象。选择实验对象或"试点"，要根据政策方案的要求进行。随便找一个地方来试点固然不行，给试点创造得天独厚的特殊条件，"吃小灶"，人为地拔高"试点"，以此证明政策是正确完善的更不可取。试点必须在全局情况中具有典型性条件，这些典型性条件应具有普遍性，所以试点也称为典型试验。

②设计实验方案。用于实验的政策方案可以是一个也可以是两个或多个。对于范围较广、变化较大的复杂问题，应该有在相同条件下的对照组，以便从比较中得出科学的结论。在某些情况下试点还可以采取不公开的方式进行，称为"盲试"，这主要是为了避免各种人为因素的干扰，防止失去试点的科学性。

③总结实验结果。分析和总结实验结果是政策实验过程中最关键的一个阶段，因为总结阶段要根据实验的整个过程和最后结果，检验、评估、修改、补充或者否定政策方案。这个阶段要注意以下几个问题：一是总结经验要实事求是，要对实施的整个过程和产生结果的所有原因，进行全面系统的考察和分析，分清哪些是最根本的最重要的原因，哪些是非根本的次要的原因；哪些是必然性原因，哪些是偶然性原因。同样是成功的结果，通常可以证明政策方案是正确的，但也可能是偶然因素促成的；同样是失败的结果，可能是由于政策方案本身的错误所致，也有可能是试验过程中的人为差错而引起的。二是对成

功经验要进行理性思考，要分析研究这些经验适用的范围和条件，要分清哪些经验仅仅适用于试点本身，哪些经验具有普遍意义；在运用这些经验时需要具备哪些条件，需要附加哪些条件。三是要重视失败的经验。要善于从失败的教训中得到启迪，为下一步政策实验扫清障碍。成功的经验能从正面回答我们应该怎么做，失败的教训却能直接告诉我们不应该怎么做。只有将两者结合起来，才能知道必须怎么做。

（3）政策全面推广。政策的全面推广是政策实施过程中操作性、程序性最强，涉及面最具体、最广泛的一个环节，也是政策目标真正得以实现的关键环节。政策全面推广要求严格遵循政策执行的基本原则，充分发挥政策执行的功能要素，以保证政策目标最大限度地得到实现。

3. 公共政策执行的总结阶段

总结阶段是保证公共政策执行活动沿着正常轨道顺利推进、必要时进行局部调整以保证政策目标任务全面实现，同时它也是贯穿公共政策执行全过程的。这个阶段又包括政策执行的协调与监控和政策执行的再决策两个环节。

（1）政策执行的协调与监控。政策执行的协调与监控是贯穿政策实施全过程的。协调做好了，才能使执行人员及其他有关人员保持思想观念上的认识统一和行动上的一致，才能保证执行活动的同步与和谐，才能提高工作效率，减少或杜绝人力、物力、财力、时间等方面的浪费。监控是政策实施过程的保障环节。在实际的政策实施过程中，常常由于政策执行者认识上的差异等原因，造成对政策理解的失当，或者由于政策制定者与执行者之间存在的利益差别的影响，往往会使政策执行活动偏离政策目标，因而必须对整个实施过程加强监督和控制，以保证政策的全面贯彻和落实。

（2）政策执行的再决策。政策执行的再决策，是指公共政策执行主体在公共政策执行过程中以及公共政策执行任务完成之后，根据信息反馈对原政策方案所作的必要补充或修正。政策执行的再决策包含以下几个方面的含义：①从时间上来讲，它发生在政策执行过程中或执行任务完成之后；②从性质上来讲，它属于政策调整的范畴，包括对原政策方案的补充或修正；③从目的上来讲，它是为了更好地解决同一个所要解决的政策问题；④从实质活动上来讲，它是实施过程的暂时中断，仿佛又回到了政策制定的初始阶段，其结果是形成一项更为科学、合理的政策，但是所产生的新政策与原政策联系紧密，它们针对的是同一个政策问题。

公共政策执行再决策的依据包括：①主要任务、目标、路线的变化。政策是一定历史时期党和国家的任务、目标和路线的具体化，是实现这些任务、目标和路线的行为准则，它必然受到任务、目标和路线的影响制约。②政策环境的变化。政策在运行过程中，必然处在一定的时间、空间等客观环境之中，影响和制约它的因素很多，有主观的、客观的，也有政治的、经济的，还有社会的、文化的等。这些不同的制约因素的变化，必然要求政策的变化和调整，从而要求公共政策执行的再决策。③人们认识的深化。政策是对一定历史时期的客观情况进行的科学认识的总结，是一定的客观规律的正确反映。随着实践的发展和认识的深化，人们会发现原定政策在某些方面、某个层次、某个环节、某段过程，对对象的反映在广度和深度上不够全面和深入，某些关系调节得不够理想，尚需改进和完善。因此，需要在坚持原定政策的基本方向、原则和精神的前提下作某些必要的修改，使政策内容和形式更加实际，更为科学。④政策偏差的产生。人的认识总是落后于客观实际的，不可能在一切条件下都能做出正确的决策，有时政策在其运行过程中会出现某些失误、某些偏差。由于政策的局限性而造成某些偏差是难免的，因此，为了纠正政策偏差和克服政策自身的局限性，必须对实施中的政策做出调整或更新，此时就必然涉及公共政策执行的再决策。⑤政策副作用的产生。由于制约因素和客观条件的影响，政策在不同程度上存在着副作用，这是政策自身的局限性的必然表现。为了把政策的副作用抑制在最小的范围内，对政策也必须做出某些修改和增删，此时也就出现了公共政策执行再决策的情况。

公共政策执行再决策的作用和意义：首先，公共政策执行再决策有利于纠正公共政策执行的偏差。公共政策执行的偏差是再决策的重要依据，纠正公共政策执行的偏差是再决策的主要任务。由于政策执行偏差的产生，使政策执行偏离了政策的既定目标，产生了一系列的不良后果，耗费了不应浪费的政策资源，造成了政策问题不能顺利解决。这些都必须予以纠正，而纠正的途径就是公共政策执行再决策。政策分析人员重新分析主客观各方面的因素，再次审视原政策，通过对原政策的增删、更新、撤换或修正等，对原政策进一步进行完善或针对同样的政策问题重新制定出科学的政策，使它们符合各方面的客观实际，从而起到纠正公共政策执行偏差的作用。其次，公共政策执行再决策有利于保证公共政策执行的实际效果。一项政策从制定出来付诸实施到实施结束，其中可能会发生多次修改、调整。其原因是多方面的，但之所以要这么做，就是要保证所执行的政策能符合当前和未来的一段时间的实际情况，保证所执行的政策能永远充满生机活力，保证所执行的政策能解决客观实际问题，保证所执行的政策达到应有的政策效果。再次，公共政策执行再决策有利于后续政策的科学制定。一般来说，社会问题具有关联性、阶段性，由此导致了相应政策问题的层次性、相继性。也就是说，一个政策问题的解决要以解决一个或若干个政策问题为前提。因此，我们可以得出结论：一项政策是否能够顺利实施，成功地达到政策目标，受制于前面相关政策的执行情况，同时也会影响以后相关政策的执行情况和结果。因为政策执行再决策的作用是使一项政策的执行能始终顺应主客观的实际情况，灵活地朝着一定的政策目标迈进，使一项政策的执行能在不断的调整过程中趋于完善、合理，从而解决所要解决的政策问题，这样也就为解决以后相关的政策问题，制定相关的政策提供了前提和保障，这是其一；其二就是通过公共政策执行的再决策，对周边环境、问题实质、应采取的方法和手段进行深入的思考和分析，在这个过程中，不但给政策分析人员和政策执行者积累了大量的经验，而且训练了思维，加深了认识，提高了才干，这都为后续政策的科学制定打下了良好的基础。

二、公共政策执行手段

公共政策执行手段是指执行机关和人员为实现一定政策目标而采取的贯彻落实政策的措施和方法的总和。公共政策执行的每一个环节都离不开一定的执行手段，政策执行手段的恰当与否直接关系到政策目标能否顺利实现。常用的公共政策执行手段主要有以下四种：行政手段、法律手段、经济手段和思想诱导手段。

1. 行政手段

行政手段是指依靠行政组织或行政首长的权威，按照行政系统和行政层次，通过行政命令、指示、规定及规章制度等行政方式来实施政策的措施和方法。它是政策执行活动的常用方法。

行政手段具有以下特征：第一，权威性。行政手段的有效性和所发出的指令的影响力和接受率，以及上、下级之间的沟通，在很大程度上取决于行政组织和行政首长的权威。行政手段依靠强制性的权威将国家的各项方针、政策准确无误、坚决有力地推行和落实。第二，强制性。行政主体所发出的命令、规定、条例等都必须执行，强调思想上、纪律上要求服从集中统一的意志。上级根据工作需要，有权对下级的人、财、物和技术等进行调动和使用，有时属于根本不考虑价值补偿问题的无条件服从。当然，这同法律所具有的普遍约束力那种强制不尽相同，它允许特别情况下的灵活机动。第三，垂直性。行政手段通过行政系统、行政层次来执行政策，基本上是"条条"管理。行政命令通常是通过纵向逐层直线传达的，是垂直性传递，而不是横向传达命令。第四，具体性。从行政命令发布的对象到命令的内容都是具体的。在实施的具体方式方法上是因对象、目的和时间的变化而变化的。

行政手段在政策执行中的运用，能够做到协调统一，令行禁止，特别是对于那些特殊的、紧迫的、爆发性的问题解决，更能有利于扭转政策执行中的不利局势，保证政策的顺利运行。但行政手段对上级机关的要求较高，上级如有失误将会导致连锁反应。执行过程中的无偿性和下级的被动地位都不利于充分发挥下级的积极性和创造性。

2. 法律手段

法律手段是指通过法律、法令、法规、司法、仲裁工作，特别是通过行政立法和司法方式来调整政策执行活动中各种关系的措施和方法。它是政策执行活动得以顺利进行的根本保障。

法律手段具有以下特征：第一，规范性。法律和法规对所有组织和个人的行为作统一规定，规定可以做什么，不可以做什么。同时又通过法律的各种行为规范来作为评价人们行为的标准，哪种行为是合法的，应受到法律的保护，哪种行为是不合法的或违法的，应受到法律的制裁。第二，稳定性。行政法规一经国家立法和行政机关颁布，就将在一定时期内生效，就具有相对的稳定性。绝不能因人因事，随意变更，如要修改，必须经过立法机构按照法定原则和程序办理。第三，权威性。由国家权力机关或其他各级组织所制定和颁布的法律、法规，各个组织、部门和每个公民都必须依法办事。必须在法律允许的范围内活动，不允许存在人治高于法治的现象。第四，强制性。法律是一种强制性规范，它靠国家强制力量来保证实施，任何组织和个人都必须自觉遵守。如果谁违反了法律，轻则追究其法律责任，重则受到法律惩戒。

法律手段在政策执行中的运用，能够消除阻碍政策目标实现的各种干扰，保障政策执行活动有法可依，有章可循，从而有利于政策的顺利实施。但法律手段在处理特殊的、个别的问题时，缺乏灵活性，不利于具体问题的妥善解决。

3. 经济手段

经济手段是指根据客观经济规律和物质利益原则，利用各种经济杠杆，调节政策执行过程中的各种不同经济利益之间的关系，以促进政策顺利实施的措施和方法。经济手段运用价格、利润、利息、工资、税收、资金、罚款以及经济责任、经济合同等来组织、调节和影响政策执行者和政策对象的活动。

经济手段具有以下特征：第一，间接性。它不像行政手段那样直接干预，而是利用经济杠杆作用对各个方面的经济利益进行调节来实行间接控制。第二，有偿性。它不像行政手段那样要求无偿服从，而是注重等价交换原则、贯彻物质利益原则，有关政策执行者和执行对象在获取自己经济利益上是平等的。第三，灵活性。它可以根据不同时期，对不同部门、不同地区，采用不同的经济方法。如对短线产品的增产和对长线产品的限产等可运用税收、信贷等手段加以刺激或限制，对不同岗位、不同职务、不同贡献的人员可以采取不同的工资、奖金和岗位津贴。第四，关联性。一种经济手段的变化不仅会引起社会多方面经济关系的连锁反应，而且会导致其他各种经济手段的相应调整，它不仅影响当前，而且会波及以后。

经济手段在政策执行中的运用，能够将实施政策的任务与物质利益挂钩，并以责、权、利相统一的形式固定下来，间接规范人们的行为，给人以内在的推动力，充分调动人们执行政策的积极性和主动性，增强政策效力。但经济手段在解决政策执行问题时容易导致唯利主义倾向，忽视执行中的思想问题和社会效益。

4. 思想诱导手段

思想诱导手段是指通过运用非强制性、说理教育的手段，说服政策执行者和政策目标群体自觉自愿地去贯彻执行政策，而不从事与政策相违背的活动。思想诱导手段是一种以人为中心的人本主义的措施和方法。

思想诱导手段常用的途径或形式主要有以下几种：第一，制造舆论。在政策形成之时，就大张旗鼓地进行政策宣传，使政策对象领会政策精神实质。第二，协商对话。在政策执行出现困难的情况下，决策者和执行者应就政策深层次问题商谈协议，并借此征询公众意见，尽可能在补充政策中作适当调整。第三，耐心说服。对少数不按政策执行或抵触的对象采取个别谈心的方法，做深入细致的思想教育工作，做到动之以情、晓之以理。第四，奖功罚过。通过奖励或惩罚手段来诱发人们的动机，体现公平原则和利益原则，从而调动人们的积极性。

思想诱导手段在政策执行过程中具有长期性、能动性、广泛性、灵活性的特征，它能够最大限度地激发政策执行者和政策对象的热情，使他们真正将政策规范内化为自己的行动指南，同时可以节省大量的人力、物力、财力。但在使用过程中，由于方式和策略的不当，该手段容易出现"费力而不讨好"的局面。

在公共政策执行过程中，由于所面临的对象和环境的复杂性，使得执行工作变得越来越复杂。因此，仅仅靠某一种手段往往是不够的，而应将行政手段、法律手段、经济手段和思想诱导手段等综合起来运用，从而完成政策执行任务，实现政策目标。

第三节　公共政策执行的有效性

现实的政策执行实践表明，某些政策付诸实施之后，并没有取得预期的政策效果。这是因为在执行过程中会遇到各种各样因素的干扰和影响。因此，研究影响政策有效执行的因素，分析这些因素对政策执行的影响方式和作用结果，有助于在实际的政策执行过程中排除干扰，消除不利因素，保证政策得到有效执行。

一、公共政策执行的模型

自 20 世纪 70 年代中期公共政策执行问题受到关注以来，研究者们在努力研究政策执行行为的基础上，试图寻找改善政策执行系统以提高政策执行效率的原则框架。于是，他们从政策执行行为系统本身及影响政策执行行为的要素出发，根据政策执行流程，从特定的角度对政策执行中的特定关系以方框和箭头等直观图示把政策执行加以简化标示，从而描绘出了不同的政策执行模型。其中，有代表性的政策执行模型有：过程模型、调适模型、循环模型、博弈模型、系统模型和综合模型六种。

1. 过程模型

1973 年，美国学者 T. B. 史密斯发表了《政策执行过程》一文。文中，他对政策执行过程进行了专门研究，认为政策执行是由一系列行动构成的过程。在史密斯看来，政策执行过程中所涉及的重大因素有四个方面：第一，理想化的政策，指合理、正确的政策。"理想化的政策"作为史密斯政策执行模型中的要素之一，主要指"政策制定者试图追求的相互作用形式"，包括政策的"形式、类型、范围"等内容。第二，执行机构，指政府机构中负责政策执行的单位，包括机构与人员、领导方式与技巧、执行者的能力与信心等。第三，目标群体，亦即政策对象，政策的直接影响者。任何公共政策的制定，其目的或在影响标的团体的行为，或在引导标的团体按照政府所规定的规则或目标行事。

而标的团体的组织或制度化的程度，以及先前的政策经验，均影响到其对政策驯服的程度。第四，环境因素，指政治、经济、文化等环境中那些影响政策执行的因素。在不同的情况下，各个变量对政策的作用会呈现抑制、促动、维持等多种状态。

在此基础上，史密斯首次提出了一个描述政策执行过程的理论模型。他将政策制定与政策执行分成两大相互作用的过程。在政策执行中，政策执行组织、政策目标群体、理想化政策和政策环境这四者之间发生着互动。政策执行的过程就是从四者互动的紧张状态经过处理走向协调和平缓状态的过程。政策执行的结果作为反馈信息再次输入到政策制定过程(图 6-1)。

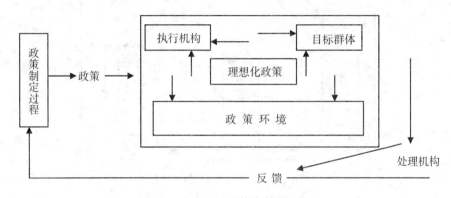

图 6-1 史密斯的政策执行过程模型

2. 调适模型

美国学者麦克拉夫林在其 1976 年发表的代表作《互相调适的政策实施》一文中首次提出了政策执行的调适模型。麦克拉夫林认为，政策执行是执行者与受影响者之间就目标或手段作相互调适的一个过程，这应是一个动态平衡的过程，政策执行是否有效取决于政策执行者与受影响者之间互适的程度(图6-2)。麦克拉夫林的这一理论模型主要包含以下内容：

(1)政策执行者与政策接受者之间在需求与观点上不完全一致，双方必须做出让步和妥协，寻求一个可以接受的政策执行方式。

(2)政策执行者的目标与手段应富有弹性，可依据环境因素和政策接受者的需求与观点的改变而变化。

(3)政策执行者与政策接受者在相互调适中处于平等的地位，是一个双向

185

交流的过程，并非通常所说的"上令下行"的单向流动。

(4)政策接受者的利益、价值与观点将反馈到政策上，以左右政策执行者的利益、价值与观点。

在政策执行的调适模型中，活动着的是两个方面，一是政策执行者一方，另一个是受政策实施影响的一方。这两方都存在一些可以进行相互调适的部分。政策执行的过程就是寻找双方都能接受的调适策略的过程。双方调适的结果，又通过反馈对制定的政策产生作用。结论是：成功的政策决定有赖于有效的政策执行，而有效的政策执行有赖于成功的互相调适过程。

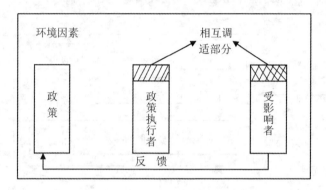

图 6-2　政策执行的调适模型

3. 循环模型

当代美国公共政策学者马丁·雷恩和弗朗希·F. 拉宾诺维茨合著的《执行的理论观》一书于 1978 年出版，他们在书中提出了执行循环理论，指出政策执行过程包括三个不同阶段：①纲领发展阶段：将立法机关的意图转化为行政机关执行政策的规范和纲领；②资源分配阶段：将政策执行所需要的资源平均地分配给执行者；③监督评估阶段：对政策执行过程与成果加以评估，确认执行者所应承担的行政责任，其包括监督、审计与评估三种形式。

循环模型认为，在环境条件的影响下，政策执行经历了拟定纲领、分配资源和监督执行三个阶段。这是一个"上令下行"与"下情上达"的主动执行—监控的循环回路，这种循环不仅是周期性的，而且三个阶段并不是单向流动的，而是相互作用的双向循环的复杂动态过程。这种观点强调了被人们忽视的监控对于有效执行的必要意义，体现了执行过程的开放性要求，也强调了一定的封闭性对于一个系统成长的必要性。

循环模型还强调执行的环境条件，它包括三类因素：目标的显著性、程序的复杂性、可利用资源的性质与层次。在政策执行中必须遵守三个原则：合法原则、理性原则、共识原则。政策执行的合法原则受四个因素的影响：议员权力与地位的高低、技术可行程度、立法辩论的争议范围和理清程度、立法者与执行者支持法律的程度。政策执行的理性原则包括两项特性：一是一致性原则；二是可执行原则。政策执行的共识原则是指有影响力的执行者只有在具有争论性的问题上达成共识，执行才可能顺利。

4. 博弈模型

这一模式是以近代政治学中"博弈"的概念观察执行过程中相关参与者就政策目标的达成所作的谈判、评价与妥协的互动情形。博弈论认为，在冲突和竞争的情况下，每一参加者都寻求得到最大的收获，并把损失减少到最低限度。以美国公共政策学者巴德克为主要代表的学者们认为，政策执行就像一场"游戏"或赛局，执行过程中应包括对以下内容的一些规定：政策执行人员即竞赛者、利害关系、竞赛资源、竞赛规范(取胜的条件)、公平竞争的规则(即不得作弊)、竞赛者之间信息沟通的状况和所得结果的不稳定程度。这是以完全理性人为假设前提的，认为在冲突和竞争的情况下，每一参加者的选择都遵循最大收益及最小损失的原则。巴德克认为，政策执行的有效与否，取决于各方参加者的"战略"选择。

5. 系统模型

这是米德和霍恩提出的模型。米德和霍恩这两位美国学者认为，在政策决定与政策效果这一转变过程之间存在许多影响二者的变量——既有系统本身的因素，又有系统环境的因素。一个合理有效的政策执行模型须重视对以下六个重要变量的把握，即政策标准与目标、政策资源、组织间的沟通与强化行动、执行机构的特性、经济与政治环境、执行人员的意向。

6. 综合模型

美国学者梅兹曼尼安和萨巴提尔在系统模型的基础上，将影响政策执行的变量追溯到政策问题，也就是把政策问题视为影响政策效果的一个重要变量。他们构建了一个完整的理论模式，姑且称为综合模型。他们认为影响政策执行各个阶段的因素，主要分成三大类：①政策问题的可办性，②政策本身的规制能力，③政策本身以外的变数。每一大类又可细分成几个小类。

二、影响公共政策有效执行的因素

综合上述政策执行模型的各种见解，结合我国的实际情况，我们将影响公共政策有效执行的因素归纳为公共政策问题的特性、公共政策本身的因素以及公共政策以外的因素三个大的方面。

1. 公共政策问题的特性

公共政策问题的特性(结构是否优良)直接影响到政策的执行过程和执行效果。公共政策问题的特性表现为政策问题的类型和复杂程度、政策问题所涉及的目标群体的规模及其行为方式、处理政策问题所涉及的技术难度系数等。

如果政策问题涉及敏感的政治问题，涉及人们利益分配和调整的经济政策，涉及领域与部门众多的综合性政策，或者问题形成的原因复杂，问题的影响广泛，以及问题具有顽固性，这些都会直接影响执行的难易程度。政策执行要调整的、所触动的权力关系越大，利益关系越复杂，需要调整的对象行为幅度越大，政策目标越宏大，政策执行的难度也就越大。比如，美国 1972 年通过的《联邦水污染修正案》之所以难以取得预期的效果，其原因就在于这个问题涉及面太大，全国计有 1.2 万多种污水来源，在政策中很难全面涉及，因此难以制定正确、统一的规则和标准作为监督检查的依据，其执行成效必然会大打折扣。

政策执行的调适对象若数量较大或过于复杂，也将给问题的解决增加难度。

政策执行的技术难度既包括科学技术水平是否达到解决问题需要的程度，也包括执行过程中的技术处理的复杂程度。解决政策问题所要求的技术难度越大、越复杂，就越不好处理。如核废料的处理，污染物的排放、控制和处理，自然灾害的预报与控制，信息网络的建立，城乡规划建设等，这些问题的解决不仅需要科学技术的支撑，财政的支持，还涉及当事人的心理及社会态度等。若总体科技水平没有达到解决问题需要的标准，便直接影响政策的有效执行。

总之，政策问题越简单，所涉及的范围越小，所需要调适的对象的人数越少，政策对象的行为越简单，行为改变的幅度越小，所涉及的技术问题越简单，政策就越好执行，政策问题就越容易得到解决。

2. 公共政策本身的因素

在公共管理领域，科学、合理、可行的政策方案是政策执行能够顺利进行的前提。有些政策未能达到预期的效果，执行中困难重重，很大程度上与政策方案本身的缺陷有关。因此，分析政策方案本身是如何影响政策执行的，有助于指导政策执行主体在政策认知环节仔细审视政策方案本身，使政策得以有效执行。

（1）政策的合理性

政策的合理性是指政策本身是否具有解决问题的因果链，即这一政策是否针对客观的政策问题，并能够切实解决这一问题。一项政策如果不能反映客观存在着的情况，不符合大多数人民群众的愿望、利益和要求，就无法得到有效的推行。例如在住房政策改革中，实行货币化分房的政策，政府就应该运用政策调控手段将一般的经济适用房的价格控制在一定的限度内，使之与大多数公民的收入相适应。如果任由某些人炒房而造成房价虚高，则不但不能解决缺房户的困难，开发商也会因为销售困难而难以经营。

（2）政策的连贯性

公共政策反映了一国政府在下一个时期内的治理目标取向，而公共管理的基本目标是在维系社会稳定的基础上寻求可持续发展，这一目标便要求一个国家的公共政策在运行过程中必须保持连贯性。保持政策的连贯性表现在两个方面：一是指要保证中央政策和地方政策在政策实质上的统一性。那些借灵活变通执行之名行与上级政策相悖的形形色色"土政策"之实的行为是不足取的、有害的。二是指要保证旧政策向新政策的过渡要有一定的衔接性。政策影响的广泛性和外部性，使得一项原有的公共政策在向新政策转换时必然会对目标群体的行为模式产生深远的影响。为了维护社会稳定，保持政策的连贯性有助于该政策的顺利执行。

（3）政策执行计划的合法性

政策执行计划的合法性是指具体的政策执行计划必须经过法定机构的审批，而且在实施中的政策计划必须与经过法定机构审批、颁布的政策方案相一致，不允许政策实施计划偏离原定政策所规定的实施范围、时间、阶段和目标，也不允许在实施中歪曲和篡改计划的内容。政策执行主体只有严格按照合法的政策执行计划开展工作，政策执行行为才会顺畅有效。倘若政策执行计划未获批准，那么，政策执行行为便失去了制度和权威保障，势必直接影响到政策执行效果。

（4）政策方案的可行性

政策方案在操作上和技术上必须明确具体，包括方案和目标的明确表述，政策措施和行动步骤的明确规定，明确的理论前提和价值取向。目标不明确，方案含糊，人们就会不知如何执行；前提和价值取向不明确，则人们不知为什么要执行，就会缺乏执行的自觉性。政策也不等于喊口号。如我国前些年提出的"垃圾分类"就只是倡议或口号，其作为公共政策太空泛，使人们不知道应该如何去做，也不可能在社会管理中真正执行。自从全国设立若干指标，将卫生城市的标准量化，层层分解目标到基层的执行机构，并提出具体的措施，通过一定的组织形式来贯彻，才具有可操作性。也不能将上一级的目标和方案直接作为下一级的目标和执行计划，因为上一级的目标方案是针对较广泛的范围的，而下一级必须针对自己的实际情况设立更具体、更有针对性的执行计划。

(5)配套政策的协调性

在许多情况下，某一项政策目标的实现不是该项政策本身可以实现的，有赖于其他的配套政策为它创造实现目标的条件。例如，要全面贯彻义务教育政策，就涉及农村中小学的危房改造、办学资金的拨付、师资的培养、农民工子弟异地就学等多方面的问题，从中央到地方都要组织相关部门制定相应的配套政策，为义务教育的实施创造人、财、物等方面的条件。

3. 公共政策以外的因素

影响政策执行的因素，除了政策问题的特性、政策本身以外，还有目标群体的态度、政策执行人员的素质、政策执行机构间的沟通与协调、政策执行的资源要素与政策执行的环境因素等。

(1)目标群体的态度

公共政策能否达到预期的目标，不是政策制定者一厢情愿的事情，也不是政策执行者单方面能够完全决定的事情，而在很大程度上取决于目标群体的态度。目标群体顺从、接受政策，政策执行就会顺利，容易成功；相反，目标群体不顺从，拒不接受政策，政策执行就会遇阻甚至失败。目标群体只部分接受，也会加大政策执行的难度。可见，目标群体对政策顺从和接受的程度是影响政策能否有效执行的关键性因素之一。

公共政策是对社会价值权威性的再分配，政策的实施一般总要直接或间接地造成某些人的受益及另一些人的利益受损。一般说来，政策的受益人会成为政策实施的动力，利益受损者往往成为政策实施的障碍。后者往往会成为抵触型的政策对象，他们会采取巧立名目、公开反对、消极抵制、逃避管辖、拒不合作等态度，对政策的推行制造障碍。还有一部分政策对象对政策不甚了解，对政策的效果表示怀疑，采取观望的态度，而不去积极主动地配合执行人员执行政策。因此，一方面要使政策真正从人民群众的利益出发，把政策受损情况尽可能减少到最低程度，尽可能扩大政策的社会支持度；另一方面，要做好广泛的宣传解释工作，扩大人民群众的参与机会和政治认同，使人们放弃偏见和私利，顾全大局。此外，要执法必严，违法必究，不给任何抵制政策推行的人以可乘之机。

（2）政策执行人员的素质

任何一项政策最终都要靠执行者来实施。政策执行者的政策水平、政治观念、行为倾向、工作积极性和责任感等，都构成了影响和制约政策执行的重要因素。政策水平主要体现在对于政策的理解力上，如果执行者没有完全理解政策，政策的执行肯定会受到影响。政策执行不是一个简单的照章办事的过程，政策执行者的主观能动作用对于政策执行的成败举足轻重。政策执行人员对每一个执行事项都要根据不同的时间、地点和事件，权衡其轻重，斟酌其缓急，然后再做出各种不同的调适。在这种情况下，政策执行人员对政策标准的认知和理解就非常重要，如果政策执行人员曲解了政策，政策执行肯定会受到影响。

合格的政策执行者应该有正确的政治观念、行为倾向和积极的工作态度。应该从整个国家的利益和民族的利益出发，具有全心全意为人民服务的精神。政策执行者往往身兼政策执行者和政策目标群体的双重角色。当政策执行者本身也是政策的目标群体的时候，他们自身的利益也要被他们所执行的政策所调整，就可能给自身带来某种损失。这时执行者出于公心还是出于私心，他的意向就决定了这一政策是不是能够顺利推行。合格的政策执行人员应该对政策有积极的认同感，应以国家和民族的利益为重，而不能计较个人或小团体的得失。

（3）政策执行机构间的沟通与协调

沟通是政策执行过程中各级组织人员进行信息交流、传递的过程，是对于政策目标及其相关问题获得统一认识的方法和程序。有效的沟通是政策执行成功的重要条件之一。这是因为，一是从纵向沟通来看，上级机构的政策标准本身是无生命的，它必须通过有效的沟通渠道传递给执行者。而执行者对政策的支持程度也取决于上级机构对政策的解释和执行者对政策的了解，而且上级机构对执行情况的了解也只有通过沟通方可获得。二是从横向沟通来看，由于一项政策的实施常常涉及众多机构和执行人员的分工合作，而在他们的分工合作过程中难免会产生分歧、误会、隔阂以至矛盾冲突，这就需要通过有效的沟通，相互交换意见、看法，以弥合意见分歧，消除误会、隔阂，化解矛盾冲突，进行彼此之间的了解与合作，提高政策执行的效率。三是从执行者与目标群体之间的关系来看，目标群体对政策接受与否以及接受的程度在很大程度上取决于相互的沟通。目标群体不可能自发地接受政策，执行者不仅要通过沟通渠道将政策指令传递给目标群体，而且更重要的是执行者应该通过沟通渠道向目标群体说明政策所具有的意义和制定政策的政府依据与时代背景，以及执行政策所要达到的目的，让他们理解和掌握政策，从而积极主动地接受和执行政策。

协调是管理组织为了顺利实现政策目标而谋求自身统一和谐，谋求自身各相关要素匹配调剂、协作分工的一种行为方式。在政策执行过程中，发生矛盾是常有的事。如计划本身不周密、不合实际之处，客观情况变化也会出现一些意想不到的事情。最为普遍的是，各执行机构之间所处地位不同、利益不同，各个执行者人员的知识、智力、经验、性格以及看问题的角度不同，出现意见不同和利益矛盾是很自然的。这些主客观情况都需要通过协调来解决。否则，缺乏协调，将导致本位主义、各自为政，导致资源浪费和效率低下。因此，协调也是保证政策有效执行的条件之一。

政策协调可划分为三个层次：其一是执行机构内部的协调。即每个层级执行领导者对所属部门之间以及工作人员之间所做的协调。它可通过提供工作计划、工作分配和对工作进度检查等办法进行，也可通过提供工作上所需要的人力、物力、财力等条件来进行。其二是执行机构之间的协调。包括上下级执行机构之间的协调和平级执行机构之间的协调。上下级之间应保持经常的密切联系，下级执行机构有责任向上级执行机构汇报情况，请示工作；上级执行机构要对下级执行机构进行工作布置、指导和检查，及时答复下级提出的困难与问题。横向联系是当代管理活动一个十分重要的内容，平行执行机构之间应相互沟通信息，主动配合、协作。其三是执行机构与其他机构之间的协调。为了保证国家和政府制定的政策都能顺利推进，行政执行机构必须与社会团体、企事业单位发生密切联系，要求紧密配合、良性互动。

(4) 政策执行的资源要素

公共政策的执行还必须有足够的政策资源。政策资源包括财物资源、人力资源、信息资源和权威资源。

财物资源。这是政策执行的物质基础。任何政策的执行，都要投入适当的物力和财力。一个好的政策方案，它本身就是在现有的经济发展背景下制定的，它本身就应该从物质条件方面考虑政策的可行性问题。一般来说，社会资源是有限的，公共政策的物质与财政资源是短缺的。因此，要获取公共政策资源是困难的。这就要求我们在制订执行计划时精打细算，根据实际可能获得的资源采取措施，在不影响政策效果的前提下尽量减少政策成本，或采用可以获得的替代资源。在政策的实际运行中，缺乏必要的活动经费和设备固然会影响政策的执行效果，但过度的经费投入也会使执行人员将钱用在不恰当的地方，甚至导致腐败现象，反而会增加政策执行的成本和难度，影响政策执行的效果。

人力资源。这是政策执行的必备条件。执行政策的人选依其所负的责任分为不同的层次，形成政策执行的链条。要视公共政策本身的要求选择适当的人选，切忌以贯彻政策为名，安插不必要的不适当的人员，出现机构臃肿、人浮于事的现象。

信息资源。政策执行者要获得足够的信息资源，主要包括：政策本身的目标、范围、措施及评价指标的信息，政策对象的信息，相关人员的利益和态度信息，政策执行环境状况信息。还要建立信息反馈机制，及时反馈执行状况的信息。由于政策的执行过程就是利益的再分配过程，某些利益相关者往往会通过制造虚假信息来误导政策的方向。这就要求政策执行者能够分析和识别信息，运用各种手段获取真实的准确的信息。

权威资源。权威是采取行动、进行指挥、获取资源而执行工作任务的权力来源。政策执行是政策制定者、政策执行者和政策目标对象及政策所能够影响到的那些组织和人员的共同活动。共同活动的首要条件就是要有一个能处理一切所属问题起支配作用的意志，这个意志就是权威。所谓权威，一是指政策本身就是权威性和规定性的统一，对政策的严肃性加以保护，对那些轻易改变政策内容与目标的行为，对那些"上有政策，下有对策"的行为予以惩处；同时对执行人员的执行积极性加以保护，对他们在执行政策过程中的创造性加以保护。二是指执行人员必须具有相应的权威。执行人员的权威在政策执行的组织过程中是由有关机构赋予的，同时，它也取决于人员的地位、品行、技术专长、工作经验及工作方式。如果上级组织没有赋予执行人员相应的权力，或者执行人员由于自身的品行缺陷失去了权威，或者不适当地滥用权威，就会降低政策的威慑力和感召力，也可能会偏离正确的政策方向，政策也就不可能得到很好的执行。

(5)政策执行的环境因素

任何一项政策的执行都要受所处社会环境的影响和制约。适宜的环境当然有助于政策的有效运行，不适宜的环境必将妨碍政策的顺利实施。影响政策执行的环境因素主要有政治环境、经济环境和社会文化环境等。

三、公共政策执行偏差及其矫正

政策执行是一项极为复杂的社会实践活动，在实际的政策实施过程中，有效性常常会由于这样或那样的原因而受到影响，甚至产生政策执行偏差。公共政策执行偏差通常也叫作政策执行不力、政策执行失控，是指政策执行主体在执行政策的过程中，受主客观因素的制约，其执行效果偏离了既定政策目标并产生了不良后果的政策失真现象。这种对政策目标的偏离表现在两个方面：一是目标方向上的背道而驰，二是执行效果离既定的目标相差太大甚至是无效。

1. 公共政策执行偏差的表现形式

在政策运行过程，多种因素的综合作用，往往阻碍了政策既定目标的实现，导致政策执行偏差的产生。在现实社会，这些偏差行为通常被人们统称为上有政策、下有对策。其实，由于政策执行的复杂性，政策执行的偏差行为表现形式也是多种多样的，归纳起来主要有以下几种：

（1）"你有政策，我有对策"的替换性政策执行。替换性政策执行实际上就是钻政策的空子，指当负责执行某项公共政策的机关（部门）或个人发现自己执行的政策与自身的利益存在冲突时，执行机关或个人就有可能在对政策进行分解时，制订出与公共政策目标表面上相一致、实际上相违背的政策执行计划并付诸实施，最终妨碍公共政策内容和目标的全面贯彻落实。近几年来，我国政治生活中出现的"你有政策，我有对策"的坏现象，就是这种替代性政策执行的典型表现。这是政策执行者在主观上抵制该项政策的一种重要表现形式，这种现象实际上是一些地方想扩大权力、获取地方和个人利益的表现。他们惯用的伎俩是"软施""硬泡"，对我有利的就执行，对我不利的就"变通"，以此来抵制党和国家的政策，严重影响了党和国家政策的正确贯彻和有效实施，极大地损害了社会主义政策的严肃性和权威性以及国家和人民利益，直接威胁到党和政府的公信力。例如，针对党政机关办公楼宇建设中存在的种种乱象以及由此滋生的负面影响，2014 年 11 月，国家发展改革委、住房城乡建设部同有关部门对 1999 年颁布实施的《党政机关办公用房建设标准》进行了修订，制定了新的《党政机关办公用房建设标准》，目的在于规范党政机关办公用房建设，提高投资决策科学化水平，合理确定党政机关办公用房的建设内容、建设规模和标准，满足办公使用功能的需要，加强管理和监督。该《标准》对党政机关各类建设用地和各级工作人员的办公室使用面积做出了明确的规定。但实际上，党政机关及其工作人员通过化整为零或者借共享机构、虚设职位之名超标准建设和占用办公用房的情况仍然存在。这种做法明显偏离了政策目标，是一种替换性政策执行。

（2）搞"土政策"的附加式政策执行。附加式政策执行，是指在公共政策执行过程中，执行机构或人员常附加一些该政策目标所没有的内容，或者将不相关的政策捆绑在一起执行，致使该项政策执行不到位或政策失真。这种政策执行行为通常是借助搞"土政策"的方式来实现的。所谓"土政策"，就是执行者为了谋取私利，打着执行上级政策要具有灵活性的旗号，另立一套，自行其是，使执行行为复杂化，最终影响了政策目标的实现。例如，我们搞市场经济，要建立社会主义大市场，但一些地方往往立足本地，搞小而全的生产体系，在生产快速发展时期，为保护本地利益封锁资源和市场，不准原料外运，不准外地商品进入，搞"土政策"，到处封关设卡，争夺资源的"大战"此起彼伏，如"羊毛大战""棉花大战""烟叶大战"等，狼烟四起，扰乱了市场秩序。

（3）"断章取义，为我所用"的残缺性政策执行。残缺性政策执行，是指政策执行主体在执行具体政策时，不是全面贯彻落实政策的精神实质和目标任务，而是对政策内容进行过滤，选择对自身有利、政策执行容易操作、目标群体认可度高的内容部分执行，对政策规定不合自身利益、政策执行难度大、目标群体认可度低甚至带抵触情绪的部分内容，执行主体就选择避开而不执行。这种"断章取义，为我所用"的政策执行现象被形象地描述为"见了黄灯赶快走，见了红灯绕道走"。残缺性政策执行常常置国家政策原则于不顾，损害了公共政策的严肃性，妨碍了既定政策目标的实现。近年来，我国一方面花高价进口废钢，一方面又以低价大量出口废钢。造成这种现象的原因，就在于国家有关政策被一些部门钻空子，名曰创汇，实为浪费。

（4）"阳奉阴违"的象征性政策执行。象征性政策执行又称敷衍性政策执行，指政策执行主体在执行政策的过程中，华而不实，没有具体措施，在组织、人员、资金上都没有到位，只是表面上喊喊口号、摆摆样子，走马观花、前紧后松、敷衍塞责是其表象。党和国家的公共政策本质上是为人民谋取最大程度的公共利益而出台的，其权威性和强制性要求执行者必须按政策规定全面、如实传达，坚决贯彻落实且善始善终，不允许打折扣，更不允许置之不理。但在实践中，有些部门、人员在执行党和国家的某些政策时阳奉阴违，只做些表面文章，暗地里拒不执行；或者做些形象工程、面子工程，而并没有从本质上去解决实际问题。例如，国家公布了保护野生动物的法规，许多酒店为此也写了保证书，做出了不经营野生保护动物相关菜肴招待顾客的承诺，但实际上却不顾法律规定，暗地里仍然供应"野味儿"菜肴。这是典型的阳奉阴违式政策执行。还有些部门、地区的政策执行人员，在执行政策时对不理解政策规定的目标群体缺乏耐心而草草了事，或者通过施以小恩小惠获取目标群体的虚假执行信息反馈，实际上并没有将政策规定落到实处，没有实现政策目标。

（5）左顾右盼的观望式政策执行。观望式政策执行，是指在公共政策的实施过程中，执行主体因政策资源的限制或自身利益的考量，未在政策规定的时间和空间范围内及时、广泛发挥政策的基本功能去解决公共政策问题，而是思想犹豫，行动迟缓，主要表现为采取"软拖"的手法消极观望：观上面的态度，看是否来硬的；观左右行动，看是否动真的；观上面的招数，看有无政策变化。这种消极等待的政策执行行为，由于未在公共问题出现的早期及时采取果断措施对问题加以控制和矫正，往往错失解决问题的良机，甚至可能导致事态的进一步恶化，影响政策问题的解决和政策目标的实现效率。

（6）原原本本的照搬式政策执行。照搬式政策执行主要是指在政策执行过程中，执行主体原原本本地照搬、照抄、照转上级机关的政策规定，不因地制宜地进行政策变通。公共政策由于其涉及面广，政策制定者制定政策时是从整体对象出发的，一般只能做出原则性、总括性、全局性的安排。然而，不同地区、不同部门、不同时期的具体情况不同，政策执行时需要执行机构根据实际情况制订出灵活多样、切实可行的执行计划，而不能简单地照章办事，也不能生搬硬套其他地区、其他部门的执行计划，千篇一律地按一个模式、一种方法去执行。这种不加思考和变通的照搬式政策执行往往把政策的原则性和灵活性严重地分离，不但不能解决具体的问题，相反还会把责任推给政策本身，推给政策制定者，认为问题之所以不能得到解决，是政策本身有问题。

（7）相互推诿的规避式政策执行。公共政策说到底是为了解决社会公共问题，调控公共利益。在社会生活实践中，各种纷繁复杂的社会问题往往交织在一起，致使各项单一的公共政策在执行过程中往往需要有效的沟通协调。又由于公共组织尤其是政府各职能部门之间的职能在一定范围内的重叠现象依然存在，致使各职能部门在执行政策的过程中往往为了规避责任，遇到执行阻力时便相互推诿，在一定程度上影响了政策目标的全面实现。

总之，从我国政策执行状况来看，目前存在的突出问题是"有法不依"，政策执行不全面，机械教条，脱离具体实际；办事拖拉，官僚主义、形式主义盛行，不讲求实效；缺乏反馈与修正的机制。这些问题的存在，严重影响了政府公共政策效果的实现。

2. 公共政策执行偏差的矫正

公共政策执行偏差的产生往往是由多种原因综合形成的。为了切实解决公共政策问题，实现公共利益，政策运行主体必须全方位跟踪评估政策执行状况，采取一切措施预防和矫正公共政策执行偏差。公共政策执行偏差的矫正是指政策主体采取一定的矫正手段，使政策执行回到正确的方向并且消除不良后果的过程。对公共政策执行偏差的矫正，不能只是头痛医头、脚痛医脚，应采取综合治理的系统方法。

（1）健全、完善政策执行的管理机制。管理机制对公共政策的执行具有极其重要的约束作用。规范、健全的管理机制会促进公共政策的顺畅、有效执行；反之，管理机制缺失或不健全将直接削弱公共政策的执行效率。一套完整的纠偏管理机制主要包括监控机制、纠正机制、问责机制、修复机制。完善管理机制的目的是为了处理好政策执行机构内部及其与其他组织机构之间的各种关系，使之运转协调、工作灵活，为政策的顺利执行、有效执行提供组织上和制度上的保障。

健全政策执行监控机制。要围绕政策目标的实现，制定正确、可行、全民参与的政策执行过程控制标准，在政策执行全过程中适时对照标准检查政策执行行为，一旦发现偏差迹象，果断采取措施和办法加以控制，避免偏差影响的扩大化。要强化监督反馈系统的功能，使监督反馈经常化、制度化、便捷化。在操作层面上，要建立并完善多层次、多功能、内外沟通、上下结合的监督控制体系，加强监督主体之间的协调配合，增加行政执行的透明度，通过调查、质询、罢免、撤销、受理申诉、控告等来实现对政策执行过程的有效监督。

建立健全科学合理的政策执行纠正机制。科学合理的偏差纠正机制是政策执行偏差行为矫正的关键。一旦通过监控机制发现政策执行过程中出现偏差行为，政策主体就应该及时启动偏差纠正机制，引导政策执行过程回归正确的轨道。

健全公共政策执行的责任追究制度。建立合理的干部录用制度和公务员制度。通过公开招干考试和公务员考试，把真正具备较高政治素质和业务能力的社会成员充实到各级行政机构中来，使行政管理机构中的政策执行人员都能拥有准确理解政策目标的能力和有效执行政策的水平，同时，把精简、优化行政组织机构和强化竞争机制结合起来，加强依法行政，防止政策执行偏差行为的产生，从而提高政策执行的效率。严格政策执行的考核制度，增强政策执行者的责任意识。领导干部和各级各类政策执行人员要加强学习，提高政策执行的理论水平，面对新形势、新情况和新政策，还要不断更新自己的专业知识和技能，提高政策执行和政策创新的能力。此外，应提高政策执行者的责任意识，建立政策执行的风险监控机制。

（2）提高政策执行人员素质。政策执行过程中出现的偏差直接与执行主体的素质有关。为了减少执行偏差，一是要提高其思想政治素质，增强大局观念，防止和克服以权谋私、地方保护主义和部门保护主义；强化职业道德，提高自律精神，规范执行行为，自觉抵制以权谋私、弄虚作假和腐败行为。二是提高其理论水平，用科学的理论武装头脑，指导工作，善于辩证思维，以大局、战略为重，防止和克服短期行为。三是要提高其业务素质，要拓宽知识面，调整知识结构，补充薄弱环节，提高综合分析判断的能力。

（3）科学诊断公共政策问题。科学诊断问题是指采用科学的方法对所出现的偏差原因、范围等进行分析和确定，目的是为了更好地"对症下药"。对问题的诊断可分为两个层面：一是当前出现的、现实的具体问题，即诊断是"头痛"还是"脚痛"，以便有针对性地对"头"或"脚"下药；二是历史积留的、根本的深层次问题，即对管理体制、政策机构运行等方面做出诊断，以便全面地、根本性地进行救治。

（4）及时跟踪评估政策执行行为。在执行某项政策过程中，必须全面检查和核实各项工作的布置、落实、推进和完成情况，即是否及时、准确传达贯彻，具体实施方案和措施是否符合总目标，阶段性目标和任务完成情况是否与原计划相符，出现的问题和困难是否出乎预料之外，各层面的执行工作是否得力，整体进展情况是否顺利，预定计划和预定目标是否能圆满完成，等等。当决策执行到一定阶段或某过程时，必须对决策效果进行科学评估，即分析该项政策实施后在政治、经济、文化等各方面产生的直接影响、间接影响和舆论反应，预定目标是否合理、充分、全面等。总之，及时跟踪评估有利于发现行政活动中出现的问题和困难，及时采取有效的调整措施和补救方案，控制政策执行的进程和效果。

（5）加强舆论宣传。政策宣传是政策执行活动的重要组成部分。通过多种形式的政策宣传，一方面，可以使政策执行者认真领会和理解政策目标的具体内容，从而认同政策，为有效执行政策奠定坚实的思想基础；另一方面，也可以使广大人民群众充分了解政策内容，增加人民群众的政治参与机会和政策认同感，使更多的人能够理解、接受、支持和执行该项政策，进而为政策的有效执行形成良好的政策环境。同时，还可以为政策执行者建构广泛的社会监控系统，对政策执行开展公众舆论监督。相反，如果政策宣传不够或者宣传不准确，就会造成政策不明确和政策信息不畅，政策执行者就不能准确理解政策目标和政策内容，也难以获得政策对象的理解和公众的支持和监督，进而容易产生政策执行的偏差行为。在纠正政策执行偏差之前或进行当中，应通过多种途径，对政策执行偏差产生的原因、危害、矫正的必要性等向公众解释清楚，从而引起社会的广泛注意和讨论，以此来达到认清问题的目的。具体说来，这样做有以下作用：①认识清楚偏差的危害，让他们意识到如不对偏差予以矫正的话，必将损害相关人员的利益；②了解清楚偏差的原因，使他们自觉地配合有关人员对偏差进行矫正；③表明政策执行主体矫正偏差的鲜明而坚决的态度，从而使有关阻挠势力认识到抵制矫正是徒劳的。

（6）采取必要的强制措施。有时会碰到这样的情况，虽然有关部门进行了大量的政策宣传和思想教育工作，但是有关个人或团体还是消极抵抗，继续在低效甚至错误的执行道路上前行。这时就需要对他们采取一定的行政、法律、经济等方面的强制措施。

最后，还需指出的一点是，对待政策执行偏差，要采取防范和矫正相结合的方法。重点在于防范，要善于防微杜渐、防患于未然。

◎ 复习思考题

1. 简述公共政策执行含义、特点和作用。
2. 公共政策执行的程序有哪些？政策执行需要哪些资源做保障？
3. 简要评述史密斯的政策执行过程模型。
4. 政策执行的调适模型的主要内容是什么？
5. 影响政策执行有效性的因素有哪些？
6. 什么是公共政策执行偏差？其表现形式有哪些？如何矫正？

第七章　公共政策的评估与监控

科学完整的公共政策过程离不开公共政策的评估与公共政策的监控活动，它们两者都是政策运行过程的有机组成部分，贯穿于政策运行过程的始终，规范着政策制定过程、政策执行过程和政策变迁过程的功能发挥，影响政策结果的形成。不过，在政策实践中，二者有可能都不是政策过程中必不可少的独立阶段，但它们仍然是政策过程中的一个重要环节，对政策运行都会产生较大的影响。政策评估和政策监控还有一个显著的共同点，即政策监控是一种特殊形式的政策评估，或者说是建立在评估基础上的一种权力行为。

第一节　公共政策的评估

在西方政策科学的发展过程中，对政策评估的研究是较晚才提上议事日程的。人们往往将更多的精力放在政策的制定和实施的研究上，而忽视了对政策的评估。其实，政策评估是公共政策运行过程中的重要阶段，是一种具有特定标准、方法和严格程序的专门研究活动。它不仅可以检验政策制定与实施的成功与否，而且，它是人们积累政策经验，提升政策能力的重要途径。因此，要重视政策评估，就需要对政策评估的性质及其功能作一番了解。

一、政策评估的含义

人类自采取有意识的行为之后，总是倾向于获取关于该行为结果的反馈信息，这便是一种基本的评估活动。政策作为公共组织用以引导和规范有关群体或组织行为的指南和准则，其制定者在设计和选择方案的时候，必然会估计各种方案实施后可能产生的结果。而在政策实施后，政策主体也往往想知道政策效果到底怎样，是否达到了预期的目标，因而会通过一定的渠道获得这些信息。这些行为都属于政策评估的范畴。因此可以说，自从有了政策和政策制定，便有了政策评估活动，古今中外许多历史文献和文学著作都包含了政策评估的思想，记录了政策评估的实践。

但是，现代意义上的政策评估，作为一个专业领域也作为一项实际工作，是在 20 世纪随着现代科学方法的发展成熟及其在社会研究和政策研究中的广泛应用而首先在以美国为代表的西方发达国家诞生和兴起的，它受不同时期政治、经济、社会、科学知识等多方面因素的影响，经历了一个逐步规范化的过程。

早在第一次世界大战之前，便有少数研究人员运用社会学、统计学等学科的知识和方法对教育、卫生、就业等领域的政策和政府项目开展系统的评估。到了 20 世纪 30 年代，社会科学家便主张和倡导运用社会研究方法来评估政府为解决这些社会问题而制定的政策和行动计划。例如，美国斯德芬教授对在罗斯福总统的新政中制定的社会政策和计划进行过综合评估。此后，很多研究人员开展了政策评估工作。在第二次世界大战中，出于战争需要，美、英等国军队专门聘请研究人员对其人事政策和宣传策略等进行评估，使评估得到进一步的发展。

二战结束后，美国等西方国家在城市发展、住宅建设、科技、教育、卫生等方面制定了大量的政策措施和行动计划，由于实施这些政策计划所需经费数额庞大，因此，客观上要求通过评估获知这些政策设计的结果。此外，各种社会研究方法逐步发展成熟，提高了政策评估的有效性和可靠性。到 1950 年代末，在美国等西方工业化国家，政策评估已相当普遍。在此期间，许多发展中国家也在一些社会政策领域开始进行政策评估。

在 20 世纪六七十年代，西方国家遇到了一系列严重的经济和社会问题。以美国为例，环境污染、能源危机、核安全、种族冲突、越南战争、城市衰落、失业和贫困人口增加等问题对政府提出了严峻的挑战。针对这些问题，政府实施了空前的政策干预，并为提高政策干预的有效性和效率，强化了有关管理制度，要求开展政策评估。其中，对政策评估的发展影响最大的是约翰逊当政时期实施的"向贫困开战"和"伟大社会"计划。根据这项战略计划，美国联邦政府出台了大量政策并投入了巨额资金。为了确定公共资源的配置和使用效率以及这些政策实现预定目标的有效程度及其对目标群体的影响，在提出该战略计划的同一年即 1965 年，联邦政府颁布了一项专门的行政命令，要求政府各部门建立计划规划预算制，对此前由国防部设计的制度采用了正式的评估和分析方法。在此期间，国会也开始立法，要求对政府在一些领域制定的政策进行评估。例如，1965 年的《中小学教育法》就明确要求对有关教育政策开展评估。这些行政命令和法律为研究人员开展正式的政策评估赋予了合法性，也提供了资金保障。另外，各种社会研究方法的完善，特别是计算机技术的应用，为政策评估提供了有力的工具。因此，政策评估在这一时期取得了较快发展。

进入 80 年代后，在政治、经济、社会等多方面因素的作用下，西方国家兴起了一场大规模的改革运动。这场发端于英国的改革尽管被冠以不同的名称（新公共管理、重塑政府、再造公共部门），而且其重点和具体措施在各国之间也存在差异，但是，仍表现出一些共同的特征，主要有将政府的政策职能和管理服务职能分开；将私营部门的管理方式引入公共部门，注重资源使用的效率；公共服务机构视公众为顾客，为公共服务建立明确的标准；由重视工作过程和投入转向注重产出和结果；对公共机构开展绩效评估，绩效管理兴起（美国于 90 年代颁布了绩效评估法）；通过授权发挥基层管理者的作用；增强公共部门的责任性。

从上述特征可以看出，这场改革更加强化了对公共部门的行为包括公共政策评估的力度，诸如注重结果和产出、追求效率、实行绩效管理、增强公共部门的责任性等都在客观上要求加强政策评估工作。随着这场影响涉及全球的行政改革运动的深入发展，主导各个国家的公共事务管理模式正在经历一个深刻的转变过程，即从传统的政府管理向治理转变，而政府管理与治理的主要区别之一，就是强调对公共部门的行为包括公共政策的评估。可以说，政策评估是当今各国建立高效、廉洁、透明政府的必要途径。正是在这种背景下，公共政策评估在许多国家包括在一些发展中国家已经成为一种制度化、法制化的工作。

什么是公共政策评估？学术界大致有五种答案：

第一种观点认为，公共政策评估主要是对政策方案的评估。持这种观点的学者，把公共政策评估视为政策方案选择阶段的一个环节，认为评估就是对解决问题的各种备选方案进行主观和客观情境的比较，权衡利弊得失，并将可选方案提供给决策者由其择优做出决定的过程。

第二种观点认为，政策评估属于广义政策执行过程中的一个阶段。一项公共政策的生命，通常包括下列几个阶段：①问题的发生；②问题列入政策议程；③解决问题的各种不同途径的设计与规划；④政策的抉择和合法化；⑤政策的执行；⑥政策的评估；⑦政策的修改与变更；⑧政策的调整。①至④是广义的决策，⑤至⑧是广义的执行。①

第三种观点认为，政策评估是对政策全过程的评估，既包括对政策方案的评估，还强调对政策执行以及政策结果的评估。"公共政策分析可以定义为一

---

① 伍启元：《公共政策》，（香港）商务印书馆 1989 年版，第 41 页。

个过程，即依照政策与政策目标之间的关系，在各种备选的公共政策或政策方案中，确定一个能够最大限度地达到一系列既定政策目标方案的过程。这一定义引出了政策评估的四个要素：①目标，包括规范性约束和各目标的相对权重。②政策、项目、计划、决议、可选权、手段或其他用以达到目标的方案。③政策与目标之间的关系，包括运用直觉、权威性典籍、统计数字、观测、推理、猜测和其他手段建立的关系。④根据目标、政策及其相互关系，得出应当选择哪一个政策或政策组合的结论。"①

第四种观点认为，政策评估就是发现误差，修正误差。"就一项公共政策而言，发现误差、修正误差就是政策评估，换言之，政策评估的工作就是发现并修正政策的误差。"②

第五种观点认为，政策评估的着眼点应是政策效果。"政策评估就是了解公共政策所产生的效果的过程，就是试图判断这些效果是不是所预期的效果的过程，就是判断这些效果与政策的成本是否符合过程。"③我国台湾学者张世贤、林水波认为政策评估是政策过程的最后一个阶段，其"内涵为评估某一现行的政策其在达成目的上的效果"。④

现代政策评估从一开始就存在两个层面的区别，即技术分析的层面和价值判断的层面。但是，在长期理论发展中，由于受到行为主义主流价值观的影响，其与理性主义公共政策分析的倾向不一致，使得政策评估主要倾向于事实层面和技术层面的分析，主张应用实证技术以分辨政策目标与政策结果之间的关系，有研究者称这为"实证主义"和"效果论"。在这种政策评估理念的指导下，其分析的侧重点相应集中于效能、效益、效率一类问题上，并选择了政策过程评估、政策影响评估、政策效果评估、经济关系评估等评估领域。

综合上述几种观点，我们认为，所谓政策评估，是指评估主体依据一定的评估标准，通过相关的评估程序，考察公共政策过程的各个阶段、各个环节，对政策产出和政策影响进行检测和评价，以判断政策结果满足目标群体需要、价值和机会的程度的活动。

公共政策评估活动包括规范、测度、分析、评判四个环节。规范环节的任

①　[美]斯图亚特·内格尔：《政策研究：整合与评估》，刘守恒、张福根、周小雁译，吉林人民出版社1994年版，第3页。

②　朱志宏：《公共政策》，(台湾)三民书局1995年版，第299页。

③　[美]托马斯·R.戴伊：《自上而下的政策制定》，鞠方安、吴忧译，中国人民大学出版社2002年版，第203页。

④　林水波、张世贤：《公共政策》，(台湾)五南图书出版公司1997年版，第326页。

务是建立政策评估的标准与程序，这是整个评估活动的前提；测度环节的任务是收集评估对象的各方面信息，这是评估活动的基础；分析环节是运用已收集的信息，对政策实施结果进行评定，这是评估活动中关键的一步；评判环节的任务是对政策的变迁提出建议，这是评估的完成。

二、公共政策评估的类型

由于政策的广泛性以及人们关注政策的角度差异，导致政策评估的类型呈现出多样化的特点。出于研究的需要，人们从不同的角度出发，依据不同的标准，将多样化的政策评估活动划分为不同的类型。

1. 需求评估、过程评估、效果评估、影响评估

根据其内容，政策评估可分为需求评估、过程评估、效果评估、影响评估(包括风险评估)四类。

(1)需求评估

笼统地说，需求评估就是要通过调查、研究和分析，了解一个社会或一个社区有什么问题需要制定政策来解决。在实际的需求评估中，有时是针对社会或社区所有方面的需求，而更多的时候则是针对某个具体方面(如基础教育、环境保护)的需求，或特定社会群体(如下岗失业人员、丧失劳动能力的人群)的需求。一般来说，需求评估要回答以下一些问题：一个社会或社区的经济状况怎样？某个群体在哪个方面的需要未被满足或存在哪些需要解决的问题？需要解决的问题的性质是什么？范围有多大？某个问题影响的对象是哪个群体？可以看出，政策需求评估是政府机关构建政策议程、制定政策(和重要项目)的必要前提和重要依据。

(2)过程评估

过程评估是指在政策开始执行之后对政策得以按原定设想执行的程度进行的考察研究。过程评估要回答的问题包括：政策方案包含的各项措施(如拨款、设立或指定机构、调配物资等)是否按原计划顺利实施？政策所针对或服务的对象是否为预定的目标群体？政策执行机构和人员是否具备预期的执行能力？是否付出了足够的努力？在现实中，设计得很好的政策由于执行不力而导致目标偏失、效果不佳甚至事与愿违的例子屡见不鲜。通过过程评估可以使有关机构及早发现执行中存在的问题，并及时采取适当的措施，保证政策取得较好的效果。

(3)效果评估

从前面的介绍可以看出，所有关于政策评估的界定都把政策实施后产生的效果作为评估的最主要内容，只是对"政策效果"的内涵有不同的理解。在此，需要注意两点：首先，所谓的政策效果，不仅指政策付诸实施后实取得的效果，也指尚未付诸实施的政策方案可能取得的效果。对政策方案可能取得的效果的评估是政策设计和选择的依据。其次，政策效果包括三个具体方面：一是政策的有效性，即政策实施后实现其预定目标的程度；二是政策的效率，即相对于其实施所需的全部成本，政策产出的成果如何；三是政策实施后带来的利益或损害在相关群体中的分配是否公平。

(4)影响评估

由于社会不同领域之间的相互联系，一项政策的实施除了在其所针对的领域内产生效果之外，还可能对其他相关领域产生影响，即外部影响。例如，出于保护环境的目的，政府提高排污收费标准，这不仅会导致污染排放量的减少，而且可刺激企业进行技术开发，带来新技术、新工艺、新能源的诞生。再如，为了降低粮食的生产成本，鼓励农民多种粮食，政府对粮食生产所需的农药和化肥提供价格补贴，这样的政策除可实现粮食增产的目标之外，还可能因为农药和化肥的过度使用造成环境破坏。因此对政策产生的预定目标之外的这种积极的或消极的外部影响应进行评估，如果一项政策的消极影响严重，即使完全实现了其预定的目标，它也不是好政策。特别是在政策方案的设计和择优阶段，我们必须尽可能对政策的这种负面影响作充分的估计。另外，相对于政策制定的时间而言，政策总是在未来发生作用的。而未来的环境可能存在一定的不确定性，因此，有些政策的制定带有一定的风险。在这些政策的方案设计和择优阶段，对其风险进行评估也是政策评估的一个重要部分。

当然，在现实中，为了保证一项政策能够及时、高效地满足公众的需要，且不产生负面影响，最好上述四种评估都做，也就是要开展综合的政策评估。

2. 正式评估和非正式评估

政策评估活动总是有组织地进行的。从评估活动的组织形式来区分，公共政策评估包括正式评估和非正式评估两种。

正式评估是指专门的组织机构和人员根据一定的评估理论，为了实现评估目标，按照一定的评估程序而对相关的评估对象所进行的评估。正式评估的特点包括三方面：一是有评估组织机构和人员专门从事政策评估活动。二是评估方法比较规范。整个评估活动既有一定的评估标准，又有特定的评估程序和评估方法。三是具有一定的客观性。由于有科学严密的评估方案的指引，正式评估能够较客观地反映政策过程的实际状况，从而全面地反映出政策结果。正式评估是政策评估中占据主导地位的一种评估方式，其结论往往是政府和社会公众考察政策效果的主要依据。

非正式评估是指没有严格的专门组织机构，评估主体、评估形式和评估内容也没有固定化，但最后仍有某些评估结果的评估。在非正式评估活动中，政策评估方式多种多样，既可以是记者采访居民对某项政策的随意评论，也可以是政府领导人视察某地的即兴评说。非正式评估的缺点在于评估活动所获取的信息有限，缺乏科学的程序和方法，因而所得出的结论可能具有一定的主观性和片面性，有失客观公正。

3. 内部评估和外部评估

根据政策评估机构在政策活动中的地位之不同，我们可将公共政策评估分为内部评估和外部评估两种。

内部评估是指政府内部的评估组织和人员所进行的评估。它可分为由政策运行机构和人员自身所进行的评估和由政府专职评估组织和人员所进行的评估。

由政策制定者和执行者所进行的评估是内部评估的一部分，这类评估由于评估的主体本身就是政策的执行者和制定者，因而对整个过程全面了解，掌握了第一手资料，有利于评估活动的开展，评估者根据评估结论，对自己的政策目标和政策措施迅速做出调整，使评估活动真正发挥作用。但是要求政府部门对自己的行为做出客观公正的评价，实非易事。这是因为评估结论与评估主体自身的利益存在着一定的相关性，因而相关人员就有可能在评估活动中故意隐瞒事实真相，夸大成绩，掩盖错误，使政策评估容易得出有失全面和客观的结论，缺乏公正性。

外部评估是政府部门外的评估主体所完成的评估。它可以是行政机构委托营利性或非营利性的研究机构、学术团体、专业性咨询公司，乃至大专院校的专家学者进行的，也可以是由投资机构或立法机构组织的，或由报纸、电视、民间团体等其他各种外部评估者自己组织的。外部评估同内部评估相比，常常能够不带偏见，比较客观，但是获取信息资料困难，评估缺乏权威性，结论也不易受到重视。

4. 预评估、过程评估和结果评估

从公共政策评估在政策运行过程中所处的阶段看，我们可以将公共政策评

估分为预评估、过程评估和结果评估。

预评估，是在政策执行前即政策方案抉择阶段所进行的一种带有预测性的评估。这种从单纯的事后检测变成事前控制的评估是政策评估领域的一次重大突破。预评估的内容大致包含预测性分析和可行性论证两个方面，第五章第四节对此已作过详细论述，在此不再赘述。

过程评估是对政策运行过程所进行的评估。由于政策问题的复杂性，政策执行过程中会遇到许多问题，它是政策制定者所料想不到的，只有通过执行才能暴露出来。过程评估，就是具体分析政策在实际执行过程中的情况，以确认政策是否得到严格的贯彻执行，是否作用于特定的对象，是否按照原有的政策设计执行，人、财、物是否到位，政策与政策对象和政策环境是否有冲突，政策实施机构是否高效合理，实施人员的原则性、灵活性、创造性和效果如何。从这个意义上讲，过程评估伴随着政策执行一同起步。它不仅要积累有关资源投入、具体措施、相关事件、实际运行的资料，还要分析、寻找或预测政策设计和执行中的缺陷和失误，并反馈给政策执行人员和决策者作为修订政策、完善执行活动的参考。过程评估有利于对政策执行过程进行控制和管理。一般说来，政策实施过程中出现的问题无外乎两种情况：一种是政策本身的问题，即政策方案自身有失误或不适应环境的变化；一种是执行的问题，即未能按原计划付诸实施，其原因或是投入的人、财、物等资源缺乏，或是外在因素的干扰，或是执行人员素质低下，或是政策对象的抵制和不合作，或是执行方法欠妥等，诸多问题在执行过程中都会显现出来。通过过程评估可以弄清原因，从而有的放矢，完善细化，或修正政策，或加强某个环节，或弥补资源不足。对群众不了解、不理解的政策要重新做好宣传教育解释工作；对于未落实的，要督促落实；对政策实施机构执行不力的，班子该调整的要调整，人员素质差的要加强培训或补充，使执行过程得到较好的控制和管理。此外，过程评估也有助于效果评估。一项政策实施后得失如何，可以从执行过程中找到差距，得到某种解释。

结果评估是政策执行后对政策所取得的结果的评估，其作用在于，鉴定人们执行的政策对所确认的问题达到解决的程度和影响程度，辨识政策效果成因，以求通过优化政策运行机制的方式，强化和扩大政策效果。结果评估的内容包括政策产出评估和政策影响评估两个方面。

5. 单一评估与复合评估

从公共政策评估对象的数量来看，公共政策评估可分为单一评估和复合评估两种类型。

单一评估是指评估者只对某一项政策进行评估。由于仅就某一项政策进行评估，因此在时间上和精力上都使评估者能够较深入地对该项政策的产出和影响进行详细的评估。但不足之处是仅就某项政策进行产出和影响评估，有时会把先于或与该项政策同时执行的其他政策的产出和影响也归于该项政策。

复合评估是对一项以上的政策同时进行的评估。每一项政策都有其特定的性质，而且各项政策之间有密切的联系，因此，将一项以上的政策综合起来进行评估，能够考察政策的整体效果，反映政府综合处理公共事务的能力。复合评估的不足是每项政策产出量的计算较难，不能完整地反映每项政策本身的特点。

三、公共政策评估的作用

通过政策评估的定义我们可以看出，政策评估既可以在制订政策计划、设计和选择政策方案的阶段进行，也可以在一项政策正在执行过程中进行，还可以在政策执行活动完成以后进行。政策评估的目的是通过将这些信息直接或间接地反馈给政策制定者和政策执行人员，促进他们适时做出政策反应，选择好的政策方案，及时调整不当的政策，废除无效的政策，改善政策执行行为，从而提高政策制定的质量。

1. 政策评估是检验政策效果、效益和效率的基本途径

任何政策，如果投入运行后，就再没有人去做相关的评估反馈工作，那它的效果如何我们就不得而知。尤其是一项构思精良，经多方论证认定是无懈可击的政策投入运行以后，究竟有没有达到预期目标，产生预期效果，或产生了哪些非预期的连带的效果，这都需要我们进行评估工作。也就是说，评估人员要密切关注政策执行的动向，搜集相关的资料和信息，再加以科学的分析、论证，得出可靠的结论，以确定该项政策是否有好的效果。如计划生育这一基本国策在执行过程中，就需要我们密切关注它的执行情况——通过实行计划生育政策，我国在几年内少增加了多少人口？与原始人口数据进行对比，从而可以判定计划生育政策是否有效执行或者在哪些地区执行得较好，哪些地区稍差一些。

2. 政策评估是决定政策去向的重要依据

一项政策在执行过程中总会呈现出其走向。伴随着政策目标的逐步实现，

该项政策是应该继续、调整，还是终结？这都必须依据一定的评估资料。政策的走向一般有三种情况：第一，政策继续，即通过科学的评估，发现该政策所指向的问题还未得到解决，其政策环境也没有发生大的变化。基于这种情况，适宜用原来的政策继续指导这个问题的解决。第二，政策调整。如果一项政策在执行过程中，遇到了新情况新变化，原来的政策已明显不适应新的政策情况，那我们必须对原有政策进行调整或革新，以适应新变化，更好地实现政策目标。第三，政策终结，也就是完全终止原来的政策。这有两种情况：一是政策目标已经实现，原有政策的存在已经没有意义，完成了一个政策周期，自然终结；二是政策本身发生了非常大的变化，原有政策已明显不能解决问题，甚至会使问题变得更为严重，而且通过调整已无济于事，这时就需要终结旧政策，代之以新的、更为有效的政策。无论是政策的继续、调整还是终结，都必须建立在科学、系统、全面的政策评估基础上。

3. 政策评估是合理配置资源的有效手段

政府的政策资源是有限的，但政府部门却要同时执行多项政策，如经济政策、政治政策、环境政策、教育政策等。那么，究竟哪项政策该投入多少资源？或者说政策资源要怎样配置才最合理呢？这就体现出了评估的重要性。只有通过评估，才能确认每项政策的价值，并决定投入各项政策的资源的优先顺序和比例，以寻求最佳的整体效果，有效推动政府各个方面的活动。同时，通过政策评估，也可以对照以往的政策资源分配情况，看其是否合理，总结经验，吸取教训，使政策活动优质高效地进行。

4. 政策评估是公共决策科学化、民主化的必由之路

在现代社会，国家管理活动中的重要一环就是政府利用政策来调整、组织社会生产和社会生活。随着社会的进步，新情况和新变化层出不穷，单靠传统的经验型决策已应付不了复杂的决策情境。实践证明，经验决策必须向科学决策转变，而政策评估正是使决策迈向科学化的必由之路。通过评估，不仅可以检验政策的效果、效益和效率，更合理地配置政策资源，形成一种优先顺序和比例，而且可以与时俱进，随时抓住情况的变化，对政策做出继续、调整或终结的决定。从另一个角度来看，通过评估得出的结论体现了科学性，为下一步的民主决策奠定了坚实的基础。因此，政策评估对于公共决策的科学化、民主化是不可或缺的。

公共政策评估是一项复杂的系统工作，它自身依靠一种什么样的标准、程

序和方法去评判公共政策的哪些内容呢？这就是公共政策评估所必须考虑的要素。

四、公共政策评估的标准

评估是根据特定标准进行的。评估标准是衡量有关政策的利弊优劣的指标或准则。这些指标或准则的选定，一方面与评估主体所持有的价值观有密切的关系，另一方面又应符合一定的技术条件，客观反映现实社会对政策的要求。政策评估既是一个事实判断和技术判断的过程，又是一个价值判断的过程，价值判断以事实判断和技术判断为基础。因此，政策评估是建立在价值标准、事实标准、技术标准基础之上的一项活动。

1. 价值标准

价值标准建立在一个国家特定的历史与现实、伦理与文化、社会和经济价值取向的基础之上，反映了评估主体在评估活动中的倾向性准则和原则。它常常回答这样一些问题：为什么采用这一项政策，而不采用另一项政策？这项政策优先考虑什么，而不考虑什么？为什么这项政策要照顾到某一群体的利益，而不顾及其他群体的利益？采用这项政策产生经济上的风险、道德上的风险或政治上的风险之后如何进行取舍？在政策评估活动中，价值标准既不关注客观事实的状况，也不重视技术手段的运作，主要强调的是评估主体的一种信念、思想和理想的追求，反映出社会公共利益和人们自身利益的实现程度，社会生产力的发展水平和社会发展总方向的符合状况。综合以上问题可以看出，政策评估的价值标准主要包括社会可持续发展、社会公正和社会安全等方面内容。

2. 事实标准

事实标准是指用数量值、比率关系、统计结果等手段来反映事物过去、现在和将来的存在状况。它常常回答这样一些问题：执行该项政策影响到多少人，能使多少人在这项政策中获得利益或者失去利益？这项政策需要投入多少财力、物力和人力？最终会持续多长时间等。这些问题告诉我们，政策评估的事实标准主要包括政策效率、政策效益、政策影响、政策回应性等主要内容。政策效率是指政策的投入与产出之间的比例关系。政策的投入包括政策活动所投入的人力、物力、财力、信息和时间，政策的产出是政策执行过程中直接产生的结果。政策效益是政策目标得以实现的程度。政策效益通过比较政策运行时的实际结果与预期结果，对预期目标实现程度进行分析。政策影响是指政策产出所引起的人们在行为和态度方面的实际变化。政策回应性就是政策结果满足人们需求、价值与机会的有效程度。在政策评估中，通过事实标准来体现公共政策在运行过程中到底在客观上对政府和社会施加了什么影响或产生了什么作用。事实标准要尽可能具有可测量的客观指标。

3. 技术标准

技术标准是以技术手段、技术规范和技术工具为手段来服务整个政策评估活动，使评估活动建立在科学、客观与可信的基础之上。它常常回答这样一些问题：数量值和比率关系是用什么样的方法收集和得出来的？是用访问座谈方法，还是用概率统计方法、科学预测方法、线性规划技术、系统方法等来获取和处理信息的？得到这些信息后，又是用什么样的方法来分析的？相关变量又是什么关系？实际生活中，同样的事实标准，会在不同的技术标准衡量下产生不同的政策评估结果。因此，需要通过技术标准的适用性比较，根据政策评估问题的实际情况，选择合适的技术标准，以真实全面地反映评估对象的实际状况。政策评估的技术标准主要包括多样化、系统化和数量化等主要内容。

五、公共政策评估的方法

人们可以根据不同的政策方案选取不同的评估方法。近几十年来，随着政策科学的发展，各种新的评估方法不断涌现，大大丰富了评估的实践活动。帕顿和沙维奇在《政策分析和规划的初步方法》中说，许多专家对最近十年中应用的评估方法进行了分类，已有100种以上的评估方法被确认。豪斯提供了一个较为有用的系统，他把评估方法分成8个类型，并根据主要对象、一致意见、方法论、产出和典型问题，对它们进行了分析。

帕顿和沙维奇认为评估的基本方法有政策前后比较法、有无政策比较法、实际与规划比较法等六种。下面，我们介绍当前评估的几种基本方法。

1. 前后对比分析法

前后对比分析法是政策评估的基本方法，是评估活动的基本思维框架，其他一切方法都在这种方法的指导下进行。前后对比分析法是将政策执行前后的有关情况进行对比，从中测度出政策效果和政策价值的一种定量分析方法。它通过大量的参数对比，使人们对政策执行前后情况的变化一目了然，不仅可以帮助人们了解政策的准确效果，还可以帮助人们认识政策的本质和误差，因此是政策评估常用的基本方法。它有四种最基本的表现形式：

(1)简单"前—后"对比分析

简单"前—后"对比分析是对政策或计划实施之前的(人员和地点)条件与政策或计划(项目)有机会产生影响的条件进行比较。或者说是在参与项目之前对目标人群实施的一系列的测量,在项目经过了一段充分发展之后,对同样的目标人群再次实施测量。

这种方式要求我们假设政策实施前后数据之间的任何差别都是政策或项目导致的结果,于是将政策执行前和政策执行后的两种情况进行对比,图 7-1 中以 A_1 表示政策执行前的状态,以 A_2 表示政策执行后的状态,(A_2-A_1) 便是政策效果。这种方式简便明了,但无法明确该项政策效果是由政策本身引起的,还是由其他因素造成的,即测量前后所得出的不同结果并不能完全归因于项目的效果。在干预期间,所有的过程都会导致结果差异。

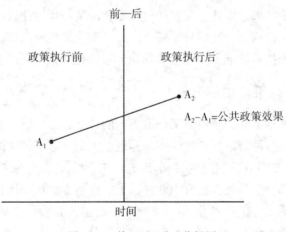

图 7-1 "前—后"对比分析图

(2)"投射—实施"后对比分析

这种方式是将政策执行前的趋向线 O_1O_2 投射到政策执行后的某一个时点上,并将 A_1 与政策执行后的实际情况 A_2 对比,以确定政策的效果(A_2-A_1)。这种方式在一定程度上考虑了一些非政策因素的影响,比前一种方式更进一步,结果也更加准确。但困难在于无法详尽地收集政策执行前的相关资料、数据,以建立起政策执行前的趋向线(图 7-2)。

(3)"有—无"政策对比分析

"有—无"政策对比分析是在政策执行前和政策执行后这两个时点上,分别就有政策和无政策两种情况进行对比,然后再比较两个对比的结果,以确定

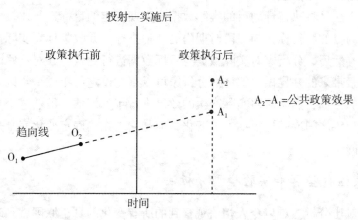

图 7-2 "投射—实施"对比图

政策效果。图中 A_1 和 B_1 分别表示执行前有政策和无政策两种情况,A_2 和 B_2 分别表示政策执行后有政策和无政策两种情况。(A_2-A_1)为有政策条件下的变化结果,(B_2-B_1)为无政策条件下的变化结果,则 $[(A_2-A_1)-(B_2-B_1)]$ 便是政策产生的实际效果。这种方式实际上是投射对比分析的拓展,其优点是可以在评估中对不同政策目标或其他政策要素的情况进行比较,较精确地测量出一项政策的效果(图 7-3)。

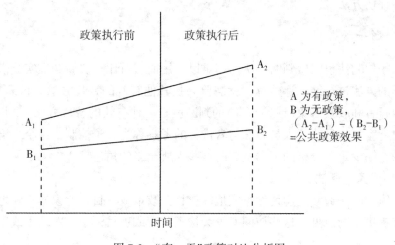

图 7-3 "有—无"政策对比分析图

(4)实际与规划比较

这种方法是将执行计划后的实际数据与先期确定的目标进行比较。分析家设定特定的目的和目标作为一段时期内的评估指标，并收集计划实际执行后产生的数据。然后，分析家对实际数据与目标数据进行比较，并对这些由计划或非计划因素带来的差异做出解释。分析家可以事先设定一年或一年以上的时间内每一年的目标，然后对照实际产生的效果进行年度评估。虽然这个方法有助于分析年与年之间或其他短期内的变化，但是它也无法确定变化完全是由于执行所带来的。

2. 实验模型和准实验模型分析法

前后对比分析法难以令人相信观察到的所有变化的真正原因就是政策、计划或项目的实施所带来的，这促使人们使用(社会)实验方法。按照邓恩的说法，自 20 世纪 30 年代罗斯福新政以来，社会实验和准实验就作为监测公共政策结果的一种途径而被提倡。第二次世界大战以后，社会实验被用于许多公共政策领域，如公共健康、辅助教育、社会福利、罪犯审判、吸毒和酿酒(药品和酒类滥用)、人口控制、营养计划、高速公路安全及住房计划等。实验方法也就是一组实施政策，而另一组不实施政策的对比实验。实验组(实施政策)和控制组(不实施政策)的前后结果都要进行比较。因为在现实中这种实验很难进行(如对一部分人不实施某一项政策是十分困难的)，所以，人们设计了准实验评估方法。

3. 影子控制法

影子控制法也叫做判断方法。当难以采用前后对比、实验和准实验模型等更科学的方法进行结果评估时，就需要寻找其他有效的替代方法。依靠专家、政策执行者和政策对象(或参与者)的判断就是一种有效的替代方法。"我们将这些对专家、项目执行人员和参与者进行的考察称为影子控制，这个术语被用来反映在缺少重要分析的证据基础时这些人所充当的角色。"[1]

(1)专家判断法

专家判断法通常是邀请专家实地探访相关政策或项目，专家非正式地搜集数据并提供判断意见。这些访问专家会检查政策或项目记录，对政策或项目的

---

① ［美］彼得·罗西等：《项目评估：方法与技术》，邱泽奇译，华夏出版社 2002 年版，第 264 页。

执行过程进行观察，对现在和以往的参与者进行访问，与执行人员进行交谈。这个方法的优点是：一方面，由于专家知识专业化强，对某项政策的效果可以分析得比较透彻，视野也比较开阔，往往有较强的科学性；另一方面，专家相对于政策制定者、执行者和政策对象来说是某项政策的局外人，因此，他们有可能站在比较客观公正的立场上进行评估，不会发生身在庐山却"不识庐山真面目"的情况，具有"旁观者清"的特殊效应。当然，使用专家判断法效果的好坏与专家能否站在客观的立场、秉持负责的精神及与专家专门知识的深浅等密切相关。

(2)管理者判断法

管理者判断法也叫自评法，它是政策执行人员自行对政策的影响和实现预期目标的进展情况进行评估。由于执行人员亲身参与政策实施的过程，对政策的来龙去脉比较了解，对政策环境、政策对象、政策过程也比较清楚，掌握较充分的政策信息和第一手资料，因此有可能及时而充分地评估、判断一项政策的效果。同时，由于评估者直接参与政策过程，有条件根据自己的评估结论，迅速调整自己的政策目标和措施，评估活动往往可以收到立竿见影的效果。但这种方法有明显的缺点，主要是他们的判断往往会是自私的和不公正的。因为执行人员参与政策过程，政策效果的好坏直接影响其声誉和工作，因而不免带有浓厚的感情色彩，往往会隐恶扬善、夸大成绩，失去客观公正性，这不仅违背政策评估的初衷，也势必影响评估的准确性和客观性，另外，作为执行者从事评估往往代表某一机构的局部利益，这使得评估容易片面化，并带有浓厚的主观随意性。还有，政策评估是一项繁杂的工作，要求评估者具备理论知识，熟悉某些专业的系统训练，这往往是执行者所不完全具备的。

(3)参与者判断法

参与者判断法也叫对象评定法，它是由政策参与者或政策对象通过亲身感受和了解对政策及其效果予以评定的方法。由于政策对象既是政策的承受者，又往往是政策活动的主体，他们对政策的成败得失有切身感受，因而最有评价发言权。评估组织和评估工作者要做好评估工作，必不可少的环节之一就是争取政策对象对评估工作的充分了解和积极支持，认真倾听、研究他们对政策效果的评价。参与者的评定比上级组织和个别领导的自我评说来得真切，符合实际。但是，一般情况是，参与者通常很难对政策效果进行判断，因为他们缺乏进行这种判断的基本知识。

六、公共政策评估的程序

公共政策评估是有计划、有步骤的活动，是一个有规律可循的动态系统过程。虽然评估活动步骤会因评估类型的不同而不尽相同。但是，只要是正规的、科学的政策评估，一般都要经过准备、实施和结束三个阶段。

1. 准备阶段

作为一项复杂的、系统的工作，政策评估在实施以前必须进行周密的组织准备工作，这是评估工作的基础和起点，也是评估政策得以顺利进行和卓有成效的前提条件。组织准备比较充分，才能保证评估工作有计划、按步骤开展实施，避免评估工作的盲目性。组织准备阶段的主要工作包括：

（1）确定评估对象

确定评估对象实质上是解决评估什么的问题。政策具有相关性，某一结果的产生往往是多项政策共同作用的产物，要清楚地划出一项政策作用范围的边界并不容易。同时，并不是任何政策在任何时候都可以而且有必要进行评估。比如，某些政策仅具有象征性意义或者尚未完全发生作用，评估的时机尚未成熟，则暂时没有必要进行评估。因此，根据理论研究与实际工作需要，遵循有效性与可行性相结合的原则精选评估对象（特别是那些比较成熟的、政策效果与环境变化之因果关系比较明显、比较有推广价值的政策），才能使评估收到最佳效果。

为了准确地确定政策评估的对象，评估人员必须做好两方面的工作：首先，评估人员必须了解政策基本内容及相关背景，包括政策出台的时间、所针对的问题、政策的基本意图、政策的目标群体、政策出台前后的有关经济和社会状况、具体政策措施、政策的基本理论依据、政策执行的环境等。这些信息是政策评估得以开展的基础。实际上，在决定是否对一项政策开展评估之前，就必须了解这些信息，因为其中有些信息能够告诉我们这项政策是否具备评估的条件，即该政策是否具备可评估性。其次，评估人员还需要确定政策相关方。弄清楚政策相关方是哪些群体和组织机构，这对于政策评估十分重要。政策相关方通常包括三类人，一是参与政策制定或执行的人员，二是其利益与被评估的政策有直接或间接关系的人，三是对政策表示强烈关注的人。例如，中央出台的减轻农民负担的政策，政策相关方包括参与制定该政策的中央有关部门，负责执行该政策的各级党政机关，既是政策执行者又受该政策影响的村民委员会、广大农民，还有就是其利益虽然与该政策无关，但却一直关注农民负担问题的学术机构和研究人员。为了在后面的研究中获得政策相关方的支持，使他们愿意提供政策评估所需的有关信息，在确定政策相关方之后，最好与他们的代表建立并保持联系，并从一开始就让他们参与政策评估的过程中来。在现实中，有些政策相关方的参与能力有限或根本不能参与到政策评估过程中，这时，便需要找到能代表其利益或观点的人来参与政策评估过程。

（2）制定评估方案

制定政策评估方案是政策评估准备阶段最为重要的工作。评估方案是评估实施的依据和内容，评估方案设计的合理程度直接关系到评估质量的高低和评估活动的成败。评估方案必须以书面的形式系统、详细地说明以下内容：第一，阐述评估对象，明确指出评估什么。第二，明确评估的目的、意义和要求。评估目的决定评估的基本方向，解决的是为什么进行评估的问题。第三，确定评估标准。事实分析和价值分析以及它们的有机结合是评估标准的基本内容，评估标准通常体现为评估指标体系，它决定评估类型和评估方法。第四，提出评估的基本设想，根据评估目标确定主体的内容、范围，制定出评估方案。第五，评估方案还要说明评估的场所、时间和工作进度，以及评估经费的筹措和使用等问题。简言之，评估方案应将评估的五个基本要素，即评估者（主体）、评估对象（客体）、评估目的（出发点）、评估标准（准则）和评估方法（手段）都包括在内，使它们共同构成一个完整的政策评估系统。

（3）挑选和培训人员

评估的过程实际上是一种理论研究过程，它对评估人员的理论素养要求很高。换句话说，评估人员自身素质和理论水平将直接影响评估的质量。因此，必须选择适当的评估人员，提高他们的理论分析水平和实际操作能力，构建具有较高水准的评估队伍。

2. 实施阶段

实施评估是整个政策评估活动中最为重要的阶段，实施评估工作的好坏与评估活动的成败紧密相关。实施评估阶段关键是一些具体调查方法和评估方法的运用，该阶段的主要任务有：

（1）利用各种调查手段，全面收集政策制定、政策执行、政策影响和政策效益等方面的信息。信息是政策评估的基础，评估政策的过程其实也是收集信息、处理信息的过程。为了保证所获信息具有全面性、系统性和准确性，需要综合采用各种科学方法来收集信息，常用的方法有：观察法、文献情报法、调查法、案例法、实验法等。

（2）综合分析政策信息，就是在收集信息的基础上对那些有关政策的原始数据和信息资料进行系统的整理、归类、统计和分析。

（3）综合运用适合的评估方法，对政策进行评估，得出评估结论。在实施评估的过程中，评估者应该坚持评估材料的完整性和具体分析的科学性两个原则，客观、公正地反映出政策的实际效果。

3. 结束阶段

结束阶段是处理评估结果、撰写评估报告的阶段。政策评估离不开价值判断，个人的价值判断受客观条件和一些非理性因素的影响，难免有疏漏。因此，当我们收集评估信息，得出评估结果后，还必须善加处理。首先，要自我检验分析评估信息所得出的结果的可信度和有效度。其次，让评估结论与政策设计者、决策者、执行者、参与者会面，以便发挥评估的论断、监督、反馈、完善和开发功能，提高政策的科学性。为此，必须做好两个方面的工作：撰写评估报告和总结评估。结束阶段政策评估者需形成书面形式的评估报告，提交给有关领导和实际部门，使之了解该项政策实施的最终情形，及时根据情形决定政策的继续、修改、终止等。评估报告除了对政策效果进行客观陈述、对政策进行价值判断、提出政策建议以外，还应包括对评估过程、评估方法和评估中一些重要问题进行必要说明，对评估工作的优缺点进行总结，为提高今后政策活动水平服务。此外，结束阶段还要注意妥善处理决策者与评估者之间的分歧，实现决策者与评估者之间对评估报告最大限度的协调。

七、公共政策评估的障碍

政策评估中有许多制约因素，有些是受客观条件的限制，有些是受评估主体的限制，有些是受评估客体的限制，我们把这些限制条件统称为误区。

评估误区在理论规范上是一种出于公共目的、意在确定政策与事实之间因果逻辑关系的理性行为。然而在实际的过程中，政策评估不仅是艰难的，而且常常步入误区（主观动机特征表现为有意识的行为）和陷入误区（主观动机表现为无意识的行为）。前一种情况我们称之为主观误区，后一种情况我们称之为客观误区。不论是主观误区还是客观误区，都是政策评估中的问题，其评估的结果都会在不同程度上误导公众，并造成国家资财的浪费。

1. 主观误区

主观误区主要指这样一种情形：政策评估者出于各种可能的不良动机，有意识地夸大或缩小、掩盖或曲解评估中的某些事实，或者混淆评估中的某些是非和原则，以求实现某种特殊的目的。具体说来，主观误区的政策评估主要有以下一些表现形式。

(1)认识能力问题

第一，有限理性。新制度经济学关于人类行为的第二个假定涉及人与环境的关系，即有限理性。人的有限性是由K.阿罗引入的一个原理，用他的话讲，有限理性就是人的行为"既是有意识的理性的，但这种理性又是有限的"。人是想把事情做好，但人的智力是一种有限的稀缺性资源。由此我们可以推论，所有复杂的协议、契约或合同都不可避免地是不完善的。在阿罗看来，人的有限理性包括两个方面的含义：一是环境越复杂，交易越多，不确定性就越大，信息也就越不完全。二是人对环境的计算能力和认识能力是有限的，不可能无所不知。除此之外，新制度经济学家还认为，由于环境的不确定性，信息的不完全性，以及人的认知能力有限，使得每个人对环境反应所建立的主观模型也就大不一样，从而导致人们选择上的差别和制度规则上的差别。这就说明了有限理性假定在制度设立中的作用。

在此，我们还有必要讨论一下"有限理性"与"不完全信息"的关系问题。有一种观点认为，所谓的"有限理性"可以归纳为"不完全信息"这类问题，即只要愿意付出足够高的信息成本，理性就可以是无限的。西蒙说：我只是部分同意这种结论，但有两点保留：第一，谈论什么"如果我们信息灵通的话，我们就会怎么做"是没有意义的，因为根本上就不会有这种情形。第二，由于人脑有限，我们只使用信息海洋中的一小部分去帮助我们思考。太多的信息与太少的信息同样是不理想的，问题不在于是否有信息，而在于我们能够加工多少信息？我们的知识能使我们分析什么样的信息？并从中抽取有意义的部分。因此，人类要求获取信息这种原动力乃是人类灵魂深处渴望更好地与他们的世界打交道的企求。

在现实世界中，信息不仅具有不完全的特征，而且还具有不对称的特征。所谓的不对称是指交易双方对交易品所拥有的信息数量不对称，例如在汽车交易中，卖方可能要比买方对汽车有价值的特征知道得更多。实际上，不仅存在信息不对称，而且人们可以通过欺骗、偷窃、说谎等隐瞒信息手段获利。但是信息不对称的假定同时表明，人们可以通过向对方披露信息而获利，即通过合作减少信息的不对称而获利。

第二，集体行动的困境。自从勒特·哈丁(Garrett Hardin)富有挑战性地提出"公地悲剧"以来，人们对公共资源使用发生退化的思考已有很多，事实上亚里士多德已经在思考这个问题。亚氏说："凡是属于最多数人的公共事物常常是最少受人照顾的事物，人们关怀着自己的所有，而忽视公共的事物；对于公共的一切，他至多只留心其中对个人有些相关的事物。"

后人对哈丁的理论进行了转化，形成了"囚犯博弈"和纳什均衡理论。在此基础上，奥尔森明确指出：除非一个群体中人数相当少，或者除非存在着强制或其他某种特别手段，促使个人为他们的共同利益行动，否则非理性的、寻求自身利益的个人将不会为实现他们共同的或群体的利益而采取行动。

（2）认识态度问题（有关机构和人员的抵制）

政策评估必然要涉及有关事实的描述，是非得失的评判，责任利益的分配，因此，政策运行的各有关人员会基于自身的利益而赞成或反对政策评估的进行。阻碍力量的大小往往是政策评估成败的关键之所在。

在我国的政策评估过程中，政策评估者与决策者、执行者之间发生矛盾及冲突是常有的事。当因为决策者的主观失误导致错误而要承担责任时，他们会制造种种可能的理由来抵制或将评估引入歧途。而对于执行者而言，因为评估者强调的客观性和公正性使执行者感受到威胁或愤怒，而且评估者会打乱他们的行动计划和日常生活，妨碍预期目标的实现。如果政策的错误有执行者的原因和责任，他们也将同决策者一样，想方设法阻挠或反对政策评估。政策对象由于从错误的政策或异化的政策中获得了既得利益或者为了保护其局部利益，也会通过相关的途径干扰或阻碍政策评估。

第一，"以表象取代事实"。表现为文过饰非、规避责任，在提供事实时矫情造势，隐藏某些关键性的事实，甚至不惜提供伪证，借以掩盖自己的政策举措失当甚至无能，或者借以推卸自己应负的责任或将责任推给他人。

第二，"以形式取代研究"。表现为政策决定实际已经做出，或者对某些政策的实践效果已经形成定见，但却要借政策评估的形式肯定其定见的合法性。

第三，"以政治取代科学"。表现为借评估攻击一定的政策或者攻击一定的政策主体，而不顾及政策实际的效果，甚至运用不正当的评估诋毁对手，其目的不在于政策及政策评估本身，而在于政策背后的利益。

第四，"以研究取代服务"。表现为借科学评估之名，使政策决定或者政策终结迟迟不能完成，政策应有的效率因此受到损害。

第五，"以社会目的取代政策目的"。表现为借评估过高地估算政策的实际效果，并通过媒介的巧妙运用夸大性地宣扬该政策的功绩，以此博取功名。

第六，"以获取资源取代政策目的"。表现为借评估证明政策的重要性，同时证明客观政策资源的不足乃是影响政策的主要原因，进而试图改变政策目标与政策资源的比例约数，要求更多地获取政策资源，尤其是经费等经济性资源。

主观误区的评估有三个共性特点：第一，评估动机从一开始就背离了实事求是的原则，但却试图经由其评估程序得出事先设定的结果；第二，评估方法徒有虚名，具有典型的形式主义的涵义，却试图经由合法的形式将评估引向自己期望的方向；第三，政策评估内容方面的失真性、模糊性与形式方面的周全性、科学性的非正常的统一，使主观误区的政策评估具有隐蔽性和欺骗性。

2. 客观误区

客观误区是指另一种政策评估的情形：政策评估主体的主观动机虽然是正当的，评估方法亦是合理的，但由于客观条件的限制，评估的过程和结果并不一定能反映客观的真实，或者不能准确地反映客观的真实，或者不能全部反映客观的真实，以至于评估的结果不一定可靠，不一定可信。政策评估的客观误区包括以下几点：

（1）政策目标的不确定。政策目标的确定过程反映了不同利益团体的观点和要求，因此在目标的阐述方面由于目标点太多且重要程度相同而显得比较含糊，这将导致政策评估标准的选择和价值标准序列的排列出现混乱。更难的是，参与政策制定的各方基于同样的动机常常会通过各种可能的方式力图间接地甚至直接地介入政策评估的过程，要求政策评估反映自己的价值观。不同的利益团体同时作业，常常使政策评估主体不知所措，导致政策评估的过程左右摇摆，政策评估的结论含糊其辞。

这些情况给政策评估造成了很大的困难，主要表现在：①有时，政策制定者和执行者还故意用不明确的形式来表达和说明政策目标，以此增加某种应变的机会；②大多数政策都具有多重目标，有些目标之间甚至存在着矛盾；③许多政策目标不可能量化；④在政策执行过程中，政策目标还可能发生变更而被修正。

这里仅就政策目标的多元性作进一步的说明，政策目标的评估有两种主要途径：一种是多元目标兼具理论研究的评估途径，一种是官定目标评估途径。美国学者罗西等人极力推崇前者。他们认为按照官定目标去评估公共政策，政策评估的范围就太狭隘了，往往很难发现政策存在的问题。因为在政策实践中有时政策效果包含在官定的政策目标中，但评估后发现，二者并没有必然的联系。有时政策决策者预定的政策目标和希望的政策效果并没有出现，而不在预定目标内的政策效果却出现了，因而他们主张采取多元目标兼具理论研究的途径进行政策评估。他们认为，政策评估不能拘泥于官定目标，而应该侧重政策目标的多元性以及评估研究的理论性，只有这样的评估才是有成效的。还有一点，政治评估的理论性较强，要求政策评估者具有较高的理论素养，如此才能正确评估政策的成败。评估者面对众多潜在的或显露的纷纭繁杂的目标因素，要确定哪些因素应当纳入评估研究的范围是相当困难的。另外，评估的理论基础要求很高，一般人很难达到。总之，政策目标的不确定性及其表现形式的多样化，不仅给政策的最终价值判断带来阻力，而且还会给政策评估标准的建立带来困难。只有进行深入的科学探讨，才能找到合理的方法。

（2）因果关系的不确定。如前所述，因果关系是公共政策过程中一种基本的关系形态，亦是政策评估需要研究的基本的关系形态。但是，在实际的政策评估中，人们经常难以充分地证明，某种客观情形的改变是直接起因于某一项公共政策的实施，即是否由于某一项公共政策的实施而导致某一社会事实的出现，譬如，粮食产量的增加是否就完全是由增产粮食的农业政策带来的？显然不能完全归功于该政策，其他一些变数（譬如风调雨顺的气候条件，国际或国内粮食市场上粮食或粮食制品需求量的增加引发农民扩大种植面积或提高投入，加强精耕细作等）也可能是粮食产量增加的重要原因。那么，在所有的因素中，究竟哪一个因素发挥了主导的作用，哪一些因素发挥了重要的作用，哪一些因素发挥了一般性的作用，常常是政策评估的一大难点。

（3）政策效果的不确定。一般而论，政策制定会包括关于政策期望目的的表达，但实际的政策效果却有可能是非预期性的。例如，按照省内国民生产总值承销、承购国家债券，在筹集资金、充盈国库、加快国家重点建设的同时，可能会招致发达省份的诸多怨言。相关省份会抱怨"杀富济贫""鞭打快牛"的不合理，抱怨"干活的养活不干活的"，要求各省"一律"按照面积或者人员承销、承购国家债券，并可能为调整政策而采取了一些动作。这表明按照省内国民生产总值承销国家债券的政策事实上招致了政策反弹。如此，若根据"募集资金、充盈国库、加快国家重点建设"的政策目标进行政策评估，若按预定数额募集了资金，则可以认为这是一项成功的政策；若同时评估由此对中央政府与地方政府的关系以及其他的变项，则政策效果的确定就产生了相当的复杂性。政策效果的不确定有些时候出于政策含有但却未曾明确表示的目标，这种目标经常属于"可做不可说"的目标。例如，上述政策可能含有增加中央政策可控性资源，进而加强中央的地位和作用的隐性意义，但却不好明说。

（4）政府态度的不确定。政府、政府机关、政府官员都可以是政策评估最强有力的支持者，也可以是最坚强有力的反对者，因为他们实际上控制着政策评估所需要的相当一部分资料及有关资源，从这个意义上讲，"组织"成为评估的障碍之一是合乎逻辑的。

(5)评估客观数据的不确定。客观数据在客观上总是存在某些缺陷，这是由政策条件和认识能力局限性决定的。资料和信息是进行政策评估的基础，如果没有足够、可用的与政策及其运行相关的资料和其他方面的政策信息，政策评估就很难进行，更谈不上客观公正。然而在我国，普遍的情形是由于有些政策机关不重视资讯管理，出现资料不完整，统计数据不准确等现象，使得政策评估难以获得精确的资料，进而分析政策的运行过程及其结果。再加上那些抵制政策评估的人员会拒绝提供相关资料或者只提供那些对他们有利的资料，这样一来就更增加了评估的难度。

政策评估需要投入相当的经费、设备、时间与人力，这些投入能否顺利获得也是评估工作的关键。在我国，除非有专用的资金来源，否则要从决策机关或执行机关获得评估经费是相当困难的，因此没有必要的评估经费，政策评估活动也就难以开展了。

(6)政策资源的混合和政策行为的重叠。任何一项政策都不是孤立、单独存在的。在我国社会主义现代化建设过程中，往往会有许多政策同时被执行，也同时发挥作用，这样一来，无疑就导致了政策资源的混合和政策行为的重叠。政策资源的混合会造成实际操作中难以辨别某笔经费是否属于某项政策的单独投入，从而增加了政策评估的难度。政策行为的重叠则使不同政策的效果混合在一起，相互影响，甚至相互干扰，因此，实践中很难分清某项政策的实际效果和影响力，难以进行高效的政策评估。

八、推进我国公共政策评估的对策

1. 加大宣传力度，切实提高对政策评估工作及其意义的认识

与政策过程的其他环节相比，政策评估无疑是最不引人注意，也是最薄弱的环节。当今世界一个普遍的现象就是政府每年在政策制定、政策执行环节上耗费大量的人力、物力、财力，然而却很少有政府或组织去关注政策评估，相应地在政策评估上的投入也就少得可怜。我国政府也不例外，究其原因，主要的一点就在于人们对政策评估缺乏应有的重视。因此，当务之急是必须转变人们的观念，加强思想建设。首先，要加大宣传力度。各级政府和政策评估工作者要利用各种媒介包括报纸、杂志、电视、网络等渠道加大宣传力度，充分发

挥我国社会主义媒体的优势，使人们从根本上改变过去陈旧的观念，重新认识到评估的作用和意义，特别是各级政府和相应的政策部门，更应充分认识到政策评估在促进政策科学化、民主化方面的功能作用。其次，要端正政策评估的指导思想。政策评估的根本目的是促进决策的科学化、民主化和政策效果的最优化。因此，政策评估要本着实事求是的态度进行，除了总结经验，肯定成绩之外，更要发现问题，找出不足，探究原因，发挥其诊断和批判的功能，而不应是决策者沽名钓誉的手段。

2. 加大对政策评估的投入

任何一项工作都离不开必要的人力、物力、财力的支持。俗话说"巧妇难为无米之炊"，说的就是这个道理，政策评估也不例外。然而事实上，我国各级政府对政策评估的投入都十分有限，因而可以说，投入不足是制约政策评估工作顺利进行的一大障碍。因此，各级政府除了从思想和观念上要重视政策评估之外，更应在现实中加大对政策评估的投入，以确保政策评估的顺利进行。具体说来，主要在三方面：一是评估人才方面。各级政府要配备掌握评估方法与技术的评估人员，这是保证评估工作顺利进行，评估结论客观、公正的前提。二是要建立相应的评估组织。没有相应的评估组织的存在，政策评估工作将难以开展。三是要投入必要的经费。经费的充足与否在一定程度上决定了评估工作能否顺利推行，可以说，没有相应的投入，政策评估将成为"水中月、镜中花"。

3. 拓宽和健全政策评估的信息渠道及系统

信息是决策的前提和基础，也是评估的依据。没有真实、详尽的资料，政策评估的客观性、科学性将无从谈起。所以我国政府应该拓宽政策评估的信息渠道，建立起覆盖全社会的信息网络系统，最大限度地实现决策中心、评估组织和公众之间的有效沟通，最大限度地避免信息的截留、失真，以保证政策评估组织能够获得真实、详尽的信息。为此，我国各级政府和决策机构除了法律应予保密的信息之外，其他一切有关公共政策制定的背景、执行状况、评估结论等情况应通过公告、网络等各种形式及时向社会传播，增强政府行政过程的透明度，杜绝"黑箱"操作。对于政策评估组织来说，这样做将有利于其在节约成本的前提下尽可能多地获取信息，降低评估成本，有利于评估方法和评估结论的传播，便于及时了解政策效果。对于公众来说，可以借助各种信息渠道，发表自己对有关政策的意见和建议，以促进决策的民主化。

4. 要选择恰当的评估方法和技术，以提高评估结论的可信度

政策评估绝不是一项轻而易举的工作，要求评估者应熟练掌握各种评估方法和技术。目前常见的评估方法有前后对比分析法、对象评定法、专家判断法、自我评定法等；政策评估的技术主要有计划评判技术、重要路径法、成本利益分析、成本效能分析等。这些方法的内涵、使用的方法、演算的方式、成本利益折扣的原则等均须精练。应该说每种方法与技术都有其优缺点，都有其适用的范围。因此，评估者要能够根据我国具体的情况，灵活地加以选择和运用，必要时可以综合运用各种方法和技术，以提高评估结论的可信度。

5. 明确政策目标，精选评估对象

评估者在评估政策之前必须了解此项政策制定的初衷是为了解决什么问题，它的预期目标又是什么，否则政策评估将失去"参照物"，评估者将无所适从，评估的结论更谈不上有效性。因此，任何一项政策都要尽可能地明确目标。此外，还应精选评估对象。理论上说任何一项政策都应得到评估，现实中由于人力、物力、财力的有限性，以及政策本身的因素，不是每一项政策都可以得到评估。因此，评估者必须审慎精选评估对象，以确保我国有限的评估资源得到充分、高效的利用。

6. 把政策评估纳入制度化轨道

要真正有效地进行政策评估，制度是保障。为实现我国政策评估的制度化，应朝以下方面进行努力：首先，实现政策评估工作的程序化。应通过制度规定，除象征性或符号性的公共政策外，各项政策在可能的情况下都应进行程度不同的评估。评估者应本着实事求是的精神，力求评估系统、全面、公正。评估结束后应及时撰写评估报告，并将评估结论公布于众。其次，要配置评估基金。政策评估是一项庞大而复杂的系统工程，需要大量的人力长期深入到实践中去收集各方面的信息，需要耗费巨额资金。因此，必须配置政策评估基金，以免政策评估成为"空中楼阁"。最后，要重视评估结论，消化、吸收评估成果。任何一项公共政策都必然涉及社会资源的分配，为防止决策者随意决策，执行者滥用职权，必须通过制度将评估结论与有关人员的奖惩直接联系起来，真正实现政策过程的权、责、利相统一，使政策评估在我国发挥其应有的作用。

总之，政策评估发展的历史还较为短暂，在我国尚未形成科学的评估机制，这有待于我们进一步研究。

第二节 公共政策的监控

政策监控是政策过程的一个特殊环节，是整个政策系统中不可或缺的一个组成部分。对政策过程各个环节的监控，既有助于实现政策的合法化，也有助于政策的贯彻实施及评估，是实现既定政策目标的有力保障。

一、政策监控的涵义

政策监控是为了实现政策的合法化与保证政策的贯彻实施而对政策的制定、执行、评估和终结等活动进行检查、监督、指导与纠偏行为的过程。其目的在于保证政策系统的顺利运行，提高政策制定与执行的质量，促进既定政策目标的实现和提高政策效率。

根据上述定义，政策监控的内涵有如下几点：

1. 政策监控具有特定的主体

政策监控的主体即从事监控活动的个人、团体和组织，它是一般政策主体的有机组成部分，由立法机关、行政机关、司法机关、政党系统、利益集团、大众传媒以及人民群众等所组成。然而，政策监控主体有其特殊性。首先，不同层次的政策由不同层次的机关及其组成人员负责制定、执行、评估及调整，政策监控的主体也因而随之有所不同，表现出明显的层次性。其次，政策监控在政策过程的不同环节由不同的机关及其组成人员负责实施，因而政策监控的主体就表现出了多样性的特点。

2. 政策监控具有特定的客体，即政策系统及其运行

政策过程的各个环节包括政策的制定、执行、评估、终结以及承担这些功能活动的个人、团体和组织都属于监控的对象。政策监控的主体与客体的划分具有相对性，它们之间并不是简单的监控与被监控的对应关系，而是互相交叉、重合，呈现为复杂的网络状的结构。例如，立法机关主要负责制定政策，它同时又负责对下级立法机关（及人员）及相应的执行机关（及其人员）的监督与控制。但是，从根本的意义上说，立法权来自人民对政权的支持与认同，所以，即使是最高的国家权力机关，也要受到社会公众的监督与控制。由此可

见，在政策过程之中，政策监控的主体往往同时也是客体，二者处于复杂的相互作用之中。

3. 政策监控是一个活动过程

政策监控表现为一个活动过程，而不是一个孤立的活动环节，它是由监督、控制和调整等功能活动所组成的动态过程。

4. 政策监控具有目标指向性

政策监控具有目标指向性，即保证政策系统的顺利运行，提高公共政策的制定和执行质量，促进现实政策目标的实现，提高政策效率。

二、政策监控的类型

以实施监控的时间先后为标准，政策监控分为预防性监控、过程性监控和结果性监控。预防性监控是对政策规划和政策实施计划进行的监控。过程性监控是对政策运行的各个环节进行监控，根据预期的政策目标，对照现实的执行状况，发现偏差，及时纠正。结果性监控是在政策执行后所进行的产出和影响监控，结果性监控尽管不能使政策过程本身发生变化，但由于它的惩罚性功能，能对下次政策过程起到有效的预防作用。

以监控的经常性为标准，其可分为经常性监控和引发性监控。经常性监控主要体现为日常工作的监控；引发性监控是受各种事件引发而导致的监控，它是一种被动性的行为。

以监控的参与程度为标准，其可分为单方面监控和抗辩性监控。单方面监控是指政策监控主体在实施监控时不吸纳受检组织和人员参加而自行进行监控，反映出政策监控主体单方面的监控意愿和监控事实。抗辩性监控是指政策监控主体承认被监控组织和人员享有答辩权并安排时间和机会进行答辩，被监控组织和人员可以对监察报告提出书面或口头辩解，反映出监控主体与被监控对象之间的互动性。

三、政策监控的作用

政策监控既是政策过程的一个不可或缺的组成部分，又是一个特殊的环节，贯穿于其他各个基本环节之中，在政策过程中起着信息反馈的作用。对于政策系统来说，主要是通过监控政策子系统及监控活动，来确定政策方案是否合理、合法，找出政策目标与执行手段之间、预期政策目标与实现政策绩效之间的差距，发现问题之所在，并从中寻找解决问题的新办法，如调整政策目标、加大执行力度、重新配置资源等。

政策监控的作用主要表现在以下几个方面：

1. 保证政策的合法化

这里指的是对政策制定活动进行监控，以使政策的制定严格遵守法定的程序和原则，并且审查所制定的政策是否符合宪法和有关法律规定。它由有关的国家机关根据法定的程序和权限对立法活动进行审查，是政策取得合法性的一个重要环节。一般而言，政策合法化的实现是由各国的立法机关来完成的。然而，各国的情况由于历史与现实上的种种原因而有很大的差别，这主要体现在宪法的解释权的归属不同这一点上。欧洲发达资本主义国家一般都设有宪法法院，宪法的解释权都由宪法法院掌握，所以政策的合法化最终是由宪法法院来完成的。以美国为代表的国家采纳了三权分立的建国模式，建立了司法审查制度，由联邦法院大法官对宪法做出解释。所以，政策的合法化就是由司法机关最终完成的。在我国，宪法的解释权属于全国人民代表大会常务委员会，因此，全国人大常委会从法律上来说对政策的合法化负最终责任。同时，由于我国的所有政策既不能违背宪法和有关法律法规，也不能与中国共产党的章程和纲领背道而驰，因此，政策的合法化也必须将这个重要因素考虑在内。从以上内容可以看出，通过政策监控以实现政策合法化包括两个方面的内容，即实现政策的形式合法化与内容合法化。实现形式合法化就是使政策的制定活动严格遵守法定的程序与规则；实现内容合法化就是使政策的目标、方案等不违背宪法和有关法规。对有些国家来说，还要不违背执政党的纲领和章程。尚需一提的是，一项政策即使从形式到内容都合法化了，也未必就等于说它已经获得了合法性，因为该项政策仍然可能危害公众的利益，不能满足公众的愿望和要求。这种例子在古今中外的历史上并不少见。

2. 保证政策的贯彻实施

政策只有在被采纳并付诸实施之后，才有可能产生实际的作用并达到预期的目标。但是，由于种种原因，如执行者的认识水平、价值取向、个人及其所代表的利益、偏好等，经常使得政策在执行过程中遭到误解、曲解、滥用、消极抵制甚至反抗。在此，政策监控的作用就是根据一定的标准，对政策的执行活动进行检查、监督，以保证政策达到预期目标，或者发现预期目标与实现效果之间的反差，并找出其中的原因。如果是因为预期目标太高而根本不可能实现，那必须调整目标以适应现实的条件；如果目标是正确的、可行的，却没有实现，问题就必然出在执行过程中；如果是执行不力，则需要加大执行力度；如果具体方法或步骤有误，则需要对政策作相应的调整，等等。

3. 实现政策的调整与完善

客观外部世界总是处在不断的发展变化之中。政策作为人的认识的产物，一旦制定出来并付诸实施之后，都要保持相对稳定不变，此即政策的滞后性。它不仅是指政策的变动滞后于人的认识的深化，而且更是指政策的变动滞后于外部世界的发展变化。尽管如此，如果政策的滞后变动超过了一定的限度，那必然是有害的。因此，政策必须随着外部世界的变化和人的认识的深化而做出调整，只有这样才能使政策目标、实施步骤、执行手段等与现实相符合，以便产生良好的绩效。从这个方面来说，政策监控的作用就在于敏锐地捕捉外部世界的发展、认识的深化和政策之间的差距，以便及时做出调整，使之臻于完善。

4. 促使政策终结

所有政策都具有时效性这一特征。在政策过程中，政策的时效性是一种常见的现象，即原来适用的政策由于客观条件或政策环境的变化而不再符合现实需要了，其中的许多情况就不是仅仅做出政策调整而能解决的。例如，在为期十年的"文化大革命"中，决策者们以"无产阶级专政下继续革命"的理论为指导，制定了"以阶级斗争为纲"的路线，制定了许多错误的政策，使政策运行无序，经济几乎崩溃，社会陷入混乱之中，给我国的革命和建设事业造成了惨重的损失，给未来也蒙上了一层浓重的阴影。在这种情况下，要解决的就不是政策调整问题，而是政策终结问题，即坚决而又审慎地废除那些错误的、无效的或是多余的政策。需要注意的是，政策监控的作用不在于对具体实施政策的终结，而是通过本身的工作发现那些错误的、多余的或无效的政策，及时向有关方面提出报告或提交合理化建议，促使政策终结的实现。这是提高政策绩效、更新政策的一个关键环节。

四、政策监控机制的构成

所谓政策监控机制，简单说来就是政策监控子系统的运行机制，其中最重要的是监控主体的构成及其发生作用的内容与方式。根据这一标准，政策监控机制可分为内部政策监控机制和外部政策监控机制两大部分。

1. 内部政策监控机制

内部政策监控机制就是指在各级行政机关内部所进行的政策监控活动内容和作用所构成的监控体系。

2. 外部政策监控机制

除政府之外的其他组织和个人对公共政策所实行的监控的活动内容与作用方式构成了对政府公共政策的外部监控机制，主要包括立法机关、司法机关、行政机关、政党系统、利益集团、大众传媒以及公众等监控主体。

（1）立法机关对政策的监控

立法机关不仅是最重要的政策制定主体，同时也是最重要的政策监控主体之一。立法机关政策监控的活动内容及其方式主要表现在下列几个方面：

其一，依靠法律监控公共政策。无论是公共政策的制定还是实施，均不得违背法律，也不能超越于法律之上，否则，均被视为非法。也就是说，立法机关所制定及其所废止的法律为公共政策提供了框架，从而成为对公共政策的强有力的制约。

其二，听取和审议预算、决策、立项等，对公共政策的内容、规模、方向等加以监控。立法机关有权审查政府的有关报告和计划，所要听取和审议的报告与计划主要是由国家行政机关提出的国民经济和社会发展计划及计划执行情况的报告，关于国家预算及预算执行情况的报告，同时须审议的还有计划的主要指标（草案）、国家预算收支表（草案）和国家预算的执行情况（草案）。立法机关通过对上述报告的审查并做出相应的决议，对公共政策产生强烈影响，并实现监控的目的。

其三，通过人事任免来影响和监控公共政策。由于各国立法机关均有一定的人事任免权，所以立法机关就可以通过选举、任命及罢免有关领导者及有关工作人员而直接监控和影响公共政策。

其四，以质询和诘问等方式对公共政策加以监控。质询即由议员或代表在立法机关中就与公共政策实施有关的文件，向政府有关机关及主要负责人发问，并要求予以作答的方法。由于质询和诘问都是法律赋予议员（代表）的权力，公共政策的有关执行者对此无权避而不答。所以，质询和诘问也是立法机关影响公共政策的强有力形式之一。

其五，通过视察、检查和组成针对特定问题的调查委员会而对政府各部门的政策及其执行情况进行监督。各国宪法一般都规定，立法机关及其代表有权视察和检查政府部门的工作，以便在这种日常性的监督工作中发现问题，并提出意见或建议，以此来督促政府各部门的改进工作。

总之，立法机关通过上述各种形式的活动，对公共政策的采纳、制定、执行、评估及终止等实施有效的监控。它是政策监控最重要的主体之一。

（2）司法机关对政策的监控

一般而言，司法机关对公共政策的监控主要体现在以下几个方面：

①裁定公共政策的制定程序与原则是否合法；

②裁定公共政策的内容是否合法

③监督政策的执行是否合法。

政策灵活性和行政裁量权的存在，使得政策执行领域的情况颇为复杂。司法机关在这一领域的工作在于依照法律裁决执行的过程、方法、手段等是否违法，若有违法行为则坚决打击，甚至要求停止执行政策，同时对违法犯罪行为进行惩处。

司法机关的政策监督都是以法律为依据，所起的作用也有所不同，但由于这种监督是以法律为依据、以国家强制力为后盾的，所以，尽管它是一种消极的监督形式，但仍不失为强有力的监控形式之一。

（3）行政机关对政策的监控

由行政机关实施的政策监控是一种纵向的监控，主要是上级主管机关对下级执行机关工作的批示、检查、布置、督促等，由行政机关所实施的政策监控主要采取以下两种形式。

其一，行政管理机关对政策的监控。行政管理机关的监控，又称一般行政监控。它是根据行政法规定的行政管理权产生出来的，由上级政府部门对下级政府部门及其所属机关的一种监督和控制，因而成为整个行政管理链条的一个环节，这种监督又可以进一步细分为以下几种情况：

第一，中央政府对所属部门及地方政府及其人员的监督和控制；

第二，综合部门的政策监控；

第三，主管部门对下级业务部门所属单位的执行情况所进行的监控；

其二，专门行政监督机关的监控，即行政监察。与前述一般的业务性的监督、检查有所不同的是，这种监控是由有关专门的监督机关对行政机关内部的工作人员所实施的监控，其内容侧重于对违纪现象的查处，其对象是自然人而非法人，即它只能对具体的违法违纪人员进行查处，而不能针对某个机关或部门。

（4）政党系统对政策的监控

政党系统可以简明地划分为执政党(也可以包括参政党、多党联合执政的形式)和在野党两大部分,其中起主要作用的是执政党,在野党对公共政策也有一定影响。一般说来,执政党的政策监控有以下几种形式:

①将自己的成员选入立法机关,通过影响立法来影响并监控公共政策的制定。通过这种途径,该党及其所代表的利益、纲领、路线、方针等都可以在公共政策中得到反映。这种方式对公共政策的影响是非常强烈的。

②通过将自己的成员列入政府机关及其政府各部门以影响政策的实施。这是执政党实施政策监控的另一种强有力的形式。

③由于执政党事实上控制了各种权力机构,可以运用从党纪到国法的各种形式对政策的制定和执行者进行检查、监督、奖惩、任免或绳之以法,等等。

④执政党还常以其所影响的社会团体、社会组织以及它所掌握的大众传媒等制造各种舆论,从而对公共政策的各个环节进行有力的控制与监督。

在野党在公共政策的监控中也发挥着重要作用,由于在野党在立法机关中占有一定的席位,所以它能够根据法定的权力对公共政策的制定与执行产生一定的影响和制约作用。在野党也可以用它所控制与影响的力量如社会团体、新闻媒体等对国家各级机关的部门、工作人员、首脑等进行各种形式的监督。

(5)利益集团对政策的监控

利益集团是以特定的利益为背景而进行经常性活动的组织,如工会、各种行业协会等。它在政策过程中的主要作用在于:一是以各种方式将社会的变化及该集团的要求表达出来,以影响公共政策的制定、采纳与实施;二是将国家的意志和信息传达给社会并对其加以管理,构成一个中介体。

游说活动是各种有组织的利益集团影响决策的主要方式,这种活动在美国受到宪法第一修正案的保护,有四种游说方式:

①接近。为了影响决策,有组织的利益集团必须首先接近决策者。正如华盛顿的一位杰出的院外集团活动家所说的那样,第一条是接近——把他们拉进门,让他们倾听你的问题,知道他们各自的个性,了解他们的助手和他们本人怎样展开工作,以及他们想收到的信息的类别。游说者的知识背景、个人声望和所在团体的政治影响结合在一起,有助于敲开第一扇门。

②信息。一旦游说者成功接近了政府决策者,那么他们的知识和信息就成为很有价值的东西。一个游说者应掌握以下三种信息:法律程序的知识;有关正在被讨论的问题的专门知识;本问题中所涉及团体的信息。游说者们必须花相当多的时间和精力去了解他们所关心的议案的进展情况。此外,游说者所提供的信息(包括技术报告和分析材料)必须准确、适时。这种信息提供给议员

们在立法辩论和国会演讲时使用。

③基层动员。这是有组织的利益集团动员选民为维护其自身利益而对议员施加压力，以影响国会的一种方式。其做法是给议员写信、寄明信片、拍电报、打电话等。此外，向某些报纸提供新闻分析或社论，然后将有关剪报寄给有关议员，这也是一种动员策略。

④提供竞选支持。游说成功的关键越来越依赖于竞选赞助，而由于竞选费用的增加，议员们也必须更加依赖来自利益集团的赞助。以赞助竞选为条件而换取特定的投票承诺被认为是一种"粗鄙的"策略。相反，有组织的利益集团则长期赞助在任的国会议员，至于如何回报则让议员们自己去理解。如果一个议员不断投票反对某个有组织的利益集团，那么这个集团就可能在以后的选举中赞助他的竞争对手。

利益集团通过它们的种种活动，对公共政策有非常重要的影响，一方面，它们试图阻挠、反对、排斥不利于自己集团利益的法规、政策的通过与实施；另一方面，则极力争取通过、实施有利于自身利益的法规、政策。

(6)公众对政策的监控

一般而言，公众对政策的监控主要是通过社会舆论的形式来实现的。社会舆论是公共意志的集中反映，或者说它体现和表达了公众的利益、愿望与要求。由于公共政策是与公共事务有关的政策，所以，从公共政策的制定到执行直到终结等各个环节中，都必须充分考虑人民群众的利益和要求。因而，社会舆论这一因素在现代公共政策中的影响是不容忽视的。

社会舆论对公共政策的影响因各国国情不同而有所不同。在民主化程度较高的国家，社会舆论的力量会大一些；反之，则必然会小一些。

◎ 复习思考题

1. 政策评估的含义和作用是什么？

2. 政策评估的基本标准是什么？政策评估常用方法有哪些？

3. 政策评估面临的障碍有哪些？如何克服？

4. 什么是政策监控？政策监控有哪些类型？

5. 结合我国的政策运行实际，比较不同政策监控主体的不同政策监控行为。

第八章　公共政策变迁与政策周期

　　政策系统中的任何一项公共政策，自生效之日起便随着时间的推移持续不断地发挥着自己的基本功能。与此同时，政策环境也在不断地发生变化，加上公共政策情境本身所具有的高度不确定性或难以预测性，公共政策是否一直朝着既定的方向运行，需要政策主体适时跟踪监控，以保证公共政策问题的有效解决。政策主体通过政策评估及监测，在获得政策执行及政策运行结果的信息之后，必须对政策的去向做出判断和选择：是继续维持这项政策的运行？还是对该项政策进行局部调整之后再继续沿用？抑或是终止这项政策？当政策目标还没有完全实现，政策情境没有发生重大改变，政策功能也在正常发挥时，政策主体一般会维持政策现状，让其持续发挥作用。否则，公共政策便会随着政策情境的变化而发生变化，我们将政策的这一发展变化过程称为政策变迁。本章将探讨政策变迁的两种基本表现形式——政策调整和政策终结。

第一节　公共政策的调整

　　政策的稳定性是公共政策的目标得以实现的一个重要前提，但这并不是说公共政策的出台就是一劳永逸、亘古不变的。其实，公共政策也有其自身的运动规律，是不断发展变化着的。尤其是在改革的过程中，随着经济、政治、社会等环境因素的变化，旧的政策必然面临挑战，新的政策将不断出台，以适应社会进步的需要。也就是说，在社会发展过程中，我们对于现行的各种公共政策都要进行及时的评估与监控，并适时做出必要的调整。

　　所谓政策调整，就是政策主体在政策评估与监测所获得相关政策运行信息反馈的基础上，在维持原有政策目标的前提下，对方案与目标之间的关系等进行局部修正、补充和发展，以便达成预期政策效果的一种政策行为。

一、公共政策调整的原因和影响

公共政策虽具有稳定性的内在要求，但也必须顺应政策系统运行的客观需要适时做出调整。

1. 公共政策调整的原因

从某种意义上说，政策调整即是政策方案的重新制定和执行过程。究其原因，既有客观方面的，也有主观方面的。从客观方面来看，政策调整的原因在于社会政治、经济和文化的发展变化，即政策环境和政策问题本身的发展变化。在政策实施过程中，由于政策效果的显现或者客观的政策环境自身的变化，使原有的政策问题的性质、影响范围、影响深度发生了改变，或者出现了新情况、新矛盾，这就要求政策主体依据新的政策环境和变化了的问题，对政策做出调整。一方面，政策总是针对特定的问题情境，以时间和条件为转移。任何政策都是针对一定时空条件下的特定问题制定的，随着时空条件的变化，政策问题会发生变化，政策也会失去效力，成为过时的政策，因此，必须对政策做出调整。另一方面，任何政策的执行总会遇到新情况、新问题，这就要求政策主体从政策运行实际状况出发，针对新情况、新问题，对政策加以修正、补充，使之逐步完善。

从主观方面看，政策调整的原因在于人类认知能力的提升和价值偏好的改变。任何一项政策都是在政策制定和执行主体一定认识水平(有限理性)的基础上形成和运行的。而人的认识总是从低级向高级、从片面向全面、从不完善向完善发展深化的。人们对政策问题、政策环境、政策方案以及它们之间的相互关系的认识，也会随着时间的推移和科学技术手段的改进而不断深化，再加上决策者的价值偏好也可能在政策运行过程中发生一定程度的改变，这就决定了人们要不断地重新认识和界定政策问题、目标和方案。当政策主体对政策问题、目标、功能、环境等的认识提高和深化以后，就需要对原来的政策加以纠正、补充、更新，使之更加完善，以达到真正解决社会问题的目的。

2. 公共政策调整的影响

公共政策调整的根本宗旨在于确保公共政策沿着正确的轨道实施下去，最终达到预期的政策目标。但在实际政策运行过程中，政策调整的影响具有两面性，一方面，及时的、合理的政策调整对政策运行过程起着积极的推动作用，另一方面，频繁的、不当的政策调整会对公共政策运行产生一定的消极影响。

公共政策调整的积极作用主要表现在：

第一，及时纠偏、预防失误。公共政策在执行过程中往往容易出现偏差，这种偏差可能是主观认识不够或有意为之，也可能是客观条件受到限制而造成的。如果这些偏差得不到及时纠正，那么该项政策执行的时间越长，涉及面越广，造成的损失也就越大，甚至导致整个政策的失败。因此，要避免政策失误造成的损失，就要求政策的制定者和执行者在政策出台以后，必须密切注意和及时了解政策实施的后果，加强评估和监控，随时随地收集政策的反馈信息，一旦发现政策出现偏差和失误，就应当立即予以调整。

第二，协调关系、有序运行。政策问题的复杂性使得政策系统内部的关系也错综复杂。比如有些地区和部门从本位主义出发，制定一些无视全局、缺乏长远眼光的政策，结果造成某些政策之间出现相互矛盾、相互掣肘的情况。而在条块体制下，这些相互矛盾的政策又会使执行者要么各行其是，要么无所适从，造成混乱无序的局面，其结果是无助于解决实际问题并损害人民群众的利益。因此，各级政府部门要加强协调与配合，通过对出现矛盾和纠纷的政策内容和政策关系进行及时有效的调整，使各方面的政策互相衔接、协调一致地发挥整体功能。

第三，发展完善、保持稳定。尽管一项政策一旦制定和颁布之后，其内容便基本固定下来了，但用进化的眼光来看，公共政策是动态发展的，这种发展表现在两个方面：一方面，客观环境和条件是不断发展变化的。随着新情况、新问题的出现，新的政策需求也会不断增长，这时就会出现政策滞后的现象，这就要对原有政策进行调整，以适应形势发展的需要。另一方面，人们的认识也是随着实践的发展而不断深化的。人们通常只能根据现有的认识来制定政策，即使对未来发展有所考虑，也只是一些比较原则、比较笼统的看法，很难做到准确预计。因此，一项政策的制定并不是一劳永逸地，它需要人们在实践中深化认识，进而不断调整原有的政策，使之趋于完善。公共政策的这种渐进调适正是为了保持政策的连续和稳定。可见，公共政策的适当调整不仅有助于自身的发展，也有利于国家和社会的长治久安。

尽管公共政策的调整具有积极作用，但不当的政策调整可能引发适得其反的效果，甚至导致政策提前终结；而即使是适当的政策调整，也可能因为利益分配等原因带来一系列消极的影响，这些消极影响主要表现有：第一，政策的调整会使一部分已经投入的政策资源产生不同程度的浪费；第二，政策的调整会损害一部分既得利益人群的权益，挫伤他们的积极性；第三，过于频繁的政策调整会让公众感到无所适从，对政策和公共机构产生怀疑和不信任感，从而损害公共机构和公共政策的形象。

二、公共政策调整的内容

对政策实施所产生的实际结果与预期目标进行比较，发现二者之间的偏差，并分析产生偏差的具体原因，这样就为有关部门进行政策调整作好了准备。政策调整的内容涉及多个方面，主要包括政策问题的重新界定、目标的重新确立和方案的重新拟定等方面。

第一，政策问题的重新界定。政策在从制定到监控等环节的推进中，人们可能发现对问题原有的认识并不全面，问题某些重要方面或边界条件可能被忽视，环境的变化可能改变了问题的性质。因此，在这一阶段有必要根据已掌握的新信息，对政策问题加以再认识和重新界定。例如，我国从 1980 年 5 月开始设立深圳、珠海、汕头和厦门这四个经济特区开始，经济特区政策已运行了40 年。在这 40 年的发展进程中，每个经济特区初创阶段所要处理的问题与现在所面临的问题已大不相同，各个经济特区的发展状况也一目了然。因而各个经济特区在新时期必须重新界定本特区的问题，总结经验教训，为本特区的持续发展提出更合理的政策方案奠定更加可靠的基础。

第二，政策目标的校正、修订或再确立。有些公共政策在经过一段时间的实施之后，会发现其原定目标与客观实际有一定的差距，有的目标定得过高，在一定期限内难以达到；有的目标定得过低，难以有效解决社会问题或者与人民群众的期望相去甚远；有的则是目标不够明确或者目标过多，让人感到无所适从和力不从心；有的则在阶段性目标方面限定过死，缺乏灵活性，等等。当公共政策执行一段时间之后，政策目标存在的这些问题就会凸显出来，若不及时对原定目标进行校正、修订或者重新确立，势必会阻碍政策目标任务的实现。

第三，对政策方案加以修正、补充和完善，甚至重新制定。方案是实现目标的具体安排，对目标的调整通常也会连带着对实施方案进行调整，但更多的是在目标明确的情况下，认识到原定方案存在这样或那样的不足，而对其进行必要的调整。这些不足包括运行成本过高、运行条件过于苛刻、负面影响过大等情况。方案的调整要根据方案本身与实际情况的差距程度来进行相应的变更，如果与现实差距过大，则要作大幅度的调整甚至推倒重来，制定新的方案。

第四，政策措施调整。政策措施是指实施政策方案的具体步骤、手段和方法。政策措施的调整是政策调整当中最常见也是最容易实现的一种。比如说，在政策执行过程中出现了偏差，其原因可能是步骤安排不合理或是产生了脱节，也可能是使用的方法不当或是采取了不合适的对策，再就是对细节问题考虑不周、缺乏应急准备等。这些情况都是经常出现的，也是比较容易调整的，关键是要本着实事求是的原则对出现的问题进行及时的补救和修正，使执行措施更加有效和完善。

第五，政策关系调整。政策系统内部和不同政策之间存在着各种横向和纵向的关系。由于政策问题的复杂多样性和相互关联，因此在同一时间、同一范围内实施的公共政策一般不止一项。但如果不同部门之间不注意协调和呼应，就会造成"政出多门"的现象，这些政策往往只从本部门的职责、利益出发，相互间常常存在着矛盾和冲突，这就让下级执行部门陷入"下面一根针，上面千条线"的困境，导致执行困难或执行偏差。另外，政策的制定、执行、评估和监控各环节之间的关系如果安排不当，也会造成不必要的混乱和干扰。因此，对政策关系的调整，就是要理顺那些在实际中存在摩擦和冲突的各个部门、各项政策、各个环节之间的关系，明确各自的职责范围，协调各方发挥作用的时机，避免相互干扰和资源的重复浪费。

第六，政策主体和客体调整。政策主体和客体调整指的是，政策的实施是一个动态的过程，其主体总是处于不断的变化之中，有些客体也处于变化之中，为保证政策运行的连续性，当政策主体发生变化时必须及时调整政策主体；为保证政策执行的针对性，当政策客体发生变化时也必须及时调整政策的客体。

三、公共政策调整的基本步骤

政策调整虽然被看做政策方案重新制定和执行的过程，但其操作程序与政策制定过程又不完全一样。一般来讲，政策调整的基本步骤包括如下几步：

1. 获取反馈信息

信息反馈是政策调整的逻辑起点。政策主体只有在获取了由政策评估及监测活动所获得的，有关政策系统运行尤其是政策执行及政策效果方面充足信息反馈的基础上，才会根据政策问题的现实情境需要决定是否对现行政策进行调整。

2. 确定调整方案

当政策主体依据反馈信息，决定对现行政策进行调整时，接下来要做的就是确定政策调整方案。确定政策调整方案的过程，实际上就是一次政策制定过程，只不过相较于全新的政策制定过程而言，政策调整方案是在已有的政策蓝本下，对政策问题、政策目标、政策方案和政策措施等进行再次的分析研究，以确定需要补充、修正或完善哪些方面。

3. 实施调整

当政策调整方案确定下来之后，政策制定者们就要进行实际的修正、调整、补充和完善工作，在将新的方案合法化之后付诸实践，开始新一轮的监控过程。政策调整能否顺利进行，关键在于要有一个合理完善的调整机制，没有这样一种动态调整机制，政策调整便难以进行，即使勉强进行，也难以取得理想的结果。我国以前出现的政策多变或政策僵化的情况的一个基本原因，就是没有形成一个合理、完善的监控及调整机制。

第二节　公共政策的终结

政策终结的问题虽然在政策科学诞生之时，拉斯维尔就将其视为政策过程的阶段之一。但那时的政策研究焦点集中于政策制定过程，而政策终结问题一直未受到重视。直到 20 世纪 70 年代中期，政策终结问题才受到政策学家们的关注而成为政策理论研究的重要内容之一。

1976 年，美国《政策科学》杂志出版了关于政策终结的一期特刊。这期特刊的编辑巴达赫在专刊导言中概述了为什么要政策终结、如何进行政策终结以及政策终结会遇到什么障碍等问题。他在《作为一种政治过程的政策终结》一文中，对"终结的形式、由谁支持终结、为什么终结很少被接受、怎样减轻终结的困难"等问题作了详细分析介绍。在巴达赫看来，政策终结是政策采纳的一种特殊形式——采纳了 A 政策，往往意味着终结 B 政策。在该期杂志中，邓恩的《马萨诸塞公共培训学校的终结》一文对政策终结成功案例作了专门研究，并提出了关于政策和组织终结的 12 点建议。美国的考夫曼和狄龙对政策终结也作了比较深入的研究。考夫曼的成果体现在《政府组织是不朽的吗?》和《时间、机遇和组织：在逆境中的自然选择》两本著作中，狄龙研究的重点是关于政策终结的障碍，他提出了一个政策终结的理论框架。

到了 20 世纪 90 年代初，政策理论界和实际政策部门对政策终结的关注度再次提升。随着 1994 年美国国会大选民主党凭借一篇关于精简政府的竞选纲领获得了两院的控制权以及其后美国政府"再造运动"的开展，需要终结的机构和过时的政策法规越来越多，美国的研究者和政府官员都认识到了终结在美国政策研究和实践中的重要地位，政策终结的研究在美国开始受到人们的重视，丹尼尔斯在《公共项目的终结：美国政治悖论》一书中，对美国政策终结的研究和发展进行了专门回顾。

纵观西方公共政策终结问题的研究，大致可以分为两个阶段：

第一个阶段是 20 世纪 70 年代末至 90 年代初。这个阶段有关政策终结研究的代表性著作主要是考夫曼出版的姊妹篇著作《政府组织是不朽的吗?》（1976 年）和《时间、机遇和组织：在逆境中的自然选择》（1987 年）。在这两本书中，考夫曼不仅深入研究了公共组织的终结，而且从公共组织的视角第一次提出了政策终结的一般理论。这个阶段，政策学家们有关政策终结研究的主要内容包括政策终结的概念发展、影响因素、促成终结的策略等，意在通过政策终结事实中的因果关系和相关性分析，构建政策终结的基本理论框架。

第二个阶段是 20 世纪 90 年代初至现在。这个阶段有关政策终结研究的代表性著作是 1997 年丹尼尔斯出版的《公共项目的终结：美国政治悖论》和维尔达夫斯基(Wildavsky)等出版的《政策分析的操作性途径：技艺》这两本书。这一时期，研究者将重点转移到运用理论分析具体政策的终结，开始采用比较和案例分析法，将两个国家或多个国家同一领域的政策终结进行比较研究，从而得出相应的结论，进一步验证前期形成的政策终结理论框架，并且试图构建新的理论模型和分析框架。

一、政策终结的含义、原因与作用

最早提出政策终结概念的是拉斯维尔。他在《决策过程》一书中为了将政策过程划分为完整的七个阶段，提出了政策终结的概念，但并未对政策终结的内容进行具体分析。随后，学者们在深入研究的基础上对政策终结的含义、原因和作用做出了明确的界定，并构建出了政策终结的理论框架。

1. 政策终结的概念

从字面上看，终结是终止、结束之意。所有事物都有发生、发展到衰亡（终结）的过程。因而终结既是一种普遍的自然现象，也是一种普遍的社会现象，它符合事物运动和发展的规律。而政策终结不是一种自然形成的现象，而是一种人的主动性行为，是人们在政策执行过程中发现问题并予以纠正。从政策过程的阶段来看，政策终结发生在政策评估之后，是人们采取的一种政治行为，是提高政策绩效的一种政策行为。

什么是政策终结？国外学者下了不同的定义。狄龙认为，政策终结是"政府当局对某一特殊功能、计划、政策或组织，经过深入评估而加以结束或终止的过程"。丹尼尔斯认为，狄龙的定义没有考虑到组织自身终结不合适政策的主动性，也不能应用于政府精简、削减预算的终结行为上来。因此，丹尼尔斯给政策终结下了一个不同的定义：政策终结是对政府项目、政策、组织的终结，也是组织为削减预算对自身的调适和政府服务民营化而产生的削减。关于终结与政策过程的关系，他提出：政策终结位于政策过程的末端，对一项政策的终结意味着一项新的政策的开始，所以政策终结也是一个发展的概念。还有西方学者将政策终结简要地界定为"对政策特定的职能、计划或组织的结束或终止"。

因此，我们可以将政策终结定义为：政策终结就是公共政策的决策者通过对政策或项目进行审慎的评估后，采取必要的措施，以终止那些错误的、过时的、多余的、无效的或引发了重大不良后果的政策或项目的一种政治(或政策)行为。

政策终结在政策过程中占有重要的地位。政策分析学者对政策过程的阶段、功能活动环节做出了不同的划分。尽管他们所划分出的阶段或环节多少不同，但多数学者将政策终结放在政策过程的末端，即最后的一个环节或阶段，将之视为理性化的政策过程的最后结果，或政策(政治)过程的一个有机组成部分。然而，终结也往往被当做过程的开端而不只是末尾，即纠正一项错误的政策或一系列项目或修正项目构成成分的开始。因此，终结不只是对一项政策的了结，而且意味着修正或调整的开始。

2. 政策终结的原因

政策终结行为还在于政策系统是一个不断与周围环境互动、修正自身的过程，本身具有自我更新的要求。政策系统自身是一个不断进行新陈代谢的系统，必须随着社会经济的发展以及国际形势的变化制定新的政策，政策终结正是这种推陈出新过程的具体体现。实际上，无论是可利用的资源和所要解决的问题，还是政策的环境都处于不断的变化中，经过科学论证的政策仍有可能在执行后，由于主客观环境的变化而失效或产生负效应。政策分析过程只能减少政策失效或者负效应发生的几率，它并不能保证政策一定成功。因此，政策终结非常有必要，它在某种程度上是政策可持续发展的关键和对政策错误的一种补救。

一般说来，导致政策终结的原因有两种情况：一是经过评估认为政策的目标已经实现，政策问题也已得到解决，政策没有继续存在的必要，应该予以终止。二是经过评估发现政策目标虽尚未实现，但现行政策即使继续执行也根本无法实现既定的政策目标。如果继续执行不仅浪费资源而且会带来不良后果，因此必须予以终止。其中，第二种情况更加复杂也更应该受到关注。

那么，在政策目标尚未实现的情况下，什么原因导致政策必须终结呢？一般来说，这些原因主要表现在以下六个方面：① 政策环境发生重大变化，既定政策已经不合时宜，需要及时废止。②财政困难。因政府财政赤字增加、税收减少等导致政策或项目无法持续而不得不终结。③政府的低效率。政府机构的效率太低、成本太高而导致政策或项目的终结。④ 政治意识形态的变化。政治意识形态以及社会价值观念的改变或冲突导致政策或项目的终结。⑤ 行为理论的变化。即关于人性、行政管理和社会服务应如何提供等理论的变化导致政策或项目的终结。⑥学习和实验结束。即采用"试错"或"试点"方式，在政策实践中学习，随时终结那些错误或不合实际的政策项目。

3. 政策终结的作用

政策终结的研究既有利于归纳、总结出一般性终结理论，又有利于运用获得的知识解决实际的政策问题。同时，政策终结研究的最大贡献在于填补了政策过程阶段论中终结研究的空白，使得政策过程的各个阶段在理论上形成了一个完整的政策周期。不仅如此，及时地终结一项错误的或是已完成历史使命的公共政策意义重大。从政策终结的结果上看，政策终结的基本作用表现在以下四个方面：

第一，政策终结有利于节省政策资源。因为政策终结意味着政策活动的结束，某种机构、规划、惯例的终止，以及有关人员的裁减。因此，政策终结可以减少人力、物力、财力的无效消耗，从而节省有限的政策资源。

第二，政策终结有利于提高政策绩效。当一项政策在实施中失败，无法解决所面临的政策问题时，旧政策的终结就意味着新政策的启动、新规划的诞生以及相关机构和人员的更新与发展，这无疑有利于更好地解决问题，促进政策绩效的提高。

第三，政策终结有助于避免政策僵化。所谓政策僵化，指的是一项长期存在、没有及时予以终结的政策，在发展变化了的环境下，继续执行该政策，不仅不能解决问题，反而成为解决问题的阻力与障碍，带来严重的不良后果。及时的政策终结可以尽早避免政策僵化。

第四，政策终结有利于促进政策优化。政策终结有助于促进政策优化，表现在两个方面：一是政策人员的优化；二是政策组织的优化。政策组织是公共政策优化的核心内容，优化的政策人员在优化的组织机构中才能制定和执行优化的政策。

二、政策终结的内容

由于公共政策意味着社会利益的分配，因此公共政策的终结往往会导致一定现状的改变，使得某些与政策有关的组织和个人的利益受到影响，特别是那些政策受益者、政策制定者和政策执行机构的负责人，更是与之有着切身的利害关系。如果处理不当就会阻碍政策的终结。所以，为了实现政策的终结，就必须首先明确政策终结的对象。一般说来，政策终结包括以下四项内容：

1. 功能

所谓功能的终结，就是终止由政策执行而带来的某种或某些服务。在政策终结的所有对象中，以功能的终结最难，一方面是因为功能的履行或承担，是政府满足一定人群需要的结果，若予以取消势必会引起抵制；另一方面，某项功能往往不是由某项政策单独承担的，而是由许多不同的政策和机构共同承担的，要予以终止往往需要做大量的组织准备工作和协调工作。

2. 组织

任何一项政策活动都是通过组织来推动的，因此，政策的终结通常也伴随着组织的缩减或撤销，这就是组织的终结。有些组织是专为制定或执行某项政策而设立的，随着政策的终止，组织也随之撤销；有些组织同时承担着多项政策或功能，某项政策的终止不足以导致组织的撤销，往往采取缩小规模、减少经费等方式对组织进行缩减；组织的终结通常比较困难，因为它影响到组织中人员的切身利益，在实施时有可能遭到他们的抵制。

3. 政策

这指的是政策本身的终结，即承担政策活动的机构依然存在，而政策所担负的功能则由新的政策来担负。与前两种终结相比，政策本身的终结所遇到的阻力较小。这是因为，就某项具体政策而言，其目标一般比较单纯，容易进行评估并决定取舍。同时，政策更改的代价比起功能转变、组织调整要小得多，因而容易得到相关部门的认可。再者，政策的可选择性较大，政策本身的终结在操作上比较容易实现，不像组织终结那样受到多方面的牵制和约束，实行起来步履维艰。

4. 计划

计划的终结也称项目的终结，指的是执行政策的具体手段的终结。在所有终结的对象中，计划的终结是最常见也是最容易达成的。这是因为执行政策的措施和手段一方面与实际问题最为接近，成败与否大家有目共睹，容易达成共识；另一方面这些措施和手段的影响比较有限，它们的终结不会引起太大的震动。

三、政策终结的形式

丹尼尔斯在《公共项目的终结：美国政治悖论》一书中认为，政策终结的方式有两种：一种是政策效力减弱的自然老化；二是与强烈抵制政策终结的力量博弈，使其终结，这一过程需要运用终结的策略，也需要强有力的终结执行者。总之，这一过程困难重重。一般而言，政策的终结应当由公共权力机关通过合法的程序做出决定，并以文件、公告等形式向社会宣布终结的指令。政策终结的形式主要有以下五种：

1. 政策废止

政策废止是政策终结的一种最直接、最彻底的方式。废止一项政策就是直截了当地宣告该政策在规定的时间和范围内停止实施，不再对社会产生效力。政府可根据政治、经济和社会经济形势的发展变化，不定期地清理、废止大量不合时宜、过时的政策。例如，我国加入世贸组织后，全国人大常委会和国务院当即宣布废止了830多项与 WTO 规则不相符合的国家法律、法规和政策。

2. 政策替代

政策替代指的是在面对的问题不变、所要满足的要求不变的情况下用新政策取代旧政策。在这里，新政策是对旧政策的补充、修正，目的是更好地解决旧政策所没有解决好的问题，以充分实现政策的目标。新政策出台后，被替换的政策就自然终结了。

3. 政策分解

政策分解指的是将旧政策的内容按照一定的规则分解出几个部分，每个部分各自形成一项新政策。当原有的政策过于庞杂，目标众多以至于影响该政策的有效执行时，常常用分解的办法，将原政策按主要的目标分解成几个较小的政策，这样有利于执行者明确政策目标，提高执行效率。

4. 政策合并

政策合并指的是有些政策虽然被终止了，但它们所担负的功能并没有被取消，因而通过一定的程序，将仍然可行的部分重新组合后以一项新政策的面貌出现。这样的合并通常有两种形式：一种是将被终结的政策的内容合并到一项现有的政策当中，作为现有政策的一部分；另一种是把两项或两项以上被终结的政策经过调整以后合并为一项新的政策。比如，国务院将原来由各部委分别颁布的一些有关联的单行规章或条例合并成一部完整的行政法规，由国务院来颁布实施，这样就具有了更高的政策权威，也便于各地更好地执行。

5. 政策缩减

政策缩减指的是采用渐进的方式对政策进行终结，以缓冲政策终结所带来的巨大冲击，逐步协调好各方面的关系，减少损失。一般说来，政策缩减的主要表现形式有：通过逐步减少对政策的投入，缩小政策实施范围，放松对政策执行的控制等。政策缩减的另一种方式是，把政策中过时的、不合时宜的部分废除，而保留原来政策中合理的部分。

四、政策终结的障碍

政策终结并不是像人们所想象的那样是自然而然的结束过程，而是一种需要采取行动的过程。由于政策终结涉及一系列的人员、机构和制度等复杂因素，因此，政策终结将会碰到许多困难或障碍。

考夫曼在他的《政府组织是不朽的吗?》和《时间、机遇和组织：在逆境中的自然选择》两本著作中考察了组织的活动，通过对大量政府机构的数据分析和整理，他发现组织并不像有机体一样经历"年轻、成熟、变老、最后死亡"的生命过程，组织在现实中生长和壮大，但是很少死亡。他认为，公共组织比私营组织更难以在现实中终结，这是因为组织在发展中不断壮大，使组织自身抵抗终结的能力不断增强，而这正是组织难以终结的根本原因。只有在组织保持活动的能量和其他必要的资源流失以至于组织不再能适应环境时，组织才会死亡。

狄龙则提出了一个关于政策终结障碍的理论框架，它包括六种障碍：①人们心理上的抵触；②机构的持久性；③组织和机构对环境具有自适能力；④反对政策终结的利益联盟；⑤法律程序上的纷繁复杂；⑥政策终结具有高昂的成本和代价。下面，我们借助狄龙的这一理论框架对政策终结的障碍加以分析。

1. 政策相关者的心理抵触

那些与政策相关的人员都不愿意看到政策继续存在下去，却很少有人喜欢听到计划失败或计划改变，这种心理上的抵触往往在政策面临终结时表现得尤为明显。对政策终结存在抵触心理的主要有三种人：政策受益者；政策制定者；政策执行者。政策制定者不愿意承认他们制定的政策不再有存在的必要，更不愿意承认在制定政策的过程中所犯的错误；政策执行者也同样不愿承认政策的失败，因为在政策活动中凝聚着他们的智慧和劳动；政策受益者不愿意既得利益受损。这三类人的心态往往成为政策终结的首要障碍。这种心理障碍的存在，又使人们在解释政策失败时，常常倾向于从环境因素去寻找原因，而不愿检讨政策本身的失误。

2. 现存机构的持续性

政策执行机构如同其他社会政治组织一样，都具有寻求生存和自我扩张的本性，哪怕它已经无事可做，没有再存在的必要。这就给政策终结带来了很大的困难。机构的持续性表现在以下三个方面：

(1)机构的惯性。当不同的机构相互配合并开始执行某项政策时，一种惯性就自然产生了。机构的惯性使政策执行一旦开始就很难停止，如果要调整其方向或让其停下来，必须从外部施加很大的力量才能做到。这是因为机构所固有的惯性，使它本能地反对任何变化的要求。

(2)机构的生命力。机构如同人一样，生存的能力很强，"某一机构存在的时间越长，它被终止的可能性就越小，经过一定的时间，会形成对它的继续存在的条件和支持"。当政策终结危及组织机构的生存时，它会千方百计地减轻所面临的压力，或改变策略，或调整结构，想方设法地延续政策终结的进程，给政策的及时终结带来消极影响。

(3)机构的动态适应性。在评估者眼中，机构是相对静态的。但是，机构本身却有一种动态适应性，可以随着环境和需要的变化而产生变动，甚至能针对政策终结的各种措施来调整自己的方向，使终结计划夭折或破产。正如查尔斯·琼斯在《公共政策研究导论》中所指出的："组织机构是动态而不是静态的，它会调整自己的方向以适应变化了的要求。"这就增加了终结的困难。

3. 行政机关的反对联盟

执行某项政策而获既得利益的行政机关，往往会在政策面临终结时，共同反对政策终结。这些反对终结的行政机关，一方面会要求其内部成员齐心协力共同抵制终结；另一方面则互相团结、拉拢和接近政府内外有影响的人士抵制终结。这些既得利益的行政机关"一旦结成一个共同体，就能极为有效地威胁政策终结行为"，使政策终结无法进行。这是因为行政机关比其他任何社会组织更有便利的条件进行政治活动，它们可以利用自身有利的地位影响公共政策。

4. 利益集团的阻碍

由于公共政策大多涉及利益与价值的分配，因而各利益集团必然千方百计地努力影响公共政策。当政策终结迫在眉睫时，反对政策终结的利益集团为维护既得利益，必然会采取各种合法或非法的途径如游说或行贿等，以阻止政策终结。西方公共选择理论证明，利益集团的力量很大，它们总能左右公共政策，它们和政治家、政府官员互相利用，形成一个"铁三角"。利益集团的存在，使得公共政策终结更加困难。

5. 法律程序上的复杂性

任何政策的出台和组织机构的建立，都是通过一定的法律程序进行的。同样，政策的终止和组织的撤销，也必须经过一套法定的程序来办理。在法定程序的制度框架下，政策终结行为不仅耗时费力，而且操作起来也比较复杂，有时会延误终结的时机。另外，立法机关在考虑终止某项政策或法律时，往往顾虑重重，举棋不定。因此，许多政策终结行为因为受阻于法律程序而存在着滞后性现象。

6. 社会舆论的压力

"公共舆论确定了公共政策的基本范围和方向。"通过报纸、刊物、广播、电视等新闻媒介所形成的社会公共舆论，不能不对政策终结产生影响。在当代随着新闻传播技术的日新月异，公共舆论借助于新闻传播媒介可以渗透到社会的每一个角落，形成广泛的社会影响和巨大的社会冲击力。因此，西方国家称公共舆论为与立法、行政、司法并立的"第四种权力"。如果某一项需要终结的公共政策受到舆论的广泛支持，无疑会受到极强的阻力，"当选的公共官员如果公然无视公共舆论，并且不把其作为他的决定准则中的一种，那么他简直是愚蠢透顶，而且可能会发现自己是民意测验中的不幸人物"。

7. 终结的高昂代价

政策终结的高昂成本也是影响政策终结实施的一个关键因素。政策终结的成本有两种：一是现有政策运行的沉淀成本，二是终结行为本身要付出的成本。现有政策运行的沉淀成本是指已投入决策、某个计划或某个项目的时间、资金或其他资源的无法弥补的花费。它限制了目前投入的选择范围，也就是说已经在政策上投入的资金、人力制约了决策者下一步的行动计划。这是错误政策终结的障碍。政策终结者总是进退维谷，进即追加投资，只会造成更大的损失；退即不追加投资，要面对的是已投入的资金由于政策终结无法获得预期的效益。政策决策者面对投入的沉淀成本，往往处于进退两难的境地；而政策投入的成本越高，终结者下决心终结的难度就越大。此外，终结有风险，对终结一项政策的后果难以确定。事实上，政策终结后采取的新政策并不能保证一定会带来更好的结果。另外，进行政策终结本身也需要付出高昂的成本。有时，在短期内终结一项政策的花费要比继续这项政策的花费要多，比如终结执行者要为裁减下来的人员安排新的岗位和就业机会，或者对政策终结所涉及的相关人员进行相应的利益补偿。这些都是政策终结行为本身所要付出的代价，是为了整体和长远发展不得不付出的代价。

综上所述，政策终结的障碍可以归结为两类：一类是不可避免的障碍，包括人们害怕变革的心理，沉淀成本的存在，政策受益者的心理抵抗，机构的持久性，政策终结自身的成本和法律程序上的障碍。这或者基于人性，或者基于组织的特性，或者基于现代法治社会的要求。另一类则是政治上的障碍，包括政府决策者责任的缺失，利益集团的寻租，舆论的操纵。

五、公共政策终结的策略

作为一项困难的政策行为，政策终结要求政策决策者运用高超的智慧和技巧，采取灵活的策略，加以妥善处理。所谓政策终结的策略是指在政策终止过程中智慧和艺术的运用，实质上它也是一种政治过程。要顺利完成政策终结，常用的政策终结策略有以下几个方面：

1. 重视说理工作，积极争取支持力量

为确保政策终结的顺利进行，政策终结者首先应该重视做好说理工作，消

除人们的抵触情绪，提高人们的思想认识。应该通过有效的说理工作，让人们明白：政策终结并不是某些机构或个人前途的丧失，而是改变劣势、寻求发展、迈向成功的新机会。

政策终结支持者的态度和人数的多寡，是决定政策终结成败的关键。政策终结的倡导者必须努力争取各种支持力量，求得政策机构内外的人们的理解，以推动政策终结的实现。一项旧政策的终止，总会影响一部分人的既得利益。为了减少阻碍，可以通过媒介广为宣传，说明理由，消除人们的疑虑。

吸引社会公众参加对政策的评估，适时地公开政策评估结果，是积极争取潜在支持者的最好方法。这样可以使人们充分认识到旧政策的弊端，从而转向支持政策的终结。但由于政策评估本身存在的困难和影响评估公正结论的诸多因素的存在，使得人们往往对评估结论产生怀疑。因此，政策终结者在采用这种方法促进政策终结时，必须使评估结论经得起实际的检验。

可以采取争取第三方力量推动的策略。例如，争取上级政府、兄弟单位或中间力量的支持，以尽量减少反对力量。还可以利用个人威信，在一定的团体、机构中会有若干有较高威信的人，这些人具有较强的影响力，如果争取到这些人的支持，可以获取民众较高的信任，较为顺利地推进政策的终结。

可以利用群体的规则、规范、压力、归属感和目标等来争取支持力量(这里的群体包括正式的工作团体和非正式的人群组织)。群体对其成员具有强烈的制约作用，运用好群体的一致性，可以有效制约部分成员的抵触作用。

注意利益补偿。对因政策终结利益上受到损失的群体给予一定的补偿和扶助，以减少组织、人员对政策终结的抵制。

做出必要的妥协。在遇到强大阻力时，例如反对力量结成了坚固的联盟，适当做些妥协、折中，以更好实行政策终结，换取目标的实现，这也是现代社会多元化、民主化的一种体现。但在妥协中要把握底线，实行有原则、有条件的退让。

2. 旧政策终结与新政策出台并举

人们一般都不愿意看到政策终结，然而人们一般很少会立刻反对一个新的、较佳政策的出台。因此，为了缓和政策终结的压力，可以采用新政策出台与旧政策终结并举的方法，及时地采用新政策替代旧政策，使人们在丧失对旧政策期望的同时得到一个新的希望。这种做法往往可以大大减少关于政策终结的争议和阻力，削弱反对者的力量。

国外学者在研究了大量政策和组织终结的案例之后发现，终结更像是一个旅程而非目的所在，许多被终结的政策只是被继承或者替换了。也就是说，在旧政策终结后，及时出台新政策来替代，以免出现脱节，引起形势失控。一些具有重大影响或者关系到广大人民切身利益的政策常常是采用这种方式的。例如，1997 年我国废止了原来实行几十年的单位福利分房政策，为了尽量减少震荡，国务院又相继出台了商品房贷款政策及住房公积金贷款政策。

3. 选择有利的终结时机

考夫曼在《时间、机遇和组织：在逆境中的自然选择》一书中认为，机遇对成功的政策终结至关重要。的确，选择恰当的时机是政策终结成功的一个重要因素。有时，政策终结成功与否完全依赖于时间和机遇。这种时机有：国家的重大政治事件的发生、战争的爆发、外交上的重要决议或因旧政策的执行所引发的重大事故等。在这种时机，民众往往会高度一致，支持政策的终结。这种策略的另一种形式是"转移公众注意焦点"，即将公众注意力的焦点引到另外的事件，以降低公众对政策终结的关注，进而减少终结阻力。这也是一些外国政治家们常用的伎俩。

如可将注意力集中在政策的错误和危害上，为人们展示一个终结应该终结的政策后的美好前景。例如在美国的田纳西州的医疗政策被终结时，负责这一工作的部门（DFA）列出了它的几大问题：膨胀和不受控制；僵化；没有惠及贫穷者；滋长了人们对福利的依赖性；成本的增加大量需要税收的支持以至于不得不削减其他种类的公共服务。然后，指出了三条出路：增加税收，削减服务计划，从根本上加以改变。列出了这么多危害，结果这项医疗政策的终结很快得到了人们的支持。

4. "力场分析"、传播试探性信息与"闪电"策略

"力场分析"策略也叫做知己知彼策略。在政策终结前，必须斟酌政策终结的"政治情境"，了解赞成或反对终结的团体的力量虚实，所持的立场基础，所获得的支持程度及可使用的资源等。这就需要加强社会调研，及时获取反馈的信息以了解民众的心态，估测所涉及的地方和利益团体的影响、损失程度，从而做到心中有数，沉着应对，削弱反对势力，扩大支持基础，顺利实现政策终结。

所谓传播试探性信息，就是政策主体在正式宣布终止某项政策之前，在一些非正式场合，流露出进行终结的信息，以测定公共舆论对这一行动所持的态

度。这种试探性的政策终结方法，有助于引起公众的广泛讨论，从而认清政策终结的必要性，减轻舆论给政策终结带来的困难。

对于一些事关重大的政策，从国家、民族整体利益的长远角度出发，贻误了就会造成严重后果或错失良机；而预测该政策的终结会因各种因素影响，如放出试探性信息采取渐进措施反而可能遭到强大阻力时，政策主体就事先对有关信息保密，采用"闪电"策略，忽然宣布某项政策终结，运用政府强制力予以推行。之后，政策主体向群众强调要服从大局并极力予以安抚。

5. 正确处理政策终结与政策稳定、政策发展的相互关系

正确处理好政策终结与政策稳定、政策发展的关系，对于促进政策终结有着重要意义。因为无论是政策决策者还是政策执行者，大都非常重视政策的稳定性，担心旧政策的终结与新政策的出台，会使人们产生政策多变的错觉，往往难以做出决断；即使是做出了决断，在实施政策终结的过程中也顾虑重重。处理好政策的终结、稳定与发展的关系，具体的要求是：

(1)要处理好政策稳定和政策发展的关系。政策具有稳定性的特点，朝令夕改会令公众反感。它是与政治、经济、社会的稳定息息相关的。同时，政策是一个动态的过程，"它不仅仅是一项决议，而且包括目的、计划、规划以及实现它们的程序"。因为政策问题和政策环境是时刻在改变的，政策应当适应形势的需要，所以政府的政策要因地、因时而变。

(2)应同时处理好被终结的旧政策与其他相关政策的调整。一项政策一般不是孤立的，而是与多项政策相关。而新政策的出台，也应做好各种辅助政策的制定工作。例如，我国政府实行国有企业改革，打破原来的职工铁饭碗制度；同时，为了保持社会稳定，各级政府出台了许多配套政策，对下岗工人实行各种优惠措施，鼓励再就业，最大限度地消除国企职工的抵触情绪，保持了社会稳定。

(3)注意保留原来政策中富有成效的、合理的部分，以尽可能地保持稳定，实现发展。事实上，大多数政策是在原有政策的基础上产生的。正是在这个意义上，林德布洛姆认为决策是渐进的，公共政策不过是政府活动的延伸。决策者通常是以现有的合法政策为主，在旧有的基础上把政策稍加修改。因为一种和以往政策越不同的方案，就越难预测其后果；一种和以往政策越不同的方案，就越难获得一般人对这项政策的支持，其政治可行性就越低。

总之，政策终结很少出于经济评估的考虑；成功的终结需要争取终结的反对者的合作；终结大多来源于理念的革新；终结和政策的再生如影相随；终结

是否成功难以预料；终结处于一个"有多少人支持，就有多少人反对"的尴尬境地。

第三节　公共政策的运行周期

20世纪60年代，美国政策科学学者在分析政策运行过程时，提出了"政策周期"的概念。西方的政策运行周期理论认为，公共政策运行是一个生命过程，它是一个有始有终的行为过程。

一、政策周期的概念

政策周期，指的是公共政策的主体与客体以及作为它们之间互动结果的政策过程所经历的一个循环。公共政策的周期一般可以分为政策的生命周期和政策的变动周期两种。这种分类方法实际上也是对公共政策运行周期进行研究的两种途径：一种途径是对具体领域中新旧政策过程的思考，另一种途径是将公共政策周期与经济发展周期联系起来思考。

所谓政策的生命周期，也就是一个完整的政策过程，它指的是公共政策经历了从问题的认定到政策的出台，再经过执行、评估、监控、调整诸环节，最后归于终结。这样的历程是可以独立存在的，但在政策活动中，它往往不是孤立的，而是前后衔接、不断发展的。旧的周期的结束通常意味着新的周期的开始。不过，不同的学者对公共政策的一个周期中所经历的阶段有着不同的看法。比如，美国政策学家琼斯就认为，政策过程的分析框架包含认知/界定、聚合、组织、表达、议程设定、规划、合法化、预算、执行、评估以及调整/终结等11个环节。然后，他又从系统分析的角度，将政策分析过程分成七个阶段：问题认定、方案规划、项目合法化、项目预算、项目执行、项目评估和问题解决或项目终结。安德森、布雷迪和布洛克则认为政策过程有六个阶段：问题界定、政策议程设定、政策规划、政策采纳、政策执行和政策评估。而布鲁尔和狄龙的六阶段又有所不同，它们是：创始、估算、选择、执行、评估和终结。我们认为的公共政策周期则包括：公共政策问题的形成和认定、公共政策的制定、公共政策的执行、公共政策的评估和监控以及公共政策的终结五大阶段。

政策的变动周期指的是公共政策在一定的时间范围内，同样或相似的政策现象有规律地反复出现。影响公共政策产生周期性变动的因素有以下几种：第一，政策主体周期性更迭。就像美国学者亚瑟·施莱辛格在他的周期型政策变动模式中所指出的那样，在两党制或多党制国家中，政府的政策往往随着执政党的轮换更替而呈现明显的周期波动。如果左翼政党上台，一般要推动国有化、提高税收、增加福利，而一旦右翼政党重新掌权又要反其道而行之，搞私有化、降低税收并削减福利开支那一套。第二，客体的周期性变化。公共政策所指向的问题一般具有周期性。比如，某些自然灾害的出现具有周期性。我国的自然灾害发生得比较频繁，特别是每年的夏天由雨季带来的洪涝灾害危害极大，因此一旦灾害出现，党和政府都要成立相应的领导小组，配备一定的政策资源来统一指挥全国的抗洪救灾工作。第三，经济等外部环境的周期性波动。宏观经济条件的变化是影响政策系统的重要外部因素。经济的研究和实践都表明，经济发展会产生周期性波动，经济的繁荣和衰退常常交替性存在。其结果是导致公共政策，尤其是经济方面的政策发生相应的变化。第四，政策的同期性变动还与人们的认识规律有关。一方面，由于受到认识主体和客体及其相互作用的限制，人们对客观世界的认识是一个曲折、复杂的过程。即使是对某一具体事物或过程的正确认识，往往也不是经过一次从实践到认识、从认识到实践的过程就能实现的，而是需要经过实践、认识、再实践、再认识多次反复才能完成。因此，一项政策从不完善到完善的螺旋式发展过程是必然的。另一方面，人类社会是多元的社会，人们的利益存在着差异，因此，受到自身利益和意识形成的驱动，人们的政策偏好会左右摇摆，从而导致政策的周期性变更。

不同政策周期的时间长度是不一样的，这种决定时间长度的因素很复杂，但主要和政策目标的大小远近、环境变化以及实施的难易相关。一般来说，政策目标越大越长远，环境情况变化越复杂，实施难度越大，政策的周期就越长；反之，政策周期越短。政策周期的长短还与具体政策的情况相关：一项错误的政策，人们大都希望它的周期短一些，尽快结束；而一项经试点证明是正确、有效的政策，人们希望将其推广，延续更长的时间。另外，相邻的两个政策周期之间间隔也是不一样的。它可以是连续的，也可能是断续的。连续的周期主要指的是政策的调整，它以原有政策的部分终结为起点，引起新一轮的循环，促进政策的发展。断续的周期则是原有政策的完全终结，需要经过一定的时间才会重新出现。因此，新、旧政策二者之间的关系是政策周期理论中的一个关键点。

二、政策变迁的模型

西方学者从他们本国的政策实践中总结出若干个政策变动的模型，以阐释政策变动的周期性规律，其中比较有代表性的有周期型、Z 字型和学习型三种。

1. 周期型

这是亚瑟·施莱辛格在研究美国政治历史后提出来的。他认为国家事务存在着一种在公共目的和私人利益之间持续变动的状态，美国政治一直遵循一个相当有规律的周期在运行，即国家的态度总是在自由主义与保守主义之间来回摆动。也就是说，一段时间国家承诺私人利益是解决问题的最好手段，另一段时间又承诺公共目的是解决问题的最好手段。他发现这个周期间隔大约是 30年。比如，西奥多·罗斯福在 20 世纪初推出了一系列改革，富兰克林·罗斯福在 20 世纪 30 年代实行了"新政"，而约翰·肯尼迪则在 20 世纪 60 年代推行了"新边疆"政策。另一方面，罗纳·里根在 20 世纪 80 年代展示出一个保守主义的时期，而这正是保守的 50 年代的再现。施莱辛格认为，这个周期之所以是 30 年并没有什么神秘之处，因为 30 年是一代人的跨度。人们的政治倾向一般在年轻时受到主流意识形态的影响而得以确立，当他们在 30 年之后执掌政权时，年轻时培养的政治觉悟就开始发挥作用。随着时间的推移，每个方面都要经历它的自然进程。在理想主义和改革时期，强有力的总统提倡国家事务要积极关注公共利益，并且把政府当做促进普遍福利的工具，最后却被整个过程弄得筋疲力尽，并被最终结果泼了一盆冷水。于是，人们又开始转向"新的"主张，宣称在不受管制的市场下的私人行为和自我利益才是解决问题之道。但这种办法终将使问题变得更为突出，危机变得难以控制，然后不得不要求政府出面解决。于是新一轮的改革和政府干预又开始了。施莱辛格由此得出结论说，在过去一百多年中，美国的公共政策按照一个相当可预见的模式发展着，一个主张私有疗法（最小政府干预）的时期总是紧接着一个重大的政府干预和改革时期。公共政策正是在自由主义和保守主义的交替登台中循环往复。

2. Z 型

同样是对美国政策历史的考察，有人却对施莱辛格的看法不以为然，埃德文·阿曼达和特达·斯考克坡认为，在美国的公共政策历史上存在着一个反复无常的模式，它的一大特征是刺激和反应的交替作用或者叫做"Z 型效应"。在他们两位看来，与其说政策是在自由和保守之间变换，不如说政策是从有利于一个群体转变为有利于另一个群体，两者之间是一种反作用的关系。"阶级斗争"或者说竞争性的社会联盟的概念有助于解释这种变化。比如 19 世纪末期，美国政策基本上由"激进的共和党人"把持，像内战抚恤金这样的利益是按照党派来分配的，主要流入共和党人的手里，以便他们能够维护合众国的存在。联邦政府的职位也主要向北部和中西部共和党人开放。这些都引起了南方各州对激进共和党人的反抗。随之而来的是"大进步时代"(1900—1930 年)，人们试图清除前一时期遗留下来的政治机器和政治关系。政府大力推行公务员制度改革，开始在政府雇员中实行功绩制。此外还通过了保护童工和限制妇女劳动时间，以及各种有关公共卫生和安全的法律。由此，以南部和西部为基础的民主党人逐步扩大了权力，他们与工人运动联盟，基本上变成了一个"社会民主"党。这种状况一直延续到"新政"时期(1930—1950 年)。民主党人继续在公共政策论辩中占上风，他们创立了许多社会保障和福利方面的计划。"凯恩斯主义"被采纳了，联邦政府也被当做实施大规模社会开支和福利分配以及直接干预经济的机构。就社会开支政策来说，第二次世界大战老兵和那些靠工资为生的退休人员相对于其他社会群体来说受益更多。最后，两位作者发现在战后时期(1950—1980 年)人们又开始了对前一时期民主党的自由开支方式的反对，尤其是 20 世纪 70 年代和 80 年代的"新联邦主义"代表了对大规模联邦福利计划的反对。新的经济政策建立在财政刺激而不是"新政"自由主义之上，即通过减税而不是开支来刺激经济。但在军事上的投入却有增无减(军事方面的工作就像 19 世纪末的公务员职位一样)。如今的资助主要落在军事领域和老龄人补助上。因此，阿曼达和斯考克坡认为，在过去一百多年里，美国的公共政策形成一个 Z 型模式，一个时期的政策成为下一时期政策的刺激因素，后者是对前者的反作用。政策不是总在自由和保守之间转换，而是从有利于一个群体向有利于另一个群体转变。

3. 学习型

"学习型"政策变迁模式是由保罗·A. 萨巴蒂尔等人于 20 世纪 80 年代中后期提出来的。萨巴蒂尔和简金斯·史密斯立足于五个基本前提假设，构建了一个政策过程的概念框架——支持者联盟框架(图 8-1)。

在萨巴蒂尔等人看来，政策变迁是政策子系统内具有竞争性的支持者联盟 A 和联盟 B(政策行动者通常能够组合成一到四个联盟)通过政策中间人形成的互动、子系统外部事件的变化和相对稳定的变数的影响这三方面因素共同作用的结果。1993 年，萨巴蒂尔与简金斯·史密斯基于人们对政策核心信仰的一致同意从而使一个联盟紧密黏合起来这一前提，进一步提出了关于联盟的三个基本假设：支持联盟的假设(3 个)、政策变迁的假设(2 个)和跨联盟学习的假

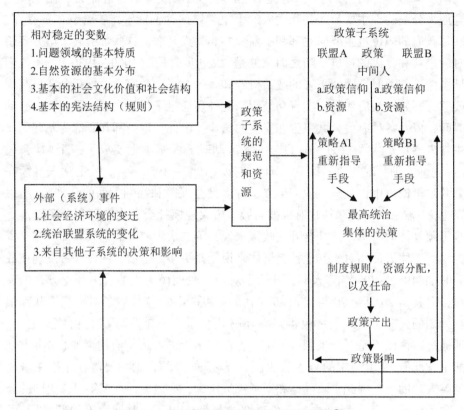

图 8-1　萨巴蒂尔的支持者联盟框架范式①

设(4个)。他们认为，很有可能在 10 年或更长的一段时间内改变的政策子系统的外部变量因素是政策变迁的重要先决条件，同时强调每个联盟信仰和政策学习的动态变化是理解和预测政策变迁的关键所在。

学习型政策变迁模式的基本观点是：政策取向的学习是政策变动的重要方面，它能够经常使联盟信仰体系的次级方面产生变动；而政策核心方面的变化通常是子系统外部客观因素变动的结果。

我们应注意分析旧政策成功或失败的具体因素有哪些，研究新政策应如何吸取旧政策提供的经验教训，最终实现在扬弃的基础上发展政策，提高绩效。

---

① ［美］保罗·A. 萨巴蒂尔：《政策过程理论》，彭宗超等译，生活·读书·新知三联书店 2004 年版，第 156 页。

◎ **复习思考题**

1. 什么是公共政策的调整？为什么要对政策进行调整？
2. 政策调整的内容有哪些？有哪些基本步骤？
3. 什么是政策终结？政策终结的原因是什么？
4. 政策终结的表现形式有哪些？
5. 政策终结的障碍有哪些？如何化解？
6. 理解政策周期的概念，了解政策变迁的模式。

参 考 文 献

[1]谢明. 公共政策导论[M]. 北京：中国人民大学出版社，2004.

[2]张国庆. 现代公共政策导论[M]. 北京：北京大学出版社，1997.

[3]徐彬. 公共政策概论[M]. 合肥：安徽人民出版社，2008.

[4]陈振明. 公共政策学：政策分析的理论、方法和技术[M]. 北京：中国人民大学出版社，2004.

[5]宁骚. 公共政策学[M]. 北京：高等教育出版社，2011.

[6]孙潭. 公共政策学原理[M]. 武汉：武汉大学出版社，2008.

[7]王曙光. 公共政策学[M]. 北京：经济科学出版社，2008.

[8]张兆本. 新公共政策分析[M]. 北京：人民出版社，2006.

[9]陈潭. 公共政策学[M]. 长沙：湖南师范大学出版社，2003.

[10]张国庆. 公共政策分析[M]. 上海：复旦大学出版社，2008.

[11]冯静. 公共政策学[M]. 北京：北京大学出版社，2007.

[12][美]托马斯·戴伊. 理解公共政策[M]. 孙彩红，译. 北京：北京大学出版社，2008.

[13][美]詹姆斯·布坎南. 自由、市场和国家[M]. 吴良健，桑伍，曾获，译. 北京：北京经济学院出版社，1988.

[14][美]保罗·A. 萨巴蒂尔. 政策过程理论[M]. 彭宗超，孙开斌，等，译. 北京：生活·读书·新知三联书店，2004.

[15][美]莫顿·D. 戴维斯. 通俗博弈论[M]. 董志强，李伟成，译. 北京：中国人民大学出版社，2017.

[16][美]S. S. 那格尔. 政策研究百科全书[M]. 林明，等，译. 北京：科学技术文献出版社，1990.

[17]H D Lasswell, A Kaplan. Power and Society [M]. New Haven, Yale University Press，1970.

[18][美]詹姆斯·安德森.公共决策[M].唐亮,译.北京:华夏出版
    社,1990.
[19]范绍庆.公共政策终结问题研究的回顾与瞻望[J].广东行政学院学报,
    2011(4).